Gefälschte Wissenschaft

1. Auflage August 2004
2. Auflage Januar 2006

Copyright © 2006, 2004 bei
Jochen Kopp Verlag, Pfeiferstraße 52, D-72108 Rottenburg

Umschlaggestaltung: Peter Hofstätter, Angewandte Grafik, München
Satz und Layout: Agentur Pegasus, Zella-Mehlis
Printed in Germany

ISBN 3-930219-93-X

Gerne senden wir Ihnen unser Verlagsverzeichnis
Kopp Verlag
Pfeiferstraße 52
D-72108 Rottenburg
Email: info@kopp-verlag.de
Tel.: (0 74 72) 98 06-0
Fax: (0 74 72) 98 06-11

Unser Buchprogramm finden Sie auch im Internet unter:
http://www.kopp-verlag.de

ERDOGAN ERCIVAN

GEFÄLSCHTE WISSENSCHAFT

WIE WISSENSCHAFT WISSEN SCHAFFT

JOCHEN KOPP VERLAG

INHALT

Dieses Buch ist den Menschen gewidmet,
die den Aussagen der Wissenschaft vertrauen,
ohne ihre Richtigkeit zu überprüfen.
Vieles, was uns von den Wissen Schaffenden
als Wissenschaft vermittelt wird,
ist schlicht gesagt Unsinn!

»Wer die Wahrheit nicht weiß, der ist bloß ein Dummkopf.
Aber wer sie weiß und sie eine Lüge nennt,
der ist ein Verbrecher.«
Eugen Berthold Friedrich Brecht (1898–1956)

VORWORT

Wer sich während der griechischen Antike mit wissenschaftlicher Forschung beschäftigte, der mußte schon über eigene private Einkünfte verfügen: Denn fast niemand war in der damaligen Gemeinschaft bereit, eine Arbeit zu finanzieren, der eventuell gar keine soziale Bedeutung beigemessen wurde. Heutzutage sieht das anders aus: Im Kampf um Forschungsgelder siegt meistens nicht derjenige, der die beste wissenschaftliche Methodik vorzuweisen hat, sondern derjenige, der die Tricks der Geldbeschaffung am besten beherrscht. Danach arbeiten inzwischen weltweit etwa drei Millionen Wissenschaftler nach dem Prinzip »Publish or parish«. Sinngemäß heißt das, entwickle dich als Individuum (falle auf) oder ordne dich der Gemeinschaft unter (versinke in Vergessenheit)!

So wird das heutige Wesen der Wissenschaft stets von ihren Wissen schaffenden Vertretern geprägt. Daher haben viele Menschen in ihren Vorstellungen von dem, was Wissenschaft ist und wie sie funktioniert, ein geradezu idealisiertes Bild entwickelt, das sich mit Respekt und Vertrauen füllt: Schließlich hat der Wissenschaftler nicht für sich, sondern »nur« für das Allgemeinwohl das Wissen studiert – so meint man! Doch wie in jedem anderen Berufszweig gibt es auch hier faule und fleißige, begabte und unbegabte, ehrliche und unehrliche Wissenschaftler.

Als der große Bakteriologe Louis Pastéur (1822–1895) auf dem Sterbebett lag, legte er seiner Familie noch einmal nahe, zu keiner Zeit seine privaten Laboraufzeichnungen zu veröffentlichen. Tatsächlich leistete seine Familie dem letzten Wunsch des »französischen Nationalhelden« jahrzehntelang Folge, doch zu seinem siebzigsten Todestag vermachte der letzte Nachkomme Pastéurs der Nationalbibliothek Paris etwa hundert Notizbücher, die das Ansehen des Wissenschaftlers ins Wanken brachten.

Der amerikanische Medizinhistoriker Gerald L. Greison von der Universität Princeton in New Jersey (USA) entdeckte nach eingehendem Studium der Notizbücher, daß Pastéur bei seinen Arbeitsmethoden mehrfachen »wissenschaftlichen Betrug« begangen hatte. Zwei seiner bekanntesten Errungenschaften, die erfolgreiche Applikation eines neuen Impfstoffs gegen Anthrax bei 50 Schafen im Mai 1881 und die Impfung des elsässischen Bauernjungen Joseph Meister mit eine Tollwut-Vakzine im Juli 1885, sind deshalb aus heutiger Sicht weniger sensationell: Pasteur benutzte nicht nur ein anderes Vakzine gegen Anthrax, als dies in offiziellen Verlautbarungen niedergeschrieben wurde, sondern er »schönte« auch die Wahrheit weniger überzeugender Ergebnisse seiner Studien – ausschließlich für die Öffentlichkeit. Resultate mit negativem Inhalt erschienen oft nur in seinen Notizbüchern, nicht jedoch auf den maßgeblichen »Arbeitspapieren«!

Seltsamerweise hat diese Art des Fehlverhaltens bis hin zum vorsätzlichen Betrug nach wie vor einen festen Platz in der wissenschaftlichen Forschung, wie es die 1997 bekannt gewordenen Datenfälschungen von Friedhelm Herrmann in der Krebsforschung und die Manipulationen des Leibniz-Preisträgers Heinz Breer im Jahr 2000 beweisen.

Doch was bewegt Wissenschaftler dazu, Fälschungen zu begehen, und wer sind die Nutznießer?

In diesem Buch wird der Versuch unternommen, die Hintergründe dessen, »wie Wissenschaft Wissen schafft« und weshalb dabei unzählige Fälschungen begangen werden, objektiv zu dokumentieren – dabei verspreche ich Ihnen eine Geschichte, die unter die Haut gehen wird.

Kapitel 1

GEFÄLSCHTE WISSENSCHAFT

Forschung und Betrug scheinen auf den ersten Blick für jedermann unvereinbare Gegensätze zu sein, da Forschung und Wissenschaft eigentlich dem Ziel der Wahrheitsfindung dienen sollen. Doch die Wirklichkeit sieht leider ganz anders aus: Wissenschaftler tragen »zurechtfrisierte« oder gar frei »erfundene« Daten auf Kongressen vor und veröffentlichen sie zudem in wissenschaftlichen Fachjournalen.

Manche dieser Affären mögen durchaus aus Irrtümern resultieren, weil es nichts ungewöhnliches ist, daß ein Wissenschaftler aufgrund seiner erarbeiteten Daten eine Theorie aufstellt, die, nach Durchführung neuer Experimente, später einer anderen, besseren weichen muß. Auch lassen die Daten einer Studie in den meisten Fällen mehrere Theorien zu. Dies sind die eigentlichen Grundprinzipien jeder experimentellen Wissenschaft.

Leider akzeptieren nicht alle wissenschaftlichen Forscher diese Grundprinzipien. In zahlreichen Fällen überprüfen sie einmal gewonnene, sensationell erscheinende Ergebnisse nicht zwangsläufig, sondern arbeiten damit weiter, so als ob sie bereits perfekt abgesichert wären. Manch anderer Forscher stellt eine Theorie auf, die, weil sie von ihm selbst stammt, natürlich seinen Vorstellungen von dem, was er als »wahr« und »richtig« empfindet, entspricht. Alle Experimente, die dieser Theorie widersprechen, werden ignoriert, so daß sich die Theorie schließlich für Außenstehende nach dem Einsatz unlauterer Methoden in der experimentellen Nachvollziehbarkeit verwischt. Auch wenn das Ganze damit zu einer »Fälschung« avanciert bzw. zumindest nach bewußter Manipulation aussieht, meint der Forscher in bezug auf die von ihm angewandte »Säuberungsaktion«, die störende Daten unberücksichtigt läßt, völlig unbekümmert:
»Das ist doch kein Betrug!«

Würde es sich bei solcherlei Fällen um Einzelbeispiele handeln und der bei einem Betrugs- oder Manipulationsversuch Ertappte anschließend reumütig seine Schuld eingestehen, wäre das Thema kaum der Erörterung wert. Die wahren Sachverhalte sind aber noch viel schlimmer: Denn es existiert da ein eigenartiger Zusammenhalt unter den Wissenschaftlern, wenn irgendwo ein Betrugsfall ans Licht zu kommen droht. Alle Experten halten dann in der Regel zusammen, beschwichtigen und vertuschen diesen Betrug. Übel ergeht es dabei gerade jenen, die es wagen, »Betrug« anzuklagen, nicht aber denen, die ihn begangen haben – ein kurioser Zustand! Auch Gerichte stellen sich normalerweise hinter »Forschungsbetrüger«, sogar das Bundesverfassungsgericht.

Woran liegt das?

Professor Hans-Peter Beck-Bornhold von der Universität Hamburg (Fachbereich Medizin) und Dr. Hans-Hermann Dubben vom Universitätskrankenhaus Hamburg-Eppendorf, schreiben in ihrem amüsanten Buch *Der Hund, der Eier legt*, daß »die Leistung eines Wissenschaftlers in den Veröffentlichungen pro Jahr gemessen wird, so wie die Produktivität einer Milchkuh in Litern pro Tag«. Natürlich gibt es, wie bei der Milch einer Kuh, bei den Wissenschaftlern nicht nur quantitative, sondern auch qualitative Unterschiede.

Wissenschaftliche Leistungen werden in zahlreichen Situationen beurteilt, wie beispielsweise bei der Auswahl von Bewerbern für eine freie Stelle an einem Forschungsinstitut oder bei der Verteilung der immer knapper werdenden Forschungsgelder innerhalb einer Fakultät und unter den Antragstellern bei der *Deutschen Forschungsgemeinschaft* (DFG). Am einfachsten kann man die wissenschaftliche Leistung eines Bewerbers oder einer Institution anhand der entsprechenden wissenschaftlichen Veröffentlichungen beurteilen. Die Lektüre von Fachliteratur ist aber nicht nur anspruchsvoll, sondern vor allem auch zeitraubend. Hinzu kommt, daß über den Betroffenen oftmals Personen entscheiden müssen, die sich auf dem speziellen Forschungsgebiet mögli-

cherweise nicht gut genug auskennen, um die Qualität der einge-
reichten Ergebnisse wirklich zuverlässig beurteilen zu können.
Deshalb wird häufig ganz einfach die Gesamtzahl der Veröffentlichungen als Qualitätskriterium gewertet. Dies ist sozusagen der
»Surrogatmarker« für die wissenschaftliche Leistung des zu be-
wertenden Wissenschaftlers. Die Vielzahl der Publikationen
ist einfach zu messen, nachzuprüfen und weiterzuerzählen. Auch
die Erstellung einer Rangliste nach diesem Kriterium ist nicht
sonderlich schwierig und somit unter den Kollegen jederzeit
nachvollziehbar.

Da unter Wissenschaftlern einerseits der Anzahl der Publikationen zunehmend größere Bedeutung beigemessen wird als dem
Inhalt, werden andererseits die Ergebnisse einer Untersuchung in
immer kleineren Portionen veröffentlicht. In den Fachkreisen
kursiert daher der Begriff der »kleinsten publizierbaren Einheit«
(»least publishable unit«). Und wer seine Ergebnisse in einem
großen umfassenden Artikel darstellt, knickt möglicherweise die
eigene Karriere und hilft ungewollt potentiellen Konkurrenten,
die aus dem gleichen Material ein ganzes Bündel von Publikationen anfertigen könnten. Man ahnt bereits, daß die Anzahl der
Publikationen kein besonders gutes Kriterium für die Bewertung
wissenschaftlicher Leistungen sein kann und auch nicht gerade
motivierend wirkt, Qualität abzuliefern.

Dennoch haben gerade wir in Deutschland Lebenden einen
ausgeprägten Respekt vor Autoritäten, vor Wissenschaftlern und
vor Professorentiteln. Autoritäten wurden nach *Meyers Konver-
sationslexikon* aus dem Jahre 1885 wie folgt definiert:
»In der wissenschaftlichen Sprache heißen solche Gelehrte
Autoritäten, welche in ihrem Fach einen so wohlbegründeten
Ruf erworben haben, daß ihre Stimme in bezug auf die Wahrheit
und Sicherheit einer Angabe den Ausschlag gibt.«
Und daran hat sich bis heute nichts geändert! Seltsamerweise
ist die Öffentlichkeit nicht bereit zu sehen, daß das Bild »wissenschaftlicher Autoritäten« zunehmend ins Schwanken gerät, denn
oft genug beruht der »wohlbegründete Ruf« nur auf bloßem

Schein. Zum Beispiel wurde dem hochrangigen britischen Mediziner John Anderton 1997 die Approbation entzogen, weil er im *British Medical Journal* eine komplett frei erfundene Medikamentstudie veröffentlichte. Noch im selben Jahr wurde einem Genetiker in den USA der Doktortitel verweigert, weil die Daten in seiner Dissertation zu 80 Prozent nur frei erfunden waren. Damit nicht genug, wurde 1998 auch in Deutschland eine Technische Angestellte für Züchtungsforschung des Kölner Max-Planck-Instituts fristlos entlassen, weil sie jahrelang Experimente manipuliert und Daten gefälscht hatte. Mehrere Veröffentlichungen im Fachmagazin *Nature*, das als renommiert und seriös gilt, beruhten unter anderem auf diesen gefälschten Daten und müssen nun korrigiert werden.

Professor Peter Seeburg, der Direktor des Heidelberger Max-Planck-Instituts für medizinische Forschung, gestand 1999 ein, daß er in der Silvesternacht 1978 ein von ihm selbst gentechnisch verändertes Bakterium aus dem Labor der Universität von Kalifornien (Berkeley) gestohlen hatte, um es dem Gentechnikkonzern *Genentech* zur Verfügung zu stellen. In einer Veröffentlichung in *Nature* vom 18. Oktober 1979 stellte Seeburg das Klonen des menschlichen Wachstumshormons und seine Produktion in Bakterien dar. Dabei machte er bewußt einige Falschaussagen zu der Herkunft des Klons, und auch die von ihm beschriebene Sequenzierung hat niemals stattgefunden.

Das von Seeburg erwähnte Wachstumshormon wurde bis dahin aus den Hirnanhangdrüsen von Verstorbenen gewonnen und war stets in zu geringen Mengen erhältlich und zudem häufig verunreinigt. Mit Hilfe des Klones konnte es nun in unbegrenzten Mengen in reinster Form hergestellt werden. Seeburg versicherte schriftlich gegenüber der Universität, daß alle Rechte an seiner früheren Arbeit bei der Universität verblieben, woraufhin sie bereits die Anmeldung für ein Patent vorbereitet hatte.

Dennoch wurde das Medikament 1985 in den USA zuerst für *Genentech* zugelassen und avancierte schließlich zum Verkaufsschlager. Fünf Jahre später klagte die Universität auf Lizenzgebühren, doch die Klage zog sich lange hin, bevor es Fortschritte gab. Schließlich gelang es dem Anwalt der Universität, Seeburg zu einer Aussage zu ihren Gunsten zu überreden. Daraus resultierend warb *Genentech* Seeburg Ende 1998 ab, obwohl ihm bereits in den 1980er Jahren zu keiner Zeit die Wiederholung des Klonexperiments gelungen war. Am 19. November 1999 einigten sich die Parteien schließlich in einem Vergleich auf eine Zahlung von 200 Millionen Dollar, von denen 17 Millionen Peter Seeburg für seinen »gelungenen Einbruch« zufielen. Seeburg meinte anschließend:

»Es war unehrenhaft – ich bedaure das. Aber so haben wir das halt vor 20 Jahren gemacht: Es tut mir wirklich leid.«

Besteht die Wissenschaft nur noch aus Fälschungen?

Gefälschte Wissenschaft existierte schon immer: Soweit heute noch feststellbar, war der britische Mathematiker Sir Charles Babbage (1792–1871) wohl der erste Forscher, der sich systematisch mit dem Betrugsphänomen in der Wissenschaft beschäftigte. Bereits in seinem 1830 in London erschienenen Buch *Betrachtungen über den Niedergang der Wissenschaft in England* widmete er ein ganzes Kapitel dem Thema »Wissenschaftsbetrug«. Babbage stellte darin eine Klassifikation von verschiedenen Betrugsformen vor, die auch heute noch durchaus als gültig angesehen werden kann. Als schlimmste Form des Betruges bezeichnete Babbage das »forging«, worunter man die »Erfindung« oder »totale Fälschung« von Beobachtungen und Ergebnissen versteht. Dabei herrscht im allgemeinen das Ziel vor, einen »schnellen« wissenschaftlichen Erfolg verkünden zu können, ohne die dafür notwendige Datenbasis erarbeiten zu müssen. Obwohl Sir Charles Babbage einige spektakuläre Einzelfälle sowie die dreiste Fälschungsserie in Form eines Totalbetrug des Dr. Alstabi oder die kriminellen Machenschaften von Dr. Borison und Dr. Diamond behandelte, hielt er abschließend diese Art des Betruges in der Wissenschaft für eher selten. Doch wie wir bereits kurz vorher feststellen konnten, befand sich Babbage mit dieser Feststellung wohl doch im Irrtum — Totalbetrug wird selbst noch im Jahre 2004 ohne jeden Skrupel praktiziert!

Aber warum?

Um das Jahr 1830 begann mit der Einführung der quantitativ-experimentell vorgehenden physikalisch-chemischen Arbeitsweise die Entwicklung der naturwissenschaftlichen Medizin in Deutschland. Während dieser Phase der »Loslösung« von naturphilosophischen und romantischen Vorstellungen herrschte »der neue Geist des Aufbruchs«: Es war die Begeisterung der Pioniere für neu entdeckte wissenschaftliche Möglichkeiten. Unter primitivsten äußeren Bedingungen entwickelten die ersten Wegbereiter gemeinsam mit ihren Schülern neue Arbeitsmethoden und bildeten gleichzeitig junge Wissenschaftler aus. So entstanden zwischen 1830 und 1850 große Schulen, wie die um die Physiologen Johannes Müller (1801–1858) und Carl Ludwig (1816–1895). Zu den mehr als 200 Schülern von Johannes Müller zählten unter anderem die später zu großen Ruhm gelangten Ernst Haeckel (1834–1919), Hermann von Helmholtz (1821–1894) oder Rudolf Virchow (1821–1902).

Die Gelehrten der Folgegeneration beendeten die wildwüchsige Expansion des jungen Triebes der Wissenschaft, indem sie ihn »domestizierten«.

Danach begann ab 1850 der Bau moderner Lehr- und Forschungsanstalten. In jedem Institut entstanden eigene Arbeitsrichtungen, Methoden und exakte Lehrmeinungen. Das heißt, daß jedes Institut sich durch ein charakteristisches wissenschaftliches Profil vom anderen unterscheiden wollte. Dann entwickelte sich in den Instituten eine strenge Hierarchie, in der sich nur noch derjenige Mitarbeiter halten konnte, der den Ansprüchen des Chefs nicht nur wissenschaftlich genügte, sondern sich auch in der Fähigkeit der Unterordnung bewies. Unter diesen Bedingungen entstand von 1870 bis 1920 der Rang des »Oberassistenten«. Als Ergebnis dieser »Selektion nach Fähigkeit zur Unterordnung« wurden die Belange der Institutionen allmählich wichtiger als die Freude an Entdeckung und Erkenntnis.

Nach dem Zweiten Weltkrieg tauchte dann ein neuer Typ von Wissenschaftlern zuerst in den USA und später auch im Rest der Welt auf. Man nannte ihn ironisch »honest Jim«, nach dem amerikanischen Nobelpreisträger James D. Watson, der gemeinsam mit Francis Crick 1953 die DNS-Struktur entdeckt hatte. Damit wurde dem Forschenden endgültig die Freiheit genommen: Es wurde ihm auferlegt, »ausformulierte« und »zweckgerichtete« Forschungsvorhaben durchzuführen, so daß die von reiner Neugierde getriebene Forschung dem sogenannten »Nutzen« untergeordnet werden mußte. Auch mit der Destruktion der Autorität und Verantwortlichkeit von Einzelpersönlichkeiten durch die 1968er Jugendbewegung kam noch einmal die Ablösung der Selbstbestimmung durch staatsministerielle und politische Aufgaben auf. Diese verlagerten sich auf die Orientierungsmarken der Anpassung und Disziplinierung der beruf- und standespolitischen Ziele von nationalen und internationalen wissenschaftlichen Gesellschaften.

Nur deshalb muß sich in der heutigen wissenschaftlichen Massengesellschaft jeder Forscher dem Ritual der »Bevormundung« durch Mehrheiten »unterwerfen«. Die Vielfalt von Lehrmeinungen verschwindet zugunsten einheitlicher Doktrinen, an denen möglichst lange festgehalten wird, auch wenn die Kreativität des Forschenden dabei auf der Strecke bleibt. Somit kann sich heutzutage bei Wissenschaftlern weder ein persönliches Profil entwickeln, noch eine persönliche Verantwortlichkeit ausbilden. Wenn aber die Weltbilder solchen Indoktrinationen unterliegen, dann müssen wir uns an dieser Stelle durchaus fragen:

Welche unbestechlichen Möglichkeiten gibt es überhaupt noch, etwas über das wahre Wesen der Welt herauszufinden?

Heutzutage gilt die gängige Wissenschaft im allgemeinen als objektiv und der Wahrheit verpflichtet. Glauben und Akzeptieren wird somit zur Strategie der Konfliktvermeidung genutzt. Werden dennoch einmal Fälschungen innerhalb eines Forschungszweiges aufgedeckt, folgen meistens gleichlautende Argumente der »Wissenden«: Solche Skandale seien nur Einzelfälle und würden spätestens dann erkannt werden, wenn andere Forscher dieselben Versuche durchführen und feststellen, daß sich die »gefälschten Resultate« nicht reproduzieren lassen. Der Sachverhalt, daß man innerhalb der wissenschaftlichen Forschungsgemeinschaft »überhaupt« betrügt und fälscht, wird dabei all zu oft nur in sekundärer Weise behandelt. Wer sich in den damit verbundenen Meinungsstreit hineinbegibt, um die Spreu vom Weizen zu trennen, dem schwirrt sehr bald der Kopf; und man benötigt natürlich einige Grundkenntnisse zu den betreffenden Fachgebieten, um sich allein schon im üblichen »Spezialkauderwelsch« zurechtzufinden. Dieses »Spezialkauderwelsch« ist nämlich eine beliebte Vorgehensweise seitens der Wissenschaftler, um einerseits die eigene Forschung etwas beeindruckender aussehen zu lassen und um damit andererseits mögliche Kritiker abzuschrecken. Kritik wird nämlich nur dann akzeptiert, wenn sie im selben »Fachchinesisch« vorgebracht wird wie die von der Kritik betroffene Arbeit des Wissenschaftlers.

Eine Bestätigung für die typische Haltung, daß Fälschungen und Betrug in der Wissenschaft »nur Einzelfälle« seien, finden wir auch in einem Statement des Präsidenten der *National Academy of Science* (NAS), Bruce Alberts, der nach der Aufdekkung eines der großen Fälschungsskandale in den USA die Manipulationen folgenderweise kommentierte:

»In der wissenschaftlichen Forschung werden Unlauterkeiten unweigerlich erkannt, weil sich das wissenschaftliche System durch eine wirksame demokratische Selbstzensur auszeichnet. Deshalb sind Fälscher eher selten, es handelt sich dabei lediglich um Psychopathen.«

Man mag dieser Ansicht zustimmen oder nicht, Fakt ist aber, daß die über 2000jährige Geschichte der »gefälschten« Wissenschaft zahllose Beispiele aufweist, in denen die »Lügen« durchaus immer »kürzere Beine« bekommen haben. Mitunter dauerte es aber Jahrhunderte, bis die Wahrheit an den Tag kam. Im Fall des Claudius Ptolemaeos, der um 146 n. Chr. im ägyptischen Alexandria das berühmte Werk *Syntaxis Mathematica* verfaßte, dauerte es über 1800 Jahre (!), bis man erkannte, daß die von ihm beschriebenen Himmelskonstellationen unmöglich von ihm selbst beobachtet worden sein konnten.

Bei dem berühmten Briten Sir Isaac Newton (1643–1727) dauerte es immerhin noch 250 Jahre und bei Gregor Johann Mendel (1822–1884) 100 Jahre, bis die Unstimmigkeiten in den Ergebnissen sowie Datenmanipulationen identifiziert werden konnten. Neuere Fälschungsskandale werden immerhin oftmals schon nach einem bis zehn Jahren aufgeklärt. Diesem positiven Bild widerspricht allerdings die Häufung der entdeckten Fälschungen der vergangenen zwanzig Jahre!

Vieles deutet hin, daß Fälschungen in der wissenschaftlichen Forschung alles andere als selten sind und daß der Begriff »Einzelfall« fehl am Platze ist. Vielmehr zeigt sich, daß die großen Skandale der vergangenen zwanzig Jahre nur die Spitze des Eisberges sind und unter einer dünnen Eisoberfläche weitere »unentdeckte Fälschungen«, »kleine Schwindel«, »absichtliche Unterlassungen« sowie »grobe Fahrlässigkeiten« schlummern. Würde man all dem noch die altbekannten gewöhnlichen Fehler der Forschergilde zurechnen, die infolge des paradigmatischen Denkens der »normalen Wissenschaft« zustande gekommen sind, bliebe von der postulierten Objektivität und Wahrheitstreue der Wissenschaft nicht sehr viel übrig!

Wie verhält sich die tatsächliche Situation der Wissenschaft?

Im Jahre 1962 überprüfte der amerikanische Psychologe Leroy Wolins von der staatlichen Universität Iowa, wie viele Wissenschaftler denn überhaupt bereit wären, ihre eigenen Forschungsdaten für eine Nachprüfung offenzulegen. Wolins wandte sich an 37 Wissenschaftler psychologischer Publikationen und erbat einen Einblick in die Rohdaten ihrer Arbeiten. In 33 Fällen gab es Probleme: Die Autoren antworteten nicht oder gaben an, daß die Daten verlorengegangen sowie zerstört seien, und machten zum Teil rechtliche Einwände gegen die Anfrage geltend. Bei wieder anderen fanden sich nicht nur »schwerwiegende Irrtümer«, sondern auch »vorsätzliche Manipulationen«.

Als 1974 in einer Untersuchung 1309 Forscher nach ihren Erfahrungen mit Ideendiebstahl befragt wurden, gaben 25 Prozent an, daß ihre Ideen von anderen Wissenschaftlern nicht nur gestohlen, sondern des öfteren auch ohne Quellenangabe zitiert worden seien. Zahlreiche andere Untersuchungen beispielsweise in der biomedizinischen Forschung weisen ebenfalls auf eine bislang deutlich unterschätzte Häufigkeit von Unlauterkeiten hin. Die Ursachen dafür sind vielschichtig: Der Forscher im modernen Wissenschaftsbetrieb ist wesentlich größeren Risiken ausgesetzt als früher – Forschung wird zunehmend kommerzialisiert, politisiert und mediatisiert! Auch Prioritätskonflikte, wissenschaftliche Rechthaberei und elitäres Denken spielen eine wichtige Rolle.

Als 1995 die Unterlagen der Bewerber für ein gastroenterologisches Stipendium überprüft wurden, stellte sich heraus, daß von jenen Bewerbern, die bereits über medizinische Publikationen verfügten, zu einem beträchtlichen Teil unwahre Angaben kamen. In der Gruppe der Bewerber mit guter Gesamtbewertung waren es 25 Prozent und in jener mit schlechter Gesamtbewertung sogar 41 Prozent. So gehen praktisch alle großen Skandale der vergangenen Jahre auf erstklassige Institute zurück. Das ist allerdings nicht weiter erstaunlich: Um sich der Konkurrenz aus den Reihen der gewöhnlichen Forscher zu erwehren, hat die »Elite« Mechanismen entwickelt, die ihr den Nimbus der »Unfehlbarkeit« geben. Zudem schaffen gerade die elitäre Institutionen jene Paradigmen, die den jeweiligen Blickwinkel der Wissenschaft auf die Wahrheit bestimmen. Unlautere Resultate werden demnach vor allem dann akzeptiert, wenn sie in plausibler und autoritärer Art präsentiert werden, mit vorherrschenden Vorurteilen und Erwartungen übereinstimmen und von qualifizierten Forschern aus renommierten Instituten stammen.

Natürlich lauern auch Gefahren auf dem Weg nach oben. Das Erklimmen der akademischen Leiter wird von dem »Publikationsdruck« und den Problemen bei der »Drittmittelbeschaffung« bestimmt. Das Einhalten der »ethischen Gebote« wird dann gerne einmal auf einen späteren Zeitpunkt verschoben. So können unter dem Karrieredruck selbst die Besten ihrer Zunft der betrügerischen Versuchung erliegen: Nach den ersten Erfolgen wird der einstige ethische Hemmschuh als wirksame Waffe gegen Konkurrenten eingesetzt.

In diesem ethischen Zusammenhang ist der Fall des amerikanischen Forschers William Summerlin recht interessant, der angeblich sensationelle Transplantationsergebnisse von schwarzen auf weiße Mäuse erzielte, ohne dabei eine Abstoßungsreaktion der Haut auszulösen. Neben unzähligen Ehrungen kassierte Summerlin auch hohe Geldbeträge ein. Nachdem aber keinem seiner Kollegen eine Reproduktion des Experiments gelang, stellte sich heraus, daß das angeblich von der dunklen auf die helle Maus übertragene »Hautstück« in Wahrheit mit einem schwarzen Filzstift und Tinte auf die Mäusehaut nur aufgemalt worden war. Damit hatte Summerlin nicht nur die Öffentlichkeit und seine Forscherkollegen betrogen, sondern auch sich selbst. Vor dem Untersuchungsausschuß erklärte William Summerlin:

»Meine Verfehlung bestand nicht in der Verbreitung gefälschter Daten, sondern darin, daß ich dem extremen Publikationsdruck erlag, dem mich mein Institutsdirektor aussetzte.«

Auch für die Berufung des Pflanzenphysiologen Hasko Paradies auf einen Lehrstuhl an der Freien Universität Berlin waren seine seinerzeit als wegweisend bezeichneten Arbeiten zur Kristallisierung der sogenannten Transfer-RNS ausschlaggebend. Acht Jahre später wurde dann allerdings nachgewiesen, daß die Arbeiten nicht an der Transfer-RNS, sondern an einem weitaus weniger komplexen Molekül durchgeführt und dann systematisch gefälscht worden waren.

Auch was das Lügen in der Wissenschaft unter politischem Druck betrifft, könnten hier unzählige Beispiele genannt werden. Wir wollen uns aber auf ein besonders drastisches russisches Beispiel beschränken, das von Trofim Lysenko. Dieser Wissenschaftler verfocht den »Lamarckismus«, die Lehre von der Vererbung erworbener Eigenschaften. Er »bewies« ihn mit Hilfe gefälschter Experimente. Lysenko wurde dennoch Leiter des Moskauer Instituts für Genetik und avancierte unter dem berühmtberüchtigten Josef W. Stalin (1879–1953) zum Forschungsideologen.

Lysenko sorgte dafür, daß seine falschen Ansichten direkt in die landwirtschaftliche Praxis umgesetzt wurden – mit katastrophalen Folgen für die Ernährung in Rußland. Dabei bediente er sich all jener Mittel, die aus politischen Machtkämpfen bekannt sind: der Lüge, Verleumdung, fabrizierten Anklage, Denunzierung und physischen Zerstörung seiner Widersacher. Auf diese Weise gelang es ihm, seine Forschung 30 Jahre lang fortzuführen, ohne für seine Machenschaften jemals belangt zu werden.

Angesichts solcher mehr oder weniger drastischen Beispiele erhebt sich die berechtigte Frage: Wie kann sich die Wissenschaft gegen Unlauterkeiten in den eigenen Reihen schützen?

Viele Philosophen und Soziologen behaupten nach wie vor, daß sich die Wissenschaft von selbst säubere, und zwar durch ständige Wiederholung bereits durchgeführter Experimente. Da die Forscher diese Ansicht während ihrer Ausbildung eingetrichtert bekommen, wird sie später zu einem Glaubensartikel – »es ist so, weil es so sein muß«.

Es spricht allerdings einiges gegen dieses Credo. Das beginnt schon damit, daß die finanziellen Mittel zur Reproduktion fremder Experimente in der Regel fehlen. Überdies möchten Forscher gerne eigene wissenschaftliche Ideen verwirklichen, d. h. die Motivation, Experimente anderer Wissenschaftler nachzuahmen, ist äußerst gering! Zudem scheitert eine Experimentreproduktion oft auch aus ganz praktischen Gründen: Der Methodenteil früherer Publikationen ist in der Regel unvollständig, zum Teil absichtlich und zum anderen Teil aus Platzgründen. Das Reproduzieren von Fremdexperimenten zur Überprüfung des Wahrheitsgehaltes ist letztlich ein Postulat der Wissenschaftsphilosophen; kein einziger der Forscher hat sich, wie eine Befragung zeigte, je dieses Mittels bedient. Das Postulat der Reproduzierbarkeit ist ein »Mythos« ohne praktische Relevanz.

Aufschlußreich ist in diesem Zusammenhang das Schicksal einer bedeutenden Brustkrebsstudie, in der die »radikale Amputation« mit schonenderen Schnitten (mit und ohne Bestrahlung) verglichen worden ist. 1985 wurden die ersten Resultate im *New England Journal of Medicine* publiziert und 1990 letztlich einige Unstimmigkeiten entdeckt, woraufhin eine fünfjährige Untersuchung der geldgebenden Institutionen begann. Während dieser ganzen Zeit beklagten Dutzende von Publikationen die Verschleppungstaktik der Untersuchungskommissionen, die bürokratische Behandlung dieses wichtigen Themas, das mangelhafte Verantwortungsbewußtsein der wissenschaftlich integren Untersucher sowie die unnötigen Verdächtigungen Unschuldiger. Fünf Jahre sind eine lange Zeit, um einige gefälschte Daten aus einer überwiegend korrekt durchgeführten Studie auszuschließen. Die langerwartete Neuanalyse kam schließlich zu identischen Empfehlungen wie die erste Publikation.

In einer prospektiven Studie aus dem Jahr 1992 wurden mehr als zweitausend junge Ärzte gefragt, ob sie ihre Kollegen bei unethischem Verhalten anzeigen würden. Nur 15 Prozent der Ärzte bejahten diese Frage, wenn es dabei um die Verfälschung von Daten ging. Hätte sich der Kollege dagegen durch eine Co-Autorenschaft ohne eigenen wissenschaftlichen Beitrag geschmückt, wollten immerhin 35 Prozent der Befragten Anzeige erstatten. Offenbar ist nur eine Minderzahl von Ärzten überhaupt bereit, »Fehlverhalten« anzuzeigen. Vom Standpunkt der wissenschaftlichen Wahrheitsfindung her betrachtet, ist die Bereitschaft, einen Kollegen mit unverdienter Autorenschaft abstrafen zu lassen, höher als im Falle offensichtlicher Datenfälschung.

Professor Winfried Banzer, tätig beim Fachbereich Sportmedizin der Wolfgang-Goethe-Universität Frankfurt, ist so ein Fall: Er geht, wie viele andere Professoren auch, dem massiven Publizieren nach. Doch Winfried Banzer schreckt dabei nicht einmal vor Plagiaten zurück. Die Daten, die er des öfteren publiziert, stammen nicht immer von ihm, sondern von ungenannten Kollegen.

Dies gilt insbesondere für den Aufsatz *Sportliche Aktivität und physische Gesundheit*, den er früher auf seiner Publikationsliste ganz oben stehen hatte und inzwischen wieder wegnahm. Offensichtlich hat der Professor auf einen Artikel im Nachrichtenmagazin *Der Spiegel* reagiert und danach den inkriminierten Artikel aus der aktuellen Version seiner Publikationsliste entfernt. Manche seiner Kollegen wollen nun nicht mehr mit ihm zusammenarbeiten. Doch Banzer gefielen die harten Worte nicht, die er öffentlich zu hören bekam, woraufhin er beim Landgericht Münster eine einstweilige Verfügung »gegen harte Worte« (?) erreichen wollte: Diese wurde zum Glück vom Gericht abgelehnt!

Außerdem hat er eine Quelle für Nebeneinnahmen gefunden: Werbung für gewisse Getränke, die angeblich die Leistungsfähigkeit steigern sollen. Er ist Mitglied des »wissenschaftlichen Beirats« von *InnovaFood*. In diesem Zusammenhang wird sogar die Einhaltung der ärztlichen Berufsordnung angezweifelt.

Im Wissenschaftsbetrieb spielt augenscheinlich sozialer Neid eine mindestens ebenso große Rolle wie die Suche nach der Wahrheit.

Wenn schon die Motivation, die zur Anzeige von Fehlverhalten führt, zweifelhaft ist, dann gilt dies für die Konsequenzen um so mehr. Viele Fälle der vergangenen Jahre, auch in Deutschland, zeigen, wie schwer es fällt, einem Forscher Fehlverhalten nachzuweisen. Im besten Falle laufen solche Vorwürfe auf jahrelange juristische Streitereien hinaus. Eine Bilanz der Arbeit des amerikanischen *Office of Research Integrity* ergab, daß sich von über 1500 gemeldeten Fällen nur 74-mal zweifelsfrei ein Betrug nachweisen ließ – und auch das meist nur in unbedeutenden Fällen.

Diese Erfahrungen zeigen, daß von einer verbürokratisierten und überlasteten Berufsorganisation wenig Hilfe zu erwarten ist. Dabei existiert in Deutschland mindestens ein Fall, bei dem ein Gießener Forscher für seine »wissenschaftlichen Fälschungen« sogar vor einem Mordversuch nicht zurückschreckte: Der chinesische Genetiker Guangming Xiong wollte auch in seinem Labor an der Justus-Liebig-Universität auf frisch gebrühten Tee nicht verzichten, so daß seine mit einem Deckel versehene Porzellantasse zu den unverzichtbaren Utensilien des Mikrobiologen gehörte. Beinahe wäre ihm das vertraute Teeritual allerdings zum Verhängnis geworden.

Eines Nachmittags klagte der 49jährige Forscher plötzlich über heftige Übelkeit, und wenig später wurde Xiong dann auf die Intensivstation der Universitäts-Klinik Gießen gebracht: Jemand hatte ihm eine Überdosis des Herzmittels »Digitoxin« in den Tee gekippt. Ohne sofortige Hilfe hätte der Mikrobiologe wahrscheinlich kaum überlebt.

Der Mordversuch beschäftigt derzeit das Gießener Landgericht. Hier prüfen die Richter, ob sie eine Anklage der Staatsanwaltschaft gegen einen ehemaligen wissenschaftlichen Mitarbeiter im Institut für Pharmakologie und Toxikologie zulassen. Eindeutige Beweise gegen den Veterinärmediziner fehlen allerdings, und die Ankläger haben nur wenig mehr in der Hand als ein Motiv – aber das wiederum bringt den Wissenschaftsbetrieb der Universität in Verruf: Der Jungforscher Volker M. soll nämlich nur deshalb versucht haben, seinen Kollegen aus dem Weg zu räumen, weil er seinen eigenen, zuvor begangenen Forschungsbetrug tarnen wollte.

Der hessische Forschungskrimi zeigt nicht nur, daß manche Wissenschaftler bei der Jagd nach Ruhm und Titeln pfuschen und fälschen. Er zeigt auch, daß es Kontrolleure im Professorenrang gibt, die schlampen oder gar beide Augen zudrücken.

Eine der Hauptursachen dafür sieht der Mainzer Medizinprofessor Rolf Zander in der »mangelhaften Transparenz« des »extrem versauten Gutachtersystems«:

»Jeder begutachtet irgendwann jeden. Man schadet sich nicht, weil man sich eines Tages vielleicht einmal braucht.«

Auch in Gießen geht es um ähnliche Tricksereien: Aus Angst vor der Entdeckung seiner Mogeleien soll der 37jährige, von der Staatsanwaltschaft der Tat beschuldigte Volker M. versucht haben, Guangming Xion zu töten.

Seit 1993 hatte sich Volker M. mit einem komplexen Thema befaßt: Er wollte den Aufbau von Genen anhand der Abfolge einzelner Bausteine entschlüsseln. Auf einem Röntgenfilm will er radioaktiv markierte Substanzen unterscheidbar abgebildet und damit lesbar gemacht haben.

Gießener Professoren, die als Gutachter fungierten, waren begeistert, der Doktorand erhielt für seine Arbeit das Spitzenprädikat »magna cum laude«. Doch nach Ansicht der Staatsanwaltschaft hatten die Professoren entweder wenig Ahnung von dem, was sie da begutachteten, oder aber sie haben das Werk nicht gelesen. Denn die Ergebnisse seien, so die Ermittler, gefälscht.

Der Chinese habe zuvor Widersprüche in der Doktorarbeit von Volker M. früh erkannt und bei dem zuständigen Professor interveniert. Bald darauf begannen am Institut seltsame Vorgänge: In der Nacht zum 11. Februar 1997 wurden in den Labors der 6. Etage sämtliche Gashähne geöffnet, obwohl ein Bunsenbrenner brannte. Nur die gut funktionierende Lüftung verhinderte eine Explosion.

Wenig später wurde ein Brandanschlag auf die Bibliothek verübt, und es häuften sich Diebstähle. Neben dem Labortagebuch des Doktoranden verschwanden auch Notizen der Arbeitsgruppe seines Doktorvaters. Verschollen sind vor allem die von Volker M. produzierten Röntgenfilme, die wichtige Belege seiner Arbeit darstellten.

Doch sein Kritiker Xiong ließ nicht locker. Nur wenig später brach der ansonsten gesundheitlich stabile Mikrobiologe im Februar 1997 erstmals mit plötzlichen Herzproblemen zusammen. Die Staatsanwaltschaft schließt nicht aus, daß bereits damals ein Giftanschlag auf ihn verübt wurde.

Beim zweiten Attentat schöpfte Xions Ehefrau Verdacht und schlug Alarm! Die Teetasse im Labor wurde sichergestellt und untersucht: Das Gefäß war hochgradig mit »Digitoxin« kontaminiert. Volker M., den die Ehefrau Xiongs kurz vor dem Anschlag im Labor 636 gesehen hatte, räumte zwar ein, er sei dort gewesen, habe die Teetasse jedoch nicht angerührt. Er habe mit all den Vorfällen nichts zu tun.

Seinen Job als wissenschaftlicher Mitarbeiter an der Universität Gießen ist er wegen der Affäre los, seinen Doktortitel aber noch nicht. Zwar hat ihm die Universität den Titel aberkannt, nachdem eine Ad-hoc-Kommission der Hochschule feststellte, die Arbeit könne nicht stimmen, doch Volker M. hat dagegen Widerspruch eingelegt.

Das juristische Gezerre darum kann noch lange dauern – und zusammen mit einem Prozeß um den Giftanschlag für die Universität sehr peinlich werden. Der Anwalt des Wissenschaftlers, Ramazan Schmidt, meinte denn auch:

»Sollte das Verfahren eröffnet werden, wird es nicht nur um den Mordversuch gehen – dann steht vor allem die Reputation der Professoren auf dem Spiel.«

Wer kann aber mit Gewißheit sagen, daß das die Professoren stören wird?

Heute hat die Gesundheitserhaltung des Menschen für Professoren scheinbar mit dem »Eid des Hippokrates« (460–370 v. Chr.) nichts mehr zu tun: Das hat zumindest der Unfallchirurg Hans-Peter Friedl an der Universität Freiburg schon in doppelter Hinsicht bewiesen!

Während sich normale Unfallchirurgen auf die Behandlung von Patienten nach Unfällen spezialisiert haben, ist er zusätzlich darauf »spezialisiert«, ein paar Unfälle während seiner Behandlungen geschehen zu lassen. Der Professor vergaß durchaus mal eben im Bauch einer Patientin ein Tuch oder bei einer anderen den Tupfer. Diese Beweisstücke sind nach ihrer Entnahme natürlich verschwunden, und man behauptete sogar recht dreist, daß diese Art der Utensilien in Freiburg überhaupt nicht verwendet würden und sie damit von einer anderen Operation herrühren müßten. Einem bereits im Sterben liegenden Lungenkranken, der Metastasen an der Wirbelsäule hatte, verschraubte Friedl in einer langen Operation den gesamten Rücken mit Stahlplatten. Einem anderen Patienten zerstörte er diejenige Ader, die das Bein versorgt, und in einem anderen Fall durchstieß die Prothese eines Patienten einen Knochen noch auf der anderen Seite.

Friedl übernahm im Jahre 1997 die Unfallchirurgie der Universitätsklinik und äußerte sich gleich zu Beginn herablassend über viele Mitarbeiter, die er dabei übernehmen mußte. Schließlich hatte er sie 1999 endlich losgekriegt, so daß er nun seine eigene Hochleistungstruppe aufbauen konnte. Doch die vergraulten Kollegen, die von seinem »Pfusch« wußten, wandten sich im Januar 1999 an die Ärztekammer Südbaden. Die wiederum informierte die Universitätsklinik und die wiederum unternahm – nichts! Oder hatten Sie jetzt etwas anderes erwartet?

Als Professor Hans-Peter Friedl im September 1999 wieder einmal schwersten »Pfusch« begangen hatte, wurden Operationsberichte an einen Ärztefunktionär zugestellt, der nach langem Drängen die Universitätsklinik Freiburg zum Einsatz einer kleinen Untersuchungskommission bewegen konnte.

Der von der Freiburger Untersuchungskommission angerufene Ulmer Professor Lothar Kinzl, Vize der *Deutschen Gesellschaft für Unfallchirurgie*, lieferte im März 2000 sein Gutachten ab. In diesem bewertete er die Operationen Friedls überwiegend als befriedigend, einige als etwas schlechter – Friedl sei damit aber noch tragbar. Diesem Gutachten folgend, tat die Leitung der Universitätsklinik weiterhin nichts, im Gegenteil: sie stellte das Gutachten als Freispruch dar, obwohl die Südbadener Ärztekammer das Ganze völlig anders bewertete.

Eigentlich hätte Friedl das Gutachten auch so interpretieren können, daß er sich alsbald nach einem neuen Job umschauen solle, möglichst weit entfernt vom bisherigen Tätigkeitsfeld, an einem Ort, wo man von all seinen Taten noch nichts wußte. Doch er beließ alles beim alten und machte lieber im alten Stile frech weiter.

Eine Patientin klagte schließlich gegen ihn: Im April 2000 begann die Staatsanwaltschaft Freiburg mit ihren Ermittlungen wegen Körperverletzung. Danach dehnte man die Untersuchungen noch auf einen weiteren Punkt aus: Abrechnungsbetrug!

Schließlich bestand Friedl dann sogar darauf, daß die gegen ihn erhobenen Vorwürfe auch in einem berufsgerichtlichen Verfahren bei der Ärztekammer untersucht werden sollten. Das baden-württembergische Wissenschaftsministerium leitete disziplinarische Ermittlungen gegen Friedl und gegen Eduard Farthmann, den Chef der Chirurgie, ein.

Letztendlich wandte die Universitätsklinik einen Trick an, um Friedl loszuwerden – natürlich ohne ihm »Pfuscherei« anlasten zu müssen (denn mit Ärztepfusch würde sie sich ja selbst schaden). Bei Friedl arbeitete ein österreichischer Arzt, der eine österreichische Approbation, aber keine deutsche hatte. Und so etwas war natürlich ein absolut inakzeptabler und tödlicher Formfehler, in dessen Folge Friedl im Oktober 2000 gefeuert (formal nur beurlaubt) wurde. Friedl störte das wenig, im November 2000 klagte er gegen die Entscheidung seines Arbeitsgebers und forderte die Wiederherstellung seiner Position – mit Erfolg!

Im November 2001 erhob die Staatsanwaltschaft gegen ihn Anklage wegen Körperverletzung und Betrug. Der Prozeß vor dem Freiburger Landgericht begann am 9. Januar 2003. Professor Friedl legte im Fall des abgebrochenen Bohrers zwar ein Geständnis ab, alles andere bestritt er jedoch.

Hans-Peter Friedl, der auch weiterhin sein Chefarztgehalt bezog, wurde letztlich zu einer Geldstrafe von 90 Tagessätzen zu je 270 Euro verurteilt. Das war ein Bruchteil dessen, was er während der Zeit seiner Beurlaubung an Gehalt weiterhin vereinnahmte. Der Richter George Royen berücksichtigte bei seinem Urteilsspruch, daß der arme Professor während der letzten Jahre auf Privatliquidationen verzichten mußte.

Ein Berufsverbot erhielt Friedl aber nicht. Die Universitätsklinik »darf« daher Friedl weiterbeschäftigen, auch wenn sie es momentan offiziell gar nicht will.

Ende Februar 2003 kündigte die Staatsanwaltschaft an, in Revision zu gehen, der Bundesgerichtshof prüft derzeit noch. Inzwischen forscht Friedl allerdings angeblich in den USA, so daß er mit einer weiteren Verfolgung wegen seiner Missetaten durch die Freiburger Staatsanwaltschaft nicht mehr rechnen muß.

Dieses Urteil dokumentiert, daß eine Trendwende in der Be- und Verurteilung von wissenschaftlichen Fehlleistungen immer noch nicht in Sicht ist. Die »Wissenschaftlerbande« in Freiburg hält weiterhin zusammen – und nicht nur hier.

Ohne den öffentlichen Druck seitens betroffener Patienten und der Presse wäre Friedl jedenfalls auch heute noch ein hoch angesehener, ehrwürdiger Professor der Universitätsklinik von Freiburg.

Gibt es angesichts dieses aufgezeigten Dilemmas innerhalb der Wissenschaft und Forschung überhaupt noch einen Ausweg? Nicht wirklich! Ein erster Schritt bestünde vielleicht darin, wissenschaftliches Fehlverhalten nicht als Tabu oder krankhafte Ausnahmeerscheinung zu behandeln, wie es viele Wahrheitsideologen heute immer noch tun. Wissenschaft ist ein menschliches Unternehmen und ebenso durch Logik wie durch Eigennutz bestimmt.

Man muß sich darüber im klaren sein, daß in der Forschung das persönliche Fortkommen nicht in erster Linie von Talent und günstigen Charaktereigenschaften abhängt, sondern von gut-plazierten und vielzitierten Publikationen. Daher ist eine ständige Reflexion über die Auswirkungen von Nachlässigkeiten und Irreführungen in der biomedizinischen Forschung (und nicht nur dort) sowie über Sanktionen gegen die Fehlbaren notwendig. Wir müssen Studenten über die Gefahren im Umgang mit der Wahrhaftigkeit anhand von praktischen Beispielen aufklären. Auf allen Stufen der Forschungshierarchie ist eine erhöhte Bereitschaft zum Aussprechen und zum Verarbeiten von Kritik notwendig. Entscheidend ist die Bereitschaft der Selbstzensur, nicht das Resultat. Die Tatsache, daß nur ein kleiner Teil der Unlauterkeiten entdeckt wird, darf nicht von diesen Bemühungen abhalten.

Seit der Gründung der amerikanischen Wissenschaftsbehörde (*Office for Research Integritiy*) im Jahre 1989 als zentrale Anlaufstelle für Meldungen über wissenschaftliches Fehlverhalten wurden bereits über 1500 Fälle von Plagiaten, Fälschungen oder anderen Unregelmäßigkeiten gemeldet. Zwar konnten bisher in nur 74 Fällen tatsächlich zweifelsfrei Verfehlungen nachgewiesen werden, allerdings trifft es die »Erwischten« um so härter: Abgesehen von der öffentlichen Anprangerung (die Namen und Verfehlungen der überführten Wissenschaftler werden für alle zugänglich ins Internet gestellt), werden ihnen auch keine öffentlichen Mittel mehr gewährt oder aber Auflagen für die weitere Arbeit gemacht.

In der deutschen Forschungslandschaft erscheint so ein radikales und öffentliches Vorgehen gegen »schwarze Schafe« undenkbar. Wie der ehemalige DFG-Präsident Professor Wolfgang Frühwald beschwören viele Vertreter der großen Wissenschaftsorganisationen und Universitäten statt dessen noch immer die Kraft der »Selbstreinigung der Wissenschaft«.

Als ähnlich unzureichend erweist sich auch das Gutachtersystem der »Peer Review« – ein Prinzip, nach dem jede zur Veröffentlichung eingereichte Publikation von anderen Wissenschaftlern des gleichen Forschungszweiges auf ihre Richtigkeit und Plausibilität geprüft wird, ehe sie zu Veröffentlichungen zugelassen wird. Immer wieder müssen Publikationen wegen Betrugs oder Manipulationen zurückgezogen werden, nachdem sie das Gutachtersystem bereits ohne Beanstandungen durchlaufen hatten. Der Botaniker Anthony J. Trewavas von der Universität Edinburgh sagt dazu:

»Wenn jemand in der Wissenschaft fälscht, dann hast du keine Möglichkeit, das zu erkennen.«

Er selbst hatte für die Zeitschrift *Nature* eine der Arbeiten der inzwischen des Betruges überführten Arbeitsgruppe am Kölner Max-Planck-Institut begutachtet und keinerlei Verdacht geschöpft …

Kapitel 2

BETRUG IM LABOR

Zweifelsohne ist das Thema »Betrug in der Wissenschaft« sehr interessant, aber auch schwierig und vielschichtig – vermutlich wird es von der Allgemeinheit auch nur deshalb relativ selten aufgegriffen! Journalisten sind meist nur an publikumswirksamen Einzelfällen interessiert, die kurz und heftig aufgekocht werden, um dann wieder schnell von den Titelseiten der Tageszeitungen oder Magazine zu verschwinden. Selbst wenn weitreichende Betrügereien in der Öffentlichkeit bekannt werden, befaßt sich zwar manchmal sogar die Politik damit, um durch schnelle Maßnahmen derartige Vorfälle in Zukunft möglichst zu vermeiden; doch da jeder Betrugsfall anders gelagert ist, kann man nur sehr selten allgemeingültige Verfahrensregeln aufstellen und wirksame Vorsichtsmaßnahmen ergreifen.

Manchmal wird in dieser Hinsicht aber auch »zuviel des Guten« getan: In den 1980er Jahren führten in den USA mehrere spektakuläre Betrugsfälle dazu, daß der amerikanische Kongreß in Washington D. C. nicht nur öffentliche »hearings« (Anhörungen) veranstaltete, sondern einen unabhängigen Untersuchungsausschuß direkt einsetzte, der sich intensiv mit »Betrug« und »Fälschung« in der biomedizinischen Forschung beschäftigte. Ausgelöst hatte das Ganze bereits eine 1981 veröffentlichte kardiologische Studie mit gefälschten Daten der renommierten Harvard Universität durch den Mediziner John Darsee. Das Thema wurde schließlich derart aufgebauscht, daß geradezu »Hexenjagd«-ähnliche Zustände in bezug auf die Verfolgung von »Betrügern« und »Fälschern« begannen. Dabei wurden, wie sich denken läßt, auch weitgehend »unschuldige« Wissenschaftler, wie etwa der Nobelpreisträger David Baltimore, zum Teil völlig unbegründet auf das Heftigste attackiert. Eine solche Entwicklung konnte natürlich nicht mehr im Sinne des Erfinders sein, wenn eine Kommission den Überblick zu verlieren begann oder beinahe sogar ihre Stellung mißbrauchte!

Wie entsteht Betrug in der Wissenschaft überhaupt?

Vor einigen Jahren erklärte Professor Otto Westphal in einem *Spiegel*-Interview, bezugnehmend auf den Wissenschaftszweig der Medizin und die damit in Verbindung stehenden Krebstherapien, folgendes:

»Im allgemeinen beschränkt sich die Krebsbehandlung auf das zufällige Ausprobieren dessen, was gerade in der Medizin aktuell ist.«

Das heißt, daß Patienten bei Krebserkrankungen als »Versuchskaninchen« herhalten müssen, ohne am Ende der Therapie einen Nutzen aus der Behandlung zu erfahren – tolle Aussichten sind das! Ist man dem wissenschaftlichen System als Patient wirklich »hilflos« ausgeliefert?

Knochenfunde aus frühester menschlicher Zeit dokumentieren, daß es Krebserkrankungen nicht erst in der Moderne gibt. Zwar erhielt der deutsch-britische Biochemiker Sir Hans Adolf Krebs (1900–1981) 1953 für die Entdeckung des »Krebszyklus« (»Zitronensäurezyklus«) zusammen mit einem britischen Forscherkollegen den Nobelpreis für Medizin. Doch schon vor 2400 Jahren bezeichneten hippokratische Ärzte nachgewiesenermaßen bösartige Geschwülste als »Krebs« (»Cancer«), womit geklärt wäre, daß hinter der Entdeckung dieser Stoffwechselerkrankung kein vereinzelter Wissenschaftler nach modernem Verständnis zu suchen ist.

Bis zur modernen Krebsforschung und -therapie war es ein langer Weg. Gallens Erklärung des Krebses als Überschuß von »schwarzer Galle« und die daraus meist abgeleitete nichtchirurgische Allgemeinbehandlung des Krebses blieben bis in die Neuzeit vorherrschend. Erst im 18. Jahrhundert wurde diese sogenannte humolate Krebstheorie zurückgedrängt. Die Forschung des 19. Jahrhunderts, vor allem die Suche nach Krebserregern, brachte jedoch außer »vielen« Theorien nur wenige eindeutige Resultate zur parasitären Krebsentstehung. Die Virusgenese gilt inzwischen bei vielen tierischen Tumoren als gesichert, für menschliche allerdings nur bei gutartiger Warzenbildung (der Nachweis gelang Anfang der 1970er Jahre), und bei einigen anderen Krebsformen gilt sie als ziemlich wahrscheinlich. Dennoch weiß keiner den wirklichen Grund, warum der Mensch an Krebs erkrankt.

Bereits in den 1950er Jahren isolierte Ernst Theodor Krebs jr. von der Berkeley Universität des US-Bundesstaates Kalifornien ein neues Vitamin, welches er mit der Nummer B17 versah und »Laetrile« nannte. In den Nachkriegsjahren konzentrierte Ernst T. Krebs seine Studien darauf, ein besseres Verständnis der wesenseigenen Aufgaben von Enzymen – einschließlich Bromelain, Chymotrypsin und Papain – zu erlangen und deren Anwendungsmöglichkeiten im Fall von Krebsbehandlungen in Erfahrung zu bringen. Sowohl Krebs jr. als auch dessen Vater erkannten schon sehr früh, daß sich das Vitamin B17 in hohen Konzentrationen in Steinobsten wie Aprikosen, Pfirsichen, Nektarinen, Kirschen, Pflaumen und Äpfeln finden läßt. Am höchsten ist die Konzentration von B17 im Kern von Aprikosen, hier beträgt sie bei den meisten wildwachsenden Sorten zwei bis zweieinhalb Gewichtsprozente. Viel Vitamin B17 enthalten auch die Getreide Hirse und Buchweizen, ebenfalls Macadamia-Nüsse, Bambus-Sprossen, Mung-Bohnen, Lima-Bohnen und bestimmte Erbsensorten. Natürlich sollten diese biologisch angebaut und nicht industriell verarbeitet worden sein.

In einem Vortrag vor der *Second Annual Cancer Convention* in Los Angeles erklärte Professor Ernst T. Krebs in bezug auf das Vitamin B17 folgendes:

»Wir haben Kenntnisse über die prophylaktische Dosis von Vitamin B17: Zum Beispiel wissen wir, daß der Volksstamm der Hunza während seiner über 900jährigen Geschichte niemals einen Fall von Krebs zu beklagen hatte. Dieser Stamm ernährt sich von natürlichen Lebensmitteln, die eine tägliche Versorgung von im Durchschnitt 50 bis 75 Milligramm Vitamin B17 ab-decken. Das Land der Hunza wurde gelegentlich als ein Land beschrieben, in dem die Aprikose ›Königin‹ ist. Während der drei Monate, in denen die Frucht frisch erhältlich ist, wird sie von den Stammesmitgliedern frisch verzehrt, und das verbleibende Jahr essen sie getrocknete Aprikosen. Niemals wird eine getrocknete Aprikose ohne den weichen Samenkern gegessen. Auf diese Weise nehmen sie sogar weit mehr als die durchschnittlichen 50 bis 75 Milligramm Vitamin B17 pro Tag zu sich.

In der westlichen Welt gibt es viele Menschen, die diese Menge an Vitamin B17 noch nicht einmal im Laufe eines Jahres zu sich nehmen. Als Folge dieser Unterlassung beklagen wir einen erschreckenden Mangel an Vitamin B17 beziehungsweise an cyanogenem Glycosid, dem antineoplastischen Vitamin. Dieses Vitamin ist nicht Bestandteil unserer Ernährung; diese Tatsache erklärt, wieso die Krebsvorkommen in unserer Gesellschaft derart ausgeufert sind, ja, epidemische Ausmaße angenommen haben und heute jede dritte Familie in Amerika einen Krebsfall zu beklagen hat.«

Ernst Theodor Krebs betonte immer wieder, daß es sich bei Krebs um eine chronische Stoffwechselerkrankung handle. Es sei keine ansteckende Krankheit, die von Viren oder Bakterien ausgelöst werde, sondern eine Krankheit, die in direktem Zusammenhang mit unserer Nahrungsaufnahme steht:

»Ich möchte Ihnen eine kategorische beziehungsweise axiomatische Wahrheit mit auf dem Weg geben – eine Wahrheit, der man in keinster Weise widersprechen kann, weder nach wissenschaftlichen, noch historischen, geschweige denn nach irgendwelchen anderen Gesichtspunkten. Nämlich, daß in der Geschichte der Medizin keine chronische beziehungsweise stoffwechselbedingte Erkrankung jemals verhindert oder geheilt werden konnte, außer durch Faktoren, die normalerweise in der Nahrungsaufnahme und im Stoffwechsel vorkommen.«

Dann erläuterte der Professor das berühmte Beispiel des Skorbuts:

»Wie Sie sich gewiß aus Ihrer Schulzeit erinnern, erlangte Großbritannien die Herrschaft über die Weltmeere, nachdem festgestellt worden war, daß man der Verpflegung der britischen Seeleute lediglich Limonen- oder andere Zitrussäfte beimischen mußte, und auf diese Weise der Fluch des Skorbut von der britischen Seemacht abgewendet worden war.«

Bevor die Verpflegung der britischen Seeleute mit Vitamin-C-haltigen Lebensmitteln aufgewertet wurde, war es nämlich keineswegs unüblich, daß drei Viertel der Besatzung am Ende der Reise schwer erkrankt waren, manche Seeleute sogar starben. Denjenigen ging es dann auf mysteriöse und plötzliche Weise besser, die frisches, Vitamin-C-haltiges Obst und Gemüse gegessen hatten.

Seltsamerweise sind in den USA Herstellung und Handel von B17 bis heute verboten! Phillip Day stellt in seinem Buch *Krebs – Stahl, Strahl, Chemo & Co* empörende Schicksale von Menschen vor, die sich in Mexiko mit B17 behandeln ließen, von ihrem Krebs wieder gesundeten und dann, weil sie B17 weiterhin in den USA einnehmen wollten, Gefängnisstrafen riskierten und zum Teil auch erhielten!

Dabei hatte Professor Ernst T. Krebs herausgefunden, daß B17 aus je einem Molekül Hydrogenzyanid (Blausäure) und Benzaldehyd (ein Schmerzmittel) sowie zwei Molekülen Glucose besteht. Obwohl es aus zwei starken Giften zusammengesetzt ist, die durchaus tödliche Wirkung haben können, ist deren Kombination innerhalb des B17-Moleküls stabil, chemisch inaktiv und ungiftig.

Der Wissenschaftler fand des weiteren heraus, daß die Verbindung nur durch das Enzym Beta-Glucose »geknackt« werden kann. Dieses Enzym ist zwar prinzipiell im ganzen Körper vorhanden, aber an Stellen, an denen sich Krebszellen gebildet haben, ist es in riesigen Mengen vorzufinden. Beta-Glucose spaltet das B17-Molekül an der krebsbefallenen Stelle. Die beiden Giftstoffe verbinden sich synergetisch und produzieren auf diese Weise ein »Supergift«, welches um ein Vielfaches stärker ist als beide Substanzen (Hydrogenzyanid und Benzaldehyd) im isolierten Zustand. Dank der selektiven Toxizität des B17-Moleküls findet die Krebszelle also ihren chemischen Tod. Das Enzym Rhodanese übernimmt hierbei eine Kontrollfunktion. Es kommt im Körper nur in geringerem Maße vor, das aber mit einer Besonderheit: Es ist zwar im ganzen Körper anzutreffen, nicht aber an den krebsbefallenen Stellen! Wenn B17 mit gesunden Zellen in Berührung kommt, entgiftet Rhodanese das Zyanid aus der Blausäure und oxidiert die Benzaldehyd-Gruppe, was bedeutet, daß das B17 mit höchster Präzision nur an krebsbefallenen Stellen zum Einsatz kommt und nicht an gesundem Gewebe. Die beiden Nebenprodukte, die durch die Reaktion mit Rhodanese entstehen (Thiocyanat und Benzoesäure) begünstigen die Anreicherung gesunder Zellen mit Nährstoffen sogar noch. In großen Mengen scheidet der Körper diese Nebenprodukte letztlich mit dem Urin aus.

Wo die Chemotherapie einem Totschlaghammer gleich den ganzen Körper angreift und das ohnehin geschwächte Immunsystem weiter destabilisiert, wandert B17 einer »Wächterpolizei« gleich durch unseren Körper und macht nur die Krebszellen unschädlich, während das Immunsystem sogar noch eine Unterstützung erfährt.

Als in den USA bekannt wurde, welch sensationelle Wirkung das B17-Vitamin bei Einsatz in Krebsbehandlungen hervorruft, sahen sich die pharmazeutischen Kartelle und das orthodoxe medizinische Establishment gezwungen, den von »Laetrile«-Befürwortern aufgestellten Behauptungen entgegenzuwirken. Phillip Day berichtet in seinem Buch:

»Es wurden Versuche unternommen – mittels manipulierter Formulierungen – B17 als Medikament zu deklarieren, was im Klartext natürlich bedeutete, daß – bevor eine offizielle Anwendung jemals genehmigt werden könnte – Laetrile zunächst einmal hätte lizenziert werden müssen. Natürlich war klar, daß mächtige Eigeninteressen innerhalb der Regierung, der Forschungseinrichtungen und der Pharmakonzerne gewahrt werden wollten und niemand auch nur im Traum daran dachte, im Kampf gegen Krebs ein armseliges Vitamin zuzulassen, das nicht nur nichts kostete, sondern ebensowenig patentierbar war und mit gigantischem Profit verkauft werden konnte.«

Heute stirbt fast jeder Dritte schon an Krebs, und die Aussichten für die Zukunft sehen düster aus: Experten prophezeien, daß Mitte des 21. Jahrhunderts die Rate der Krebserkrankungen 100 Prozent erreicht haben wird! Das will heißen, daß dem Krebs keiner mehr entgehen wird, so daß jeder wohl oder übel einmal im Leben an Krebs erkranken und mit wuchernden Tumoren kämpfen wird, die sein Todesurteil bedeuten werden. Doch wird diese Entwicklung einsetzen und in jedem Fall? Und soll dem armen Betroffenen für die Linderung seines Leidens nichts anderes als das Martyrium einer Chemotherapie übrigbleiben? Wie kommt es überhaupt, daß trotz Milliarden an Forschungsgeldern weltweit kein wirklich erfolgreiches Krebsheilmittel gefunden werden konnte – ja, die Fachleute sogar noch immer über die Natur des Krebses rätseln? Woran liegt es vor allem, daß die Krebsrate in der westlichen, sogenannten entwikkelten Welt stetig und rapide ansteigt – während es auf diesem Planeten Völker gibt, bei denen Krebs bis auf den heutigen Tag noch niemals aufgetreten ist?

Bereits 1986 hatten Wissenschaftler des *McGill Cancer* eine gute Idee: Sie wollten herausfinden, ob jene Ärzte, die ihre Krebspatienten mit Chemotherapie behandelten, diese Methode auch für sich selbst wählen würden, litten sie an Krebs. Dazu versandten sie Fragebögen an 118 Ärzte, die Lungenkarzinome vom kleinzelligen Typ behandelten. Von den Fragebögen kamen immerhin 79 zurück, und 64 der Ärzte sprachen sich gegen eine Behandlung mit Cisplatin (einem häufig verwendeten Chemotherapeutikum) aus. Wiederum 58 der Ärzte befanden alle Probebehandlungen für inakzeptabel, weil sie die Unwirksamkeit von Chemotherapie und den unannehmbaren hohen Grad an Toxizität befürchteten.

Diesbezüglich hielt John Cairns, Professor für Mikrobiologie an der Harvard Universität, in der renommierten Fachzeitschrift *Scientific American* fest:

»Was die am häufigsten auftretenden Krebsarten betrifft, gleich welcher Art, so kann man keinen Zusammenhang zwischen plötzlichen Veränderungen der Sterbeziffer und chemotherapeutischen Behandlungsmaßnahmen herstellen. Bestimmte, selten auftretende Krebsarten sind von dieser Feststellung aber ausgenommen. Der Beweis, daß die am häufigsten verbreiteten Krebsarten mittels Chemotherapie geheilt werden können, muß noch erbracht werden.«

Und wie geht die Wissenschaft in Deutschland mit dem Krebs um?

Der deutsche Wissenschaftler Roland Mertelsmann war einst das, was man unter den Experten eine »Kapazität« nennt. Er war der erste, der es schon 1994 wagte, in Deutschland einen wissenschaftlich geleiteten Versuch zur Gentherapie zu unternehmen. Beeindruckend lang war deshalb auch die Liste seiner Auszeichnungen und sein Ruf unter den Kollegen natürlich stets makellos. Der ehemalige Chefarzt der Freiburger Universitätsklinik wurde sogar als führender Krebsforscher ans Krankenbett der todgeweihten »First Lady« der ehemaligen Sowjetunion, Raissa Gorbatschowa, gerufen. Als Gutachter beriet er unter anderem »Enquête-Kommissionen«, und neben seiner wissenschaftlichen Karriere baute er auch noch erfolgreich eine Firma auf. Das Magazin *Bild der Wissenschaft* schrieb über den Forscher:

»Heute ist ein deutsches Gentherapie-Meeting ohne Roland Mertelsmann wie ein Fußball-Großereignis ohne Franz Beckenbauer.«

Doch auf den »großen Ruhm« des Wissenschaftlers ist ein »dunkler Schatten« gefallen: Eine Untersuchungskommission der *Deutschen Forschungsgemeinschaft* (DFG) hat Mertelsmann in die fatale Nähe zum wohl größten bisher bekannt gewordenen Fälschungsfall der deutschen Wissenschaft gerückt. Der Krebsforscher Friedhelm Herrmann, der gemeinsam mit seiner fälschenden Kollegin Marion Brach mittlerweile in 94 Fällen der Datenfälschung überführt worden ist, war einst engster Mitarbeiter Mertelsmanns. Gemeinsam mit Mertelsmann hat der betrügerische Wissenschaftler, der immerhin Mitglied des Senats- und Bewilligungsausschusses der DFG für Sonderforschungsbereiche und Sprecher der *Arbeitsgruppe Gentherapie* war, 131 Arbeiten veröffentlicht, die über erfundene Tabellen, frisierte Abbildungen und geschönte Daten verfügen.

Brach leitete von 1992 bis 1996 am *Max-Delbrück-Centrum* (MDC) für Molekulare Medizin in Berlin das Forschungslabor ihres Lebensgefährten Herrmann, während dieser an der etwa einen Kilometer entfernten *Robert-Rössle-Klinik* Krebspatienten behandelte. In dieser Zeit, so lautet der Vorwurf, seien in Herrmanns Labor Computergraphiken auf Basis von Meßdaten entstanden, für die keine passenden Versuche vorlagen. Insbesondere Daten über Botenstoffe, Resistenzgene in der Chemotherapie und ihren Einfluß auf Krebszellen seien frei erfunden. Marion Brach, die mittlerweile an der Universität Lübeck lehrt, hat inzwischen gebeichtet, sie habe für Veröffentlichungen im *Journal of Experimental Medicine* Daten frisiert. Sie erhebt schwere Vorwürfe gegen ihren langjährigen Freund und damaligen Chef Herrmann, der mittlerweile an der Universität Ulm tätig ist: sie und ihr damaliger Mitarbeiter Michael Kiehntopf sagen aus, sie hätten die Daten auf Herrmanns Wunsch hin gefälscht.

Friedhelm Herrmann weist jedoch jede Schuld zurück: »Die Daten sind gefälscht, daran gibt es nichts zu rütteln, aber ich wußte zum Zeitpunkt der Veröffentlichung nichts davon.«

Das Manuskript der umstrittenen Arbeit habe Brach verfaßt, er (Herrmann) habe es lediglich vor der Publikation gelesen. Als Mediziner könne er zwar den Inhalt der Arbeit in ihrer Plausibilität nachvollziehen, »jedoch die technischen Aspekte der Experimente im Detail kann ich nicht beurteilen«.

Da diese Zusammenhänge insgesamt recht bedenklich sind und Mertelsmann ebenfalls stets bestritt – und immer noch bestreitet –, etwas von den Fälschungen bemerkt zu haben, wurden auch seine Werke, die er ohne Herrmann veröffentlichte, einer kurzen Sichtung unterzogen. Fünf davon wurden etwas näher betrachtet. Keines der fünf Werke war »völlig frei von Unregelmäßigkeiten«: Besonders schlimm waren diese bei einer in *Blood* 1994 veröffentlichten Studie und einer weiteren, die im Jahre 1995 im *New England Journal of Medicine* (NEJM) publiziert wurde. In den Studien ging es darum, die Blutbildung (Hämotopoese) bei hoffnungslos Krebskranken anzuregen, die eine Chemotherapie mit hoher Dosis erhielten. Eine solche Chemotherapie beeinträchtigt die Fähigkeit zur Blutbildung sehr, so daß den Patienten nach der Therapie Blut gegeben werden muß. Hierfür wurde ihnen normalerweise vor der Therapie Blut entnommen und daraus »Vorläuferzellen« (»peripheral-blood-progenitor-cells«) gewonnen. Man benötigte dafür recht viel Blut vom zu behandelnden Patienten, in dem außerdem noch einige Krebszellen herumschwammen, die er mit dem Blut zurückerhielt.

In der *Blood*-Studie sollte gezeigt werden, daß ein bestimmter Zelltyp (»CD34+«) genüge. Dieser Zelltyp ließ sich anreichern, was auch dazu führte, daß die Zellsuspension weniger Krebszellen enthielt. Die Studie »bestätigte« angeblich diese These.

In der NEJM-Studie sollte nämlich gezeigt werden, daß man diese »CD34+«-Zellen in Zellkultur vermehren und damit mit noch weniger Patientenblut auskommen könne. Auch dies wurde in der Veröffentlichung schließlich »bestätigt«.

Die Überprüfung dieser Arbeiten zeigte jedoch, daß die Darstellungen in den Publikationen nicht mit den tatsächlichen Daten zusammenpaßten. Wenn zum Beispiel die Daten nur eines einzelnen Patienten vorlagen, wurde suggeriert, daß es sich um den Mittelwert aller Patienten handle. Auch sonst wurde bei der Auswertung geschlampt: Beispielsweise konnten bei der Präparation der »CD34+«-Zellsuspension 625 Prozent der ursprünglichen Zellen wiedergefunden werden.

»Betrug in der Forschung hat es immer gegeben und wird es immer geben«, urteilte Ronald Mertelsmann, der die internationale Szene genauestens kennt. Selbst Laborbücher könnten gefälscht werden – in diesem Fall dürften es auch die Kommissionen schwer haben, je die Wahrheit zu finden. Immerhin haben erst die Vorgänge in Berlin das Dilemma von wissenschaftlicher Wahrheit und Fälschung nun auch in Deutschland ins öffentliche Bewußtsein gerückt.

Zwar tagen die Untersuchungskommissionen und Gutachter immer noch, doch so viel ist jetzt schon abzusehen: Der Fall Mertelsmann könnte das Verhalten deutscher Forscher nachhaltiger verändern als der Fall Herrmann, der zuvor die wissenschaftliche Loge erschütterte und danach lediglich als »extremer Einzelfall« wieder abgewertet wurde. Es hieß sogar, daß den Forschern eine Fälschungsabsicht nicht vorgeworfen werden könne. Seltsam ist allerdings, daß im endgültigen Bericht der DFG Hinweise auf Fälschungen, die in früheren Berichten vorhanden waren, nicht mehr auftauchen. Für schlimmer wurde jedoch die Tatsache befunden, daß die Forscher nicht immer nachweisen konnten, daß die Patienten über die jeweils durchgeführte Studie aufgeklärt wurden und ihre Zustimmung zur Teilnahme an dieser gaben. Dies könne »das Klinikum einem Haftungsrisiko aussetzen« hieß es. Natürlich erlaubt das wiederum die Überlegung, wie ein Haftungsrisiko entstehen sollte, wenn alles mit rechten Dingen vor sich ging. Scheinbar war all das aber nun doch nicht nur ein Einzelfall! Deshalb gab der französische Krebsspezialist Professor Charles Mathe vermutlich nicht zufällig folgende Erklärung ab:

»Sollte ich an Krebs erkranken, dann würde ich mich auf gar keinen Fall in einem herkömmlichen Krebszentrum behandeln lassen. Nur die Krebsopfer haben auch eine Überlebenschance, die sich von diesen Zentren fernhalten.«

Entpuppt sich der einstige Starwissenschaftler Mertelsmann letztendlich auch nur als ein »schwarzes Schaf« der Wissenschaft?

Manche Meinung wurde laut, die da behauptete, daß die »Forschungsdetektive übers Ziel hinaus geschossen« seien. Doch Roland Mertelsmann muß sich nicht zum ersten Mal bohrende Fragen gefallen lassen. Immerhin hatte der überführte Fälscher Herrmann sich 1986 bei Mertelsmann in Mainz habilitiert und mit ihm von 1989 bis 1992 am Freiburger Universitätsklinikum zusammengearbeitet. Als »unglaublich kreativen bis genialen Wissenschaftler« lobte Mertelsmann damals seinen Oberarzt, mit dem er den Grundstock für seine späteren Gentherapie-Erfolge legte.

Bemerkte Mertelsmann die unzähligen Fälschungen seines Untergebenen wirklich nicht?

Zumindest der Vorsitzende der Untersuchungskommission, Professor Albin Eser, stellte »keine aktive Mitbeteiligung sowie keine zweifelsfreie Mitwisserschaft« Mertelsmanns fest – aber er erinnerte den Klinikchef dennoch nachdrücklich an seine Mitverantwortung. Bruno Zimmermann vom DFG meinte dazu: »Wir dachten bislang, wissenschaftliche Fälschungen in großem Stil wie in den USA kämen bei uns nicht vor, da unsere Forschungslandschaft so klein und überschaubar ist.«

Eine Annahme, die sich nunmehr als ein Irrtum herausstellt. Wenig später wurde von der DFG eine »Task-Force« eingesetzt, um den Fall Herrmann detailliert aufzuklären. Die Detektive für das Thema »Gefälschte Wissenschaft« unter der Leitung des Würzburger Zellbiologen Ulf Rapp überprüften zunächst nur die Abbildungen in Herrmanns Publikationen und förderten schon mit dieser oberflächlichen Methode massenhaft »konkrete Hinweise der Datenmanipulation« zutage. Dann nahmen sie sich das Umfeld, in dem der raffinierte »Fälscher« gewirkt hatte, vor. Bald wurden die Fahnder fündig: Auch in den Habilitationsschriften der Freiburger Oberärzte Albrecht Lindemann und Wolfgang Oster, die ebenfalls von Roland Mertelsmann betreut worden waren, entdeckten sie gefälschte Abbildungen. So wie Herrmann schon zuvor, beteuerten auch Lindemann und Oster, von all dem nichts gewußt zu haben.

Während Friedhelm Herrmann seinerzeit die an ihn gerichteten Vorwürfe auf seine Mitarbeiterin Marion Brach abwälzte, schreiben Lindemann und Oster die Schuld nun Herrmann zu. Lindemann gab der Task-Force zu Protokoll: »Ich habe korrektes Datenmaterial erhoben und vermutlich von Herrn Herrmann ›manipulierte Abbildungen‹ zurückerhalten.«

Die Task-Force mußte am Ende frustriert feststellen, daß »ein Nachweis hinsichtlich einer Mittäterschaft nicht zu führen ist, aber Herr Lindemann sich als Wissenschaftler disqualifiziert« habe. Verständlich, daß sich der Verdacht der Würzburger Gutachter auch gegen Roland Mertelsmann wandte: Denn 245 Arbeiten, die dieser unabhängig von Herrmann publiziert hatte, unterzog die Task-Force ebenfalls einer groben Sichtung – ohne Ergebnis! Dann wählten die Fahnder fünf Arbeiten nach dem Zufallsprinzip aus und erbaten dazu aus Freiburg die Originaldaten. Prompt ergaben sich in zwei dieser Publikationen »Unregelmäßigkeiten«. Besonders alarmiert waren die Würzburger, daß dabei auch in einer klinischen Studie mit Patienten »unwissenschaftlich gearbeitet wurde«.

Die inkriminierte Arbeit hatte Mertelsmann 1994 mit seinen damaligen Schülern Lothar Kanz und Wolfram Brugger ebenfalls in der Zeitschrift *Blood* publiziert. Darin berichten sie von Experimenten zur »Hochdosis-Chemotherapie« (HDCT), jener Krebsbehandlungsmethode, die auch bei der »First Lady« angewandt wurde, deren Wirkung allerdings bis heute umstritten ist.

Dazu ist die Anmerkung Professor Ulrich Dold von Interesse: »Wir haben im Eifer, den Krebs überall totzuschlagen, übersehen, daß die Patienten oft mehr unter der Therapie als unter dem Krebs leiden.«

Das liegt in erster Linie daran, daß Chemotherapeutika Weiterentwicklungen oder besser »Ableger« von im Zweiten Weltkrieg verwendeten Giftgasen sind. Aus Senfgas gewannen Wissenschaftler in Nazi-Deutschland das sogenannte »Zytostatikum« (»Zellstopper«), das vor allem das Knochenmark und das Lymphsystem angriff, die bekanntlich wichtige Bestandteile des Immunabwehrsystems des menschlichen Körpers bilden. Das Zellgift wurde schließlich wegen seiner besonderen Wirkung schon früh von Ärzten gegen Blut- und Lymphkrebs eingesetzt. Heute verwendet man in Chemotherapeutika-Präparaten vor allem Stickstoff-Lost-Verbindungen, die ebenfalls Gifte darstellen: Sie vergiften zwar »Krebszellen«, aber die restlichen Zellen des Immunabwehrsystems, die immerhin zwei Drittel ausmachen, bleiben bei dieser Methode ebenfalls nicht verschont. Angeblich verkleinert man mit der Chemotherapie »Tumore« oder andere »Zellwucherungen«, doch man verheimlicht dabei die Wahrheit, daß auf diese Behandlungsmethode lediglich acht Prozent der Krebsarten überhaupt ansprechen. Die unsinnigen Nebenwirkungen dieser Behandlungen treten dadurch auf, daß die Gifte auf die Zellteilung wirken und daher zuerst »sich-schnell-teilende« Zellen schädigen. Doch viel schneller als Tumorzellen teilen sich die Zellen des eigenen Immunsystems. Der große Widerspruch dieser Behandlungsmethode wird vom *Deutschen Krebsforschungszentrum Heidelberg* wie folgt kommentiert:

»Bei der Chemotherapie sollte vor allen Dingen daran gedacht werden, daß Zweittumore eben durch jene Zytostatika ausgelöst werden.«

Die chemische Radikalkur attackiert die Krebszellen und zerstört gleichzeitig die blutbildenden Organe. Als »Rettung« entnehmen die Ärzte daher vor der Behandlung Blutstammzellen aus dem Knochenmark und leiten sie hinterher durch eine Transfusion zurück in den Körper. Kanz und Brugger, die als Erst- und Letztautoren der Studie besondere Verantwortung tragen, wollten wissen, ob die Übertragung nur ausgewählter Zellen den Heilungserfolg verbessere. Laut ihrer Arbeit hatten sie diese Methode an 15 Patienten erprobt und die Ergebnisse mit einer dreizehnköpfigen Kontrollgruppe verglichen. Die Überprüfung der Originaldaten ergab allerdings, daß statt 15 nur 12 Patienten zu der Studie beigetragen hatten und außerdem manche Meßwerte in der Auswertung unterschlagen wurden. Für Ulf Rapp ist dies ein gravierender Vorgang:

»Wenn man klinische Daten in wichtigen Journalen falsch darstellt, dann könnte das andere zu einem Vorgehen ermutigen, das Patienten unnötigen Risiken aussetzt.«

Die Vorsicht ist verständlich: Erst vor einigen Jahren hat sich die weltweit einzige Studie, die bisher die Wirksamkeit einer »Hochdosis-Chemotherapie« bei Brustkrebs bewies, ebenso als Flop herausgestellt! Im März 2000 mußte der südafrikanische Krebsarzt Werner Bezwoda zugeben, über Jahre hinweg Daten verfälscht oder gar erfunden zu haben, worauf wir etwas später noch eingehen werden.

Verglichen damit sind die Verfehlungen von Kanz und Brugger harmlos, da die fehlenden Patientendaten an der Grundaussage ihrer Untersuchung nichts ändern. Dennoch wertet die Task-Force dies als »gezielten Versuch, publizierbare Werte zu erreichen«. Nun sei die Frage erlaubt:

Was sollte aus all dem eigentlich folgen?

Die betroffenen Universitäten reagierten auf den Abschlußbericht der Task-Force prompt – aber denkbar unterschiedlich! In Freiburg wurde umgehend die von Albin Eser geleitete Kommission wieder einberufen, um die Rolle von Roland Mertelsmann erneut zu prüfen. Außerdem wurde den Professoren Lindemann und Oster die Habilitation aberkannt. Ein deutliches Signal, könnte man meinen!

Die Universität Tübingen, an der Kanz und Brugger mittlerweile als Chef- beziehungsweise Oberarzt arbeiten, ging dagegen zum Gegenangriff über. Die DFG habe sich »bedauerlicherweise nicht in der Lage gesehen, Untersuchungen, die sich gegen Herrn Herrmann und Frau Brach richten, von der Beurteilung anderer Wissenschaftler zu trennen«. Die Universität verweist dabei auf ein Gutachten des Ältestenrats der *Deutschen Gesellschaft für Hämatologie und Onkologie* (DGHO), das im Falle Kanz und Brugger zu dem Schluß kommt, daß eine bewußte Datenmanipulation nicht vorliegt. Nun steht Expertenmeinung gegen Expertenmeinung! Dabei gibt es über die Fakten aber keinen Zweifel: Selbst der Ältestenrat hält die von der Task-Force ermittelten Fehler für »sachgerecht recherchiert und dargestellt«. In der Tat wurden drei Patienten aus der Studie genommen – allerdings ausgerechnet solche, die sich besonders schnell nach der Behandlung erholten. In einem Erratum, das sie im Dezember 1999 bei *Blood* einreichten, erklärten Kanz und Brugger, die falschen Daten hätten sie versehentlich von einem Vortrag aus dem Jahr 1993 übernommen und vor der Publikation nicht aktualisiert. Das ist durchaus möglich – dennoch hätte dies nach den Standards der Wissenschaft angezeigt werden müssen. So bemängelt auch die DGHO, daß die Behandlung der Daten »nicht den grundlegenden Forderungen der deskriptiven Statistik« entspreche.

War die unsaubere Studie in *Blood* also ein einmaliger Ausrutscher?

Schon der Biophysiker Wolfgang Lohmann von der Universität Gießen hatte in den 1980er Jahren eine genial einfache Methode entwickelt, mit der sich bösartige Hauttumore von gutartigen Wucherungen unterscheiden ließen: er bestrahlte sie mit einer Speziallampe und bestimmte die Fluoreszenz.

Das wäre die Krebserkennungsmethode schlechthin gewesen, hätte da nicht einer seiner Mitarbeiter berichtet, daß zwischen den Daten, die erhoben worden waren, und den Daten, die veröffentlicht wurden, gewisse Unstimmigkeiten bestünden. Die Fakultät setzte auch hier sofort eine Kommission ein, und plötzlich waren viele Unterlagen verschwunden.

Lohmann wehrte sich schließlich gerichtlich gegen die Untersuchungskommission. Das Gießener Verwaltungsgericht gab ihm recht (III/V E 651/91 vom 23. Februar 1993) und begründete dies mit dem Eingriff in den Schutzbereich der Forschungsfreiheit. Auch der Hessische Verwaltungsgerichtshof in Kassel (6 UE 652/93 vom 23. Februar 1993) und das Bundesverwaltungsgericht in Berlin (BVerwG 6 C 5/95 vom 11. Dezember 1996) schützten Lohmann.

Schließlich landete der Fall vor dem Bundesverfassungsgericht in Karlsruhe, das Lohmann am 8. August 2001 zum »Verfassungsrecht auf Forschungsbetrug« verhalf, indem es die Klage der Universität Gießen ablehnte (BVerfG, 1 BvR 653/97).

1998 war Werner Bezwoda ebenfalls noch ein gefeierter Pionier und eine Kapazität auf dem Gebiet der Brustkrebstherapie. Im März 2000 befand ein Disziplinarausschuß den Professor für Hämatologie und Onkologie allerdings für schuldig. Er habe die Ergebnisse einer wissenschaftlichen Untersuchung gefälscht und die ethischen Richtlinien der Lehranstalt verletzt. Vizekanzler Colin Bundys verkündete das Urteil: »Die Universität hat Professor Werner Bezwoda mit sofortiger Wirkung gefeuert. Überdies wird die Behörde prüfen, ob ihm die Zulassung als Arzt entzogen wird – ich glaube, tiefer kann man nicht stürzen.«

Bedeutet das: Fall abgeschlossen und zurück zur Tagesordnung?

Keineswegs! Schließlich geht es hierbei um eine Hoffnung für aussichtslose Krebsfälle. Denn wenn der Krebs in mehr als zehn Lymphknoten eingedrungen ist, dann überleben dies nur noch 30 Prozent der Patientinnen. Würde der Krebs also sehr schnell Tochtergeschwulste (Metastasen) ausbilden, könnte die mittlere Überlebenszeit des Betroffenen nur noch zweieinhalb Jahre betragen. Die Frage war, ob Patientinnen mit weit fortgeschrittenem Brustkrebs dank hochdosierter Chemotherapie länger leben als nach einer Standard-Chemotherapie. Die chemische Radikaltherapie attackiert zwar die Krebszellen, zerstört jedoch gleichzeitig die blutbildenden Organe. Nur als sofortige »Rettung« müssen die Ärzte deshalb vor der Behandlung Blutstammzellen aus dem Knochenmark entnehmen (neuerdings gelingt es auch aus dem Blut des Patienten) und hinterher durch eine Transfusion zurück in den Körper leiten. Die Nebenwirkungen der experimentellen Therapie mit dem Kürzel »HDCT« sind extrem: neben Blutungen, Übelkeit, Erbrechen, Durchfall, Haarausfall kommt es zu schweren Infektionen, Organversagen und entzündeten Mundschleimhäuten, die es den Patientinnen wochenlang unmöglich machen, etwas zu essen. Mit anderen Worten: Die Therapie, die zur Genesung beitragen soll, macht die Patientinnen erst richtig krank!

Trotzdem haben sich in Deutschland in den vergangenen Jahren mehrere hundert Frauen mit fortgeschrittenen Metastasen zum harten Eingriff entschlossen. Dabei ist das meiste von dem, was heute als Brustkrebs behandelt wird, im Grunde gar keiner! Die bevorzugte Suche nach Lymphknoten sorgt bei den Pathologen oft für eine voreilige »Krebsdiagnose«. Angeblich entwickelt sich so ein Knoten über einen Zeitraum von 10 bis 15 Jahren. Wird er aber erst entdeckt, dann tut man so, als sei höchste Eile geboten. Der Grund ist klar: Die Frau soll möglichst widerspruchslos alles mit sich machen lassen, solange sie noch unter dem Schock der »Diagnose« steht und keine Zeit zum Nachdenken hat. Doch Knoten allein machen aber längst noch keinen Krebs, selbst wenn sie sich verändern sollten.

Eine amerikanische Studie an verstorbenen Unfallopfern bzw. an anderen Leichen, die nach Krebsknoten abgesucht wurden, hat ergeben, daß 99 Prozent der toten Körper Knoten aufwiesen, ohne deswegen notwendigerweise Krebs haben zu müssen. Das übliche Vorgehen bei Lebenden hingegen ist die sogenannte »Schnellschnitt-Diagnose«: Die Patientinnen liegen bei ihrem Arzt in Vollnarkose, wenn der verdächtige Knoten präpariert und in aller Eile von dem Pathologen begutachtet wird. Ist das Urteil »positiv«, bedeutet das für den Arzt »Krebs«: Auch wenn es möglicherweise falsch ist, wird die Brust unwiederbringlich entfernt! Der Pathologe Herbert Otto gibt zu:

»Ich sehe relativ häufig nach der Schnellschnitt-Diagnose eines Mammakarzinoms eine amputierte Mamma ohne jeden Tumorrest.«

Bisher konnten vier abgeschlossene Studien, die die Überlegenheit des Verfahrens demonstrieren sollten, nichts derartiges bestätigen – ganz im Gegenteil: Anfang März erschütterte das *New England Journal of Medicine* ein weiteres Mal diese wissenschaftliche Strategie.

Der Krebsforscher Edward Stadtmauer von der Universität Pennsylvania in Philadelphia (USA) hatte »HDCT« bei 110 Patientinnen mit Metastasen angewandt, wogegen 89 eine konventionelle Chemotherapie erhielten. Die mittlere Überlebenszeit betrug in beiden Gruppen nur zwei Jahre, so daß nach drei Jahren nur noch 36 Frauen lebten. Edward Stadtmauer schrieb in seinen Untersuchungsbericht schließlich: »Diese Behandlungsmethode kann für Frauen mit metastasierendem Brustkrebs nicht empfohlen werden.« Werner Bezwoda hatte hingegen behauptet, dank dieser martialischen Methode überlebten Frauen mit mehr als zehn befallenen Lymphknoten deutlich länger. Nur mit Mühe konnten vor allem US-Forschungszentren im Rahmen von Studien noch Patientinnen für eine »niedrig« dosierte Chemotherapie gewinnen. Manche klagten die harte »HDCT« sogar auf richterlichen Beschluß ein. Doch bereits im Mai 1999, auf der Jahrestagung der *American Society for Clinical Oncology* (ASCO), schlug Bezwoda geballte Skepsis entgegen. Das *National Cancer Institute* (NCI) wollte schließlich Klarheit über die einsame Erfolgsstory vom »Kap der guten Hoffnung« und entsandte im Februar 2000 ein Untersuchungsteam nach Südafrika. Vier amerikanische Ärzte und eine Krankenschwester forderten in Johannesburg Einsicht in die Akten und Datenbanken und befragten Zeugen. Schließlich veröffentlichte das NCI-Team noch im selben Jahr in der Fachzeitschrift *The Lancet* ein katastrophales Resümee: Altersangaben von Patientinnen waren nicht nur falsch, sondern Voruntersuchungen und die Einteilungen der Brustkrebsstadien fehlten völlig. Manche Patientinnen waren erfunden und Behandlungen ohne Einverständnis der Betroffenen durchgeführt worden!

Obwohl die Bezwoda-Studie nach den vernichtenden Untersuchungsergebnissen nicht länger als Grundlage für eine Hochdosis-Therapie gelten dürfte, hat sich der Missetäter der Kommission gegenüber quergestellt und von seinen 79 Untersuchungsakten nur 58 herausgerückt. Auch die *Deutsche Krebsgesellschaft* (DKG) hat auf den Betrug mit den manipulierten Daten reagiert. Zwar meinte die DKG, daß die Datenbasis zur Beurteilung der Hochdosis-Therapie beim »Mammakarzinom« geschwächt sei, gleichwohl kommen die Experten aber zu dem Schluß, daß die begonnenen deutschen Studien »zu einem wissenschaftlich gesicherten Erkenntnisgewinn beitragen« werden. Ergo müßten sie »wie geplant durchgeführt werden«! Damit stecken die Forscher in einem Dilemma, denn die Anzahl der behandelten Frauen reicht überhaupt nicht aus, um statistisch gesicherte Aussagen über die Erfolgsaussicht dieser Therapiemethode zu machen. Scheinbar stört das den Onkologen Klaus Höffken von der Universität Jena aber nicht sonderlich:

»Jetzt heißt es nur nicht allzu vorschnell die Nerven verlieren, denn wenn wir jetzt abbrechen, war alles umsonst!«

Bitte? Liegt sein unscheinbares Interesse vielleicht darin begründet, daß Höffken gleichzeitig Vorstandsmitglied der DKG ist?

Daß die moderne Medizin den Kampf gegen den Krebs verloren hat, liegt eigentlich auf der Hand. Bereits Anfang der 1980er Jahre veröffentlichte der Bundesforschungsminister Heinz Riesenhuber eine erschreckend schlechte Heilungsprognose von Krebserkrankungen:

»Krebs ist immer häufiger Todesursache in der Bundesrepublik Deutschland. Etwa 160 000 Menschen sterben jährlich an verschiedenen Arten von Krebs.«

Das Erschreckende dabei ist, daß bei einer Sterblichkeitsrate von nur 15 Prozent noch in den 1950er Jahren, diese zum Zeitpunkt der Veröffentlichung des Forschungsministers auf bereits 25 Prozent angestiegen war. Heute sterben allein in Deutschland täglich etwa 600 Menschen (jährlich etwa 225 000) an Krebs, ohne daß man mit Gewißheit sagen könnte, ob denn der Tod der Betroffenen im Einzelfall vermeidbar gewesen wäre. Gegenüber den 1980er Jahren bedeutet dies eine nochmalige Steigerung um etwa 40 Prozent – und eine Besserung ist nicht in Sicht! Bevor ein Krebspatient allerdings im schlimmsten denkbaren Fall verstirbt, sorgt er dafür, daß das ihn behandelnde Institut um etwa 150 000 Euro reicher geworden ist. Denn so erfolglos die Krebsforschung auf medizinischem Gebiet auch sein mag – sie ist äußerst erfolgreich in punkto Geldverdienen! Allein in Deutschland wird jedes Jahr mit der Krebserkrankung unzähliger todgeweihter Patienten ein Umsatz von ungefähr 35 Milliarden Euro erzielt.

Nur deshalb verteidigt vermutlich auch Lothar Kanz vom Interdisziplinären Tumorzentrum der Universität Tübingen die von Klaus Höffken angesprochenen Untersuchungen. Sie hätten sich nur über einen Zeitraum von drei Jahren erstreckt und in dieser Zeit keinen besonderen Vorteil gezeigt:

»Wir sollten zumindest fünf Jahre abwarten, bis wir die Ergebnisse zusammenfassen und uns ein abschließendes Urteil erlauben können.«

Kanz schlägt auch vor, bis dahin neue Studien auszusetzen. Doch selbst wenn die deutschen Forscher weitermachen, könnte es in Zukunft schwierig werden, willige Patientinnen zu finden. Lothar Kanz weiß aber inzwischen auch, daß, nachdem die Bezwoda-Untersuchung in den vergangenen fünf Jahren der einzige Beleg für die Hochdosis-Therapie geblieben war, sich viele deutsche Gynäkologen davon distanziert haben. Not macht allerdings erfinderisch: Deshalb setzt der einst unter Fälschungsverdacht stehende Tübinger Krebsforscher besondere Hoffnungen in die Immuntherapie. Bei dieser Behandlungsmethode sollen entartete Krebszellen sich durch auffällige Eiweiße an ihrer Oberfläche verraten. Gelänge es Kanz tatsächlich, das Immunsystem gegen diese Strukturen zu lenken, könnte der Körper den Krebs selbst ausrotten. Experimentiert wird zur Zeit mit sogenannten monoklonalen Antikörpern, die maßgeschneidert auf die Krebszellen passen. Auch ein Impfpräparat , das aus körpereigenen Zellen hergestellt wird, ist in Arbeit. Für beide Verfahren gilt nach Ansicht der »Experten«: Je weniger Tumormaterial vorhanden ist, desto größer die Chance auf Erfolg. Deshalb sagt Professor Lothar Kanz:

»Die Hochdosis-Chemotherapie bietet gute Voraussetzungen für eine maximale Reduktion der Tumorgröße.«

Was für ein Selbstbetrug!

Verzweifelte Frauen werden wahrscheinlich auch nach der

neuen Behandlungsvariante greifen, gleich welche Nebenwirkungen sie haben wird. Sie haben gegenüber den Ärzten ja auch fast keine andere Wahl. Vermutlich wird der Erfolgsdruck erneut enorm sein, und wieder werden alle Beteiligten in Versuchung geraten, eher als andere etwas zu tun, statt es zu unterlassen. Es bleibt die Frage, ob bei so wichtigen Studien nur die ausführenden Forschungsgruppen über das Prozedere entscheiden dürfen, oder ob die NCI-Intervention Schule macht. Einem unabhängigen Gremium, das solche Kontrollen stichprobenhaft durchführt, dürfte oder sollte sich eigentlich keine Klinik verschließen. Professor Jozef Schell von der *Max-Planck-Gesellschaft* glaubt, daß es ohne Vertrauen in der Wissenschaft nicht geht:

»Die kriminelle Energie einzelner, zur Fälschung entschlossener Mitarbeiter kann durch strengste Kontrollen nicht unterbunden werden. Es gibt keinen absoluten Schutz.«

Nichtsdestotrotz hat das Ansehen von Wissenschaftlern in jüngster Vergangenheit sehr viel an Glaubwürdigkeit verloren, und das nicht nur auf dem Medizinsektor, sondern flächendeckend auf allen Gebieten der Wissenschaft!

Kapitel 3

KÄUFLICHE FORSCHUNG

Ganz offensichtlich arbeitet in der Universität Freiburg eine »Pfuscherbande« von Wissenschaftlern, die vor nichts und niemanden zurückschreckt: Vermutlich kommt hier angeblich nur deshalb so etwas wie ein wissenschaftlicher »Kunstfehler« nie auf, weil die hier arbeitenden Wissenschaftler ständig damit beschäftigt sind, Wissen zu schaffen. Und wenn so etwas wie ein »Kunstfehler« dennoch passiert, dann helfen halt loyalitätsbewußte Kollegen schnell mal mit einem »Gefälligkeitsgutachten« aus, das alles wieder geradebiegt. Denn gerade diese deutsche Universität mit Klinik besitzt in Wahrheit sehr gute Erfahrungen in der Auswahl von »Gefälligkeitsgutachten«, so daß sie die Sache mit dem »Geradebiegen« in vielerlei Affären unlängst beweisen konnte.

Auch daß so ein Gutachten vor Gericht mehr zählt als die klaren augenscheinlichen Tatsachen, ist unter den Wissenschaftlern bekannt: Denn es stammt ja von einer Autorität, deren Namen mindestens ein »Professor Doktor Doktor« ziert. Und sollte selbst das Gutachten ohne Zweifel »gefälscht« sein, ist das selbstverständlich auch kein Problem: Der Zusammenhalt der »Wissenschaftlergilde« funktioniert selbst dann unbeirrbar weiter!

Nicht nur, daß ein Staatsanwalt oder Richter schon mal vergißt, weiter als bis drei zu zählen, auch der hoch angesehene Leiter des Max-Planck-Instituts für Strafrecht, Professor Albin Eser, achtet als Gutachter darauf, daß an den »Freiburger Institutionen« nichts Schlechtes hängenbleibt – und das recht effektiv, wie wir im Fall Mertelsmann gesehen haben.

Auch den Bakteriologen Paul Uhlenhut (1870–1957) sollte man nicht vergessen, einen Nazi-Arzt, nach dem in der Universitätsklinik zwei Gebäude benannt waren. Die Stadt Freiburg hatte diesem NS-Ehrenbürger sogar eine Straße gewidmet. Erst 1996 wurde offenbar, daß Uhlenhut als Arzt mit NS-Vergangenheit einen unter mysteriösen Umständen verschollenen schriftlichen Antrag gestellt hatte, an Versuchspersonen Blutuntersuchungen vornehmen zu dürfen, die einst »Hitlers Helfern« in die Hände gefallen waren. Als die NS-Vergangenheit Uhlenhuts bekannt wurde, reagierte die Stadtverwaltung erstaunlich schnell und benannte die fragliche Straße wieder um. Die Klinik weigerte sich aber noch sehr lange, überhaupt zu reagieren, ehe sie eines der beiden Gebäude in »Frerichs Haus« umbenannte. Aber auch mit den Emigrantenschicksalen Freiburger jüdischer Ärztinnen und Ärzte und mit der Frage der Zwangsarbeiter tut sie sich nicht gerade leicht: Zumindest die Presseerklärungen hierzu geben vom Inhalt nicht viel her und versuchen, die unrühmliche Vergangenheit dieser Einrichtung eher schönzureden.

Passend zum Freiburger Forschungsniveau werden heute nun auch parapsychologische Studien unternommen. Zum einen soll die Wirksamkeit von Geistheilern getestet werden, zum anderen beschäftigt sich die Studie mit hellseherischen Fähigkeiten. Man braucht nicht besonders hellseherisch begabt zu sein, um das Niveau dieser Finanzmittel-Verschwendungen vorherzusehen. In bisherigen Studien wußten Patienten genau, ob sie in die »Behandlungsgruppe« oder in die »Kontrollgruppe« eingeteilt waren – die »Placebo-Effekte« sind damit wohl klar. Aber mit solchen schlechten Studien läßt sich ja eine umfangreichere, »bessere« Studie begründen und vor allem genehmigen.

Doch worum geht es dabei überhaupt?

Bei der serologisch negativen Hepatitis – auch immunologisch negative Hepatitis genannt – handelt es sich um eine besondere Art einer »eingebildeten« Krankheit: im Falle »normaler« eingebildeter Krankheiten ist es der Patient, der sie sich einbildet, hier ist es jedoch ein Professor an der Abteilung Innere Medizin II der Universitätsklinik Freiburg.

Wenn ein Patient vorübergehend minimal erhöhte Leberwerte hat, macht er laut Professor Jens W. F. Rasenack eine Hepatitis durch. Findet sich dann noch sogenannte HBV-DNS in seinem Serum ohne spätere Serokonversion, ist das »Krankheitsbild« komplett, ohne daß der Patient je auf die Idee käme, krank zu sein. Ebenso auch kein normaler Arzt.

Der Freiburger Professor J. W. F. Rasenack und seine Arbeitsgruppe (H.-J. Schlayer, F. Hettler, T. Peters, S. Preisler-Adams, W. Gerok) unternahmen eine größere Studie mit über 1000 Patienten, um das Hepatitis-C-Virus (HCV) zu entdecken. Jedoch gelang es ihnen nach Ansicht von Dr. Bernhard Hiller wegen unzureichender Methodenkenntnisse nicht, dieses Ziel auch tatsächlich zu erreichen. Als Hiller schließlich versuchte, die wissenschaftlichen Defizite dieser Studie zu korrigieren, landete er in der Arbeitslosigkeit.

Die von Bernhard Hiller kritisierte Arbeitsweise, die bei der Untersuchung an den über 1000 Patienten verwendet wurde, führt nämlich unausweichlich zu vielen »Kontaminationen«. Andere Arbeitsgruppen behaupteten, es gebe eine mit herkömmlichen Methoden nicht nachweisbare Infektion mit dem Hepatitis-B-Virus (HBV). Ihre Viren wurden nicht weiter analysiert, so daß keine Informationen vorlagen, inwieweit sie für Kontaminationen in Frage kommen. Neun Patienten hatten keinerlei auf herkömmliche Weise bestimmbare Marker. Bei manchen dieser Patienten mit sogenannter »serologisch negativer Hepatitis B« zeigte sich zusätzlich eine Infektion mit »Hepatitis-C-Viren«, insbesondere dann, wenn sie deutlich erhöhte Leberwerte aufzuweisen hatten.

Der Doktorand Preisler-Adams hatte versucht, riesige Mengen zugleich zu analysieren (75 Patientenseren pro Ansatz), was man mit elementarem Kontaminationsschutz nicht vereinbaren kann. Auch Rasenack sprach gegenüber Hiller vom Doktoranden zuweilen als jemandem, der sich bei seiner Arbeit übernommen hatte. Daß nahezu die gesamten Arbeiten aber wesentlich auf Preisler-Adams aufbauten, teilte der Professor Herrn Dr. Bernhard Hiller nicht mit.

Hiller weiter:

»Daraufhin beschloß Rasenack, molekularbiologisch zu arbeiten, ohne dafür eine elementare Ausbildung zu besitzen.«
Der Doktorand, der an dieser serologisch negativen Hepatitis arbeitete, fand unter den Patienten obiger Studie mehrere, die an dieser Krankheit »litten«. Allerdings konnte nahezu keines seiner Ergebnisse wiederholt und damit gesichert werden. Als dieser Mangel unüberwindbar war und seine Ergebnisse nur noch in geringen Relikten reproduzierbar waren, veröffentlichte Rasenack sie in dem hochangesehenen Fachjournal *The Lancet*. Auch an dieser Stelle wurden Daten veröffentlicht, »ohne daß Experimente vorlagen«.

Wie Bernhard Hiller weiter berichtet, versuchte eine Doktorandin aus der Forschungsgruppe, die Viren dieser Patienten näher zu charakterisieren. Dabei machte sie bei der PCR schwerwiegende »methodische Fehler«, so daß sie eine Unmenge an Fehlern erhielt (diese Sequenzen wurden veröffentlicht). Daraus zusammengesetzte Viren hatten dementsprechend schwere Defekte. Rasenack führte das »Krankheitsbild« der Patienten auf diese defekten Viren zurück, obwohl klar war, daß die untersuchten Klone von PCR-Fehlern durchsetzt waren, die zu diesen Defekten führen können.

Dies konnte schließlich nachgewiesen werden: Nach sauberen Experimenten fand man eine relativ einheitliche »Viruspopulation« in diesem Serum. Dabei erwies sich das Virus als »funktionsfähig«: Antigene und replikative DNS konnten nachgewiesen werden. Dadurch wurden die Defekte damit unzweifelhaft auf die PCR-Fehler zurückgeführt. Das »Krankheitsbild« des Patienten war somit nicht im geringsten erklärbar. Die Ergebnisse passen am besten zu einer Kontamination, wie Bernhard Hiller die Untersuchung kommentiert:

»Bei einem weiteren Patienten konnte eine Kontamination des untersuchten Serums mit Viren ›nachgewiesen‹ werden: Zwei zu verschiedenen Zeitpunkten ihm abgenommene Seren enthielten HBV-DNS, die jeweils einem anderen Virus zuzuordnen ist. Mindestens eines der Seren ist also kontaminiert. Professor

Rasenack verhindert mit aller Macht, daß diese Tatsache bekannt wird; selbstverständlich sollte mit den Daten des ersten Serums eine große Veröffentlichung gemacht werden, was zunächst fehlschlug, später aber gelang.«

Auffällig ist hierbei, daß Professor Hubert E. Blum im letzteren Falle nicht mehr als Co-Autor auftritt. Rasenack hingegen besteht weiterhin auf seinen »Interpretationen«. Diese Interpretationen gibt er gerne öffentlich von sich, obwohl ihm ihre Zweifelhaftigkeit bekannt sein müßte.

In Zusammenhang mit der Bekanntmachung dieser Affäre wurde Dr. Bernhard Hiller jedenfalls seinen Job bei Rasenack los und bekam zudem nach einer richterlichen Anweisung eine »Geldstrafe« in Höhe von seinerzeit 1000 D-Mark wegen Beleidigung aufgebrummt:

»Letztendlich wurde ich für meine Ehrlichkeit, die Situation korrekt, aber mit sehr deutlichen Worten darzustellen, wegen schwerer Beleidigung zu einer umfangreichen Geldstrafe verurteilt. Es soll sich also niemand mehr wundern, wenn unsere hochgelobte Forschung trotz riesiger Versprechungen so wenig Fortschritte macht.«

Auch die Freiburger Psychiatrie hat dank ihrer modernen Methode »SPAT«, deren Studien laut dem Nachrichtenmagazin *Der Spiegel* manipuliert sind, einigen Depressiven dazu verholfen, ihre Selbstmordgedanken in die Tat umzusetzen. Depressionen können eben tödlich enden – insbesondere wenn sie von den »Freiburgern« behandelt werden. Selbstverständlich haben dabei ebenfalls angesehene Gutachter die »erstunkenen« Vorwürfe gegen Professor Matthias Berger widerlegt.

Waren die Vorwürfe wirklich nur erstunken?

»Warum kann ich nicht einfach sterben?« – das ist eine Frage, die sich manche Depressive beim Aufwachen stellen. Aber normalerweise machen Depressionen auch so untätig, daß die davon Betroffenen nicht gleich Hand an sich legen. Professor Matthias Berger von der Universitätsklinik Freiburg hat in den 1990er Jahren allerdings eine Methode entwickelt, die unter dem

Verdacht steht, daß damit mehr Erkrankte zu eindeutigen Antworten und Handlungen gelangen, getreu dem Motto: »Doch kann ich!« – und sich das Leben nehmen.

Seine Methode wird »Sleep Phase Advance Therapy« (SPAT) genannt. Sie beruht auf der Beobachtung, daß später Schlaf depressive Stimmungen verstärken kann. So ist Schlafentzug eine durchaus übliche Behandlung von Depressionen. Bei SPAT wird das noch ein wenig systematischer gemacht: In der ersten Nacht darf der Patient gar nicht schlafen. Es folgen acht Nächte mit je sieben Stunden erlaubter Schlafdauer. Die erste Schlafphase beginnt um fünf Uhr nachmittags und endet um Mitternacht. Am nächsten Tag legt sich der Patient dann eine Stunde später hin und wird um ein Uhr nachts geweckt. Jeden Tag verschiebt sich der Schlaf um eine Stunde nach hinten, bis nach einer Woche die gewöhnlichen Schlafzeiten erreicht sind. Diese Therapie wirkt sehr schnell, die Stimmungsaufhellung hält aber nur rund eine Woche an.

Berger hatte bis 1997 rund 160 Patienten so behandelt. Drei von ihnen nahmen sich kurz nach dem Klinikaufenthalt das Leben. Dies verschwieg der Professor in seinen Publikationen selbstverständlich. Ein Kollege griff diesen Umstand schließlich auf und monierte auch, daß die Studienteilnehmer keine antidepressiven Medikamente erhielten. Die Universität setzte eine Untersuchungskommission ein und bestellte zum Gefälligkeitsgutachter den Aachener Psychiater Hennig Saß. Der legte sein Gefälligkeitsgutachten vor, das SPAT als eine anerkannte, sichere Therapieform darstellte.

Professor Berger ist weiterhin an der Universitätsklinik Freiburg tätig.

Passend zur Weltklasse-Universität Freiburg spielte sich auch zur Rektorenwahl im Frühjahr 2003 noch eine kleine Provinzposse ab: Der bisherige Rektor Professor Wolfgang Jäger ist bereits seit 1995 im Amt. Wegen Erreichens der Altersgrenze müßte er bei einer Wiederwahl bereits 2005 ausscheiden, doch angeblich wird von vielen Leuten der Universität seine Wiederwahl gewünscht. Jäger erklärte daraufhin, daß er für eine Kandidatur nur dann zur Verfügung stehe, wenn er der einzige Kandidat sei. Weil die Universität das eindeutig richtig verstanden hatte, wies sie alle anderen 13 Bewerber wegen eines »Erfahrungsgefälles« als ungeeignet zurück und entsprach damit dem Wunsch des alternden Professors. Bezeichnenderweise hat Wolfgang Jäger während seiner aktiven Laufbahn zu Demokratie und Demokratieverständnis geforscht und publiziert.

Auch die Kandidatur einer Freiburger Professorin wurde abgelehnt, ohne daß die Frauenbeauftragte sich zu Wort meldete. Diese Frauenbeauftragte vertritt schließlich Jägers Lehrstuhl, während er mit Amtsgeschäften beschäftigt ist.

Die Vorstellungen der Beteiligten gestalten sich so, daß innerhalb der folgenden zwei Jahre Jäger unter den Prorektoren einen geeigneten Kandidaten heranziehen kann. Das entspricht zur vollsten Zufriedenheit dem Freiburger Modell, wonach der bisherige Inhaber einer C4-Professur oder eines anderen großen Amtes »de facto« bestimmt, wer sein Nachfolger wird.

Die Pressemitteilung der Universität Freiburg zu seiner schließlich erfolgten Wiederwahl spricht von einer »großen Mehrheit«, legt aber keine Zahlen dar. Aus der Presse konnte man jedoch erfahren, daß es neun Gegenstimmen bei insgesamt 37 Wahlberechtigten gab, wobei über Stimmenthaltungen nichts zu erfahren war.

Im baden-württembergischen Landtag gab es kritische Stimmen: Aber die Regelung des Gesetzes, wonach drei Kandidaten vom Wahlausschuß genannt werden sollen, ist eben nur eine Kann-Vorschrift. Und auch in Tübingen stand nur ein Kandidat zur Verfügung, wenn auch unter anderen Voraussetzungen.

Nun existieren hier nicht nur die Einschränkungen für die Wahlbeteiligten, die wichtige Ämter übernehmen sollen; hier existieren auch wissenschaftliche Vorgehensweisen, die ebenfalls als kurios angesehen werden müssen.

Das Freiburger *Walter-Eucken-Institut für Ordnungspolitik* wurde über Jahre von Lüder Gerken geleitet. Er sorgte dafür, daß mit einer Vielzahl von Foren, Symposien und Präsentationen Wissenschaft der Öffentlichkeit nahegebracht wurde. Doch Wernhard Möschel von der Universität Freiburg (woher sonst?) störte sich daran, so daß Gerken abtreten mußte und das Institut an die Leine der Universität genommen wurde, um »Elfenbeinturm-Forschung« zu betreiben. Sind wir den Machenschaften der Wissenschaft tatsächlich hilflos ausgeliefert?

Jeder angehende Wissenschaftler, der in seinem Beruf fortkommen oder gar erst im Wissensbereich tätig werden möchte, muß erst einmal Forschung betreiben. Um aber Forschungen durchführen zu können, muß der Wissenschaftler von irgendeiner Institution oder Organisation Forschungsmittel erhalten. Das wiederum bedeutet, daß er Vorschläge zur Beurteilung bei einer Reihe von Kollegen einreichen muß, die entscheiden, ob sie die Zuweisung von Geldern und anderen notwendigen Hilfsmitteln für einen bestimmten Zweck empfehlen.

Das Paradoxe dabei ist allerdings, daß kaum ein Hochschulinstitut oder eine Forschungseinrichtung heute ohne Drittmittel (Gelder aus Industrie und Privatwirtschaft) auskommt. Mit den eher mageren Haushaltsbudgets der Universitäten und des Staates allein lassen sich viele der extrem aufwendigen und teuren Experimente besonders in der Physik und Biotechnologie nicht mehr finanzieren.

Diese Entwicklung hat nicht nur zu einem stärkeren Publikations- und Leistungsdruck im Kampf um diese begehrten Finanzspritzen geführt, sondern schafft auch neue Abhängigkeits- und Einflußstrukturen. Die Hauptgeber von Drittmitteln sind oft Unternehmen der chemischen oder pharmazeutischen Industrie, die ihrerseits natürlich sehr genau darauf achten, wem sie die Mittel zur Verfügung stellen. Obwohl sich die Einflußnahme im Forschungsalltag meist in Grenzen hält, kommt es spätestens dann zu einem Interessenkonflikt, wenn Wissenschaftler auch als Gutachter in der Privatwirtschaft tätig werden.

Geht es in einem Rechtsstreit beispielsweise um die Gesundheitsfolgen eines Chemie- oder Reaktorunfalls, werden vor Gericht Sachverständige gebraucht, um die wissenschaftlichen Hintergründe darzulegen und zu bewerten. Die Journalistin Antje Bultmann und der Physiker Friedemann Schmithals zeigen in ihrem Buch *Käufliche Wissenschaft* nachvollziehbar auf, wie sowohl Kläger als auch Beklagte sich auf der Suche nach jeweils »geeigneten« Gutachtern meist an Hochschulen und Forschungseinrichtungen wenden, nur um damit eine Unterstützung ihrer eigenen Interessen zu erfahren.

So auch im Juni 1993: das Oberlandesgericht Frankfurt eröffnete gegen die Chemiefirma *Desowag Bayer Holzschutz AG* einen Prozeß, weil deren Holzschutzmittel erhebliche gesundheitliche Schäden bei Verbrauchern verursacht haben sollte. Als Folge begaben sich die Manager der Chemiefirma händeringend auf die Suche nach einem »passenden« Gutachter. Passend, das hieß in diesem Fall natürlich, daß der Gutachter vor Gericht glaubwürdig zu versichern hatte, daß die in den Holzschutzmitteln erhaltenen Dioxine keinesfalls für Krebs, Leber- oder Nervenschäden verantwortlich sein könnten.

Wie auch in dieser Sache geschehen, können die Unternehmen bei ihrer Auswahl meist schon auf eine Liste von »gefälligen« Kandidaten zurückgreifen. Dabei muß »gefällig« keineswegs gleich bestechlich oder korrupt bedeuten, in vielen Fällen reicht es, wenn ein Gutachter sich bewußt oder unbewußt davor scheut, die Interessen seines »Sponsors« zu offensichtlich zu verletzen – schließlich steht damit unter Umständen die Finanzierung eines gesamten Forschungsprojektes oder sogar Institutes auf dem Spiel.

Die Chemiefirma *Desowag* wollte kein Risiko eingehen und versicherte sich für den Prozeß unter anderem der Dienste des bekanntermaßen industriefreundlichen Gutachters Professor Helmut Greim, eines Münchener Pharmakologen und Toxikologen. Erwartungsgemäß, und ohne auch nur einen Blick auf die dioxingeschädigten Personen geworfen zu haben, kamen Greim und seine Gutachterkollegen vor Gericht zu dem Ergebnis, daß der

Umgang mit Holzschutzmitteln gesundheitlich unbedenklich sei und kein Zusammenhang zu den Krankheitsbildern bestehe.

In den vorhergehenden Instanzen hatte die Flut der sich widersprechenden Gutachten sogar zu einer Einstellung des Prozesses geführt. Das Oberlandesgericht hatte allerdings bereits Erfahrungen mit den »Experten« der Industrie gesammelt und ließ sich weder vom guten Ruf des renommierten Wissenschaftlers noch von den zahlreichen widersprüchlichen Expertisen blenden. Der Kommentar der Richter zum »Greim-Gutachten« fiel entsprechend aus:

»Die Meinung – um mehr handelt es sich mangels klinischer Erfahrung des Sachverständigen nicht – sei durch den weiteren Gang der Beweisaufnahme widerlegt.«

Der Holzschutzmittel-Prozeß ging folglich zugunsten der Geschädigten aus und gilt heute als einer der Meilensteine im Streit um die gesundheitlichen Folgen von Chemikalien.

Auch der Neurologieprofessor Peter Behan hatte jüngst als Experte in einem Prozeß eines Landarbeiters ausgesagt: Nun mußte auch er vor Gericht gestehen, daß er in einer Untersuchung zum Chronischen Müdigkeitssyndrom und zu Organophosphaten, die als Pestizide eingesetzt werden, falsche Angaben gemacht hatte.

Heute erwartet der Verbraucher, daß die Industrie seinen wirklichen Bedarf berücksichtigt und zum Beispiel Insektizide produziert, die spezifisch wirksam, aber für ihn selbst unschädlich sind. Niemand wird ernsthaft bezweifeln, daß die chemische Industrie dazu in der Lage wäre, denn wissenschaftliche und praktische Erkenntnisse liegen dafür längst vor. Es besteht aber kein Anreiz für sie, von den »Pyrethroiden« abzugehen, solange der Verbraucher oder die staatliche Administrative eine Entwicklung anderer, spezifischer Stoffe nicht explizit fordert oder honoriert. Zudem würden bei der Wettbewerbssituation auf dem Weltmarkt einem Chemieunternehmen nur Nachteile erwachsen, wenn es auf die Produktion von Pyrethroiden verzichten würde. Bei der gegenwärtigen Nachfrage und Konkurrenz im Verdrängungsmarkt würden nämlich andere Hersteller das Geschäft sehr schnell übernehmen, so daß die finanziellen Verluste des Unternehmens nicht ohne weiteres aufzufangen wären.

Chemotherapeutika und Antibiotika hingegen sind Biozide, die zwar auch »Leben vernichten sollen«, aber selbstverständlich nicht jedes. Glücklicherweise verfolgten bereits ihre Urheber seit Ende des 19. Jahrhunderts das Prinzip des »chemischen Zielens«: Eigentlich wollten sie nicht das Leben an sich vernichten, sondern nur bestimmte Lebewesen, und keinesfalls damit den Menschen treffen. Seit 1899 begann schließlich die Zusammenarbeit von Staat und chemischer Industrie mit den *Hoechster Farbwerken* in Frankfurt und der 1876 gegründeten königlichen Gesundheitsbehörde in Berlin (heute Bundesgesundheitsamt). Die hoheitliche Behörde war mit der Prüfung von Impfsera auf ihre Sauberkeit und vor allem auf ihre Spezifizität – das heißt ihre Wirksamkeit gegen Erreger und ihre Ungiftigkeit für den Menschen – betraut und sollte gleichzeitig die Produkte der *Hoechster Farbwerke* vor minderwertigen Nachahmungen schützen.

Die Prüfungskriterien zur Vermeidung von Arzneimitteln mit schädlichen Nebenwirkungen bestimmten in der Folge auch die Entwicklung synthetischer Chemotherapeutika gegen Erreger der Syphilis (Lues) und der Schlafkrankheit, gegen die die Serumtherapie nicht einsetzbar ist. Als No. 606 entstand schließlich das hochwirksame »Salvarsan«, das im Vergleich zu den älteren Quecksilberverbindungen eher ungefährlich war.

Alexander Fleming schrieb 1954 aus Anlaß des 100. Geburtstages von Paul Ehrlich (1854–1915):

»Hier war ein Medikament, das Lues-Spirochäten in einer Dosierung tötete, die der menschliche Körper ohne Schaden ertragen konnte. Nach den Erfahrungen, die ich in der Behandlung von Syphilis mit Salvarsan gemacht hatte, wünschte ich mir für die Behandlung septischer Kriegsverletzungen irgendein Mittel, das Eitererreger angreifen würde. Ehe das Penizillin in seiner heutigen Form hergestellt werden konnte, kam die Einführung der Sulfonamide. Was mich anbelangt, so bin ich stolz darauf, Anteil gehabt zu haben an der Einführung des Penizillins, das Ehrlichs Konzeption von der Wunderwaffe am nächsten kommt.« Seitdem haben Infektionen ihren Schrecken verloren. Zusammen mit Maßnahmen der Prävention hat die spezifische Therapie während der vergangenen hundert Jahre zu einer Abnahme des Anteils von Infektionskrankheiten an der Gesamtmortalität geführt. Das Beispiel Paul Ehrlich zeigt, daß die Verbindung von Forschung, staatlicher Gesundheitsvorsorge und großtechnischer Anwendung nicht zwangsläufig eine Bedrohung für den Menschen ist, sondern im Gegenteil eine starke Waffe im Kampf gegen gefährliche Krankheiten sein kann. Es gibt aber auch ein gegenteiliges Beispiel: Der große Schwindel mit »Bovine Spongiforme Enzephalopathie«, kurz BSE genannt!

In Großbritannien und in der Schweiz sind Rinder einer kuriosen Nervenerkrankung zum Opfer gefallen, bei der sich das Hirn »schwammartig« zersetzt. Schnell wurde BSE zum neuen Angstfaktor für den Verbraucher, der auf den Verzehr von Rindfleisch gänzlich verzichten mußte. Viele Bauern gerieten nach den Absatzrückgängen in der Fleischverwertung in Existenznot, da sie vom Staat nur bedingt subventioniert wurden. Angeblich war die Krankheit entstanden, weil man die Rinder mit dem Mehl aus Tierkadavern fütterte, welches aus noch ungeklärten Gründen verseucht gewesen sein soll. Auch wenn es gegen die Natur ist, pflanzenfressende Rinder mit dieser Art von Futter zu ernähren, so bleibt es dennoch ein kurioser Umstand, daß auch andere Säugetiere mit Tiermehl gefüttert wurden, ohne aber seltsamerweise an BSE zu erkranken.

Weshalb erkrankten also nur Rinder?

Auch beim Menschen gibt es eine seit 1994 meldepflichtige chronisch-degenerative Erkrankung des zentralen Nervensystems, die »Creutzfeldt-Jakob-Krankheit« genannt wird. Kennzeichnende Gewebeveränderungen sind ein ebenfalls schwammartig durchlöchertes und mit Eiweißfasern durchsetztes Gehirn. Experten vermuten, daß eine Vererbbarkeit dieser Krankheit durchaus möglich wäre, wobei als Krankheitserreger sogenannte »Prionen« (infektiöse Proteine) oder bisher unbekannte Viren diskutiert werden. Nach Ansicht der Experten erscheint auch eine Infektion nach dem Verzehr von Nervengewebe »BSE-infizierter« Rinder als möglich.

Obwohl sich die Symptome, die BSE verursacht, von denen der Creuzfeldt-Jakob-Patienten unterscheiden, wurde die These, die Menschen hätten sich durch BSE-infiziertes Fleisch »angesteckt«, durch die Medien favorisiert und verbreitet. Dabei wurde ein Erreger, der für eine Ansteckung sorgen müßte, trotz intensiver Suche bis heute nicht gefunden. Deshalb erachtet der Kieler Internist Dr. Claus Köhnlein die »BSE-Panik« für unbegründet:

»Zunächst einmal sollten wir uns eines klarmachen: Es gibt in Deutschland keine einzige verrückte Kuh. Was wir haben, sind einzelne Tiere, die positiv auf BSE getestet worden sind.

Wenn man aber nicht weiß, wie ein Erreger etwas infiziert und man nicht nachweisen kann, daß er dazu überhaupt in der Lage ist, worauf soll man dann testen? Auf die Möglichkeit, daß es Anzeichen für die Bestätigung einer Vermutung gibt.«

In diesem Zusammenhang ist es vielleicht interessant zu wissen, daß es BSE-erkrankte Rinderherden gibt, die zu keiner Zeit mit Tiermehl gefüttert worden sind, und somit bei diesen Tieren der Infektionsweg gar nicht nachvollzogen werden kann. Letztendlich vertraten einige Ärzte in bezug auf BSE deshalb die Ansicht, daß die Prionen möglicherweise die Erreger waren, die BSE erst entwicklungsfähig machten. Tatsächlich findet man diese Eiweißstrukturen aber nur in bereits erkranktem Gewebe. Merkwürdig dabei ist jedoch, daß die Prionen keinerlei Nukleinsäuren enthalten: weder DNS noch RNS läßt sich also im Erbgut des vermeintlichen BSE-Erregers nachweisen. Das ist nach Ansicht von Köhnlein eigentlich als Beweis dafür zu werten, daß in Wahrheit ein Erreger überhaupt nicht existiert. Dennoch hinderte dieses Faktum niemanden, an einen amerikanischen Entdecker der Prionen den Nobelpreis zu vergeben, um dem BSE-Schwindel einiges an Gewicht zu verleihen. Ganz offensichtlich ist die Entstehung der Prionen eher eine Folge und keineswegs die Ursache der Krankheit. Überdies ist auffällig, daß ein BSE-Fall gerade in der Neuen Welt weder in der Vergangenheit noch heute aufgetreten ist, obwohl die Briten seit über 20 Jahren auch nach Amerika Tiermehl exportiert haben: 99 Prozent aller BSE-Fälle wurden in Großbritannien registriert. Der Zellbiologe Professor Roland Scholz von der *Ludwig-Maximilians-Universität München* hat darüber hinaus bewiesen, daß ein »infektiöses Protein« (Prione), das über den Weg des Tiermehls Rinder »infiziert«, den Erkenntnissen von Biochemie und Physiologie widerspricht. Deshalb deutet alles eher darauf hin, daß die fragwürdige These von der infektiösen BSE-Krankheit von »jemandem« mit allen Mitteln durchgesetzt werden sollte, um von der eigentlichen Ursache abzulenken.

Im Sommer 1999 berichtete die deutsche *Ärztezeitung*, bezugnehmend auf den britischen Biobauern Marc Purdey – der bereits drei Jahre zuvor in Großbritannien entsprechende Informationen veröffentlicht hatte –, daß seine eigene Herde von BSE stets verschont geblieben sei, weil er ein gesetzlich vorgeschriebenes Pharmazeutikum an seinen Rindern zu keiner Zeit verwendet habe. Die Geschichte um BSE sei ganz offensichtlich ein weiterer Skandal und Schwindel, verursacht von der Pharmaindustrie.

Weiteren Angaben zufolge experimentierte die Forschungsabteilung des amerikanisch-britischen Pharamakonzerns *SmithKline Beecham* seit 1978 mit dem Insektizid »Phosmet« in Großbritannien, das Rinder vor der Dasselfliege (Biesfliege) schützen sollte. Diese vermehrt sich ausschließlich in Haut- und Körperhöhlen von Nage- und Huftieren, insbesondere bei Rindern im Rückenmark. Dassellarven-Befall führt schließlich zu eiternden »Dasselbeulen« und damit zur Entwertung des Rindfleischs. Bei der Wanderung der Fliegenlarven im Rindskörper wird zudem das Fell sowie die Lederhaut der Tiere geschädigt, was erhebliche finanzielle Nachteile für die Bauern bedeutet. Das »Heilung« versprechende neue Mittel Phosmet des Pharama-Giganten

SmithKline Beecham wurde den Rindern in Pulverform über den Rücken geschüttet, wo es die Larven der Dasselfliege sofort vernichtete. Seit 1985 war Phosmet in Großbritannien sogar gesetzlich vorgeschrieben, und es wurde eine Zeitlang auch in die Schweiz verkauft. Ab 1986 traten in beiden Ländern die ersten identifizierten BSE-Fälle auf.

Sollte dieser Zusammenhang nur ein Zufall sein?

Das von dem Pharmakonzern *SmithKline Beecham* erfundene Mittel Phosmet enthält Organophosphate, die nicht nur für Insekten, sondern auch für Säugetiere und den Menschen äußerst gefährliche, starke Nervengifte darstellen. Als einziges Präparat enthält es außerdem Thallium-Verbindungen, von denen bekannt ist, daß sie Entzündungen auslösen können: Die behandelten Tiere erleiden eine schleichende Vergiftung mit einer Art Gehirnerweichung durch das Nervengift. Die Entstehung von Prionen ist dann sozusagen ein Nachfolge-Symptom der Vergiftung. Das bestätigten zumindest die Forschungsergebnisse des englischen Neurologen Stephen Whatley, der Zellkulturen mit Phosmet behandelte, wodurch die Entstehung von Prionen begünstigt wurde. Auch Claus Köhnlein hat, was Phosmet anbetrifft, eine wichtige Entdeckung gemacht:

»Der Phosmet-Paragraph wurde 1992 wieder gestrichen. Seit diesem Zeitpunkt gehen die Fälle von Rinderwahn zurück.«

Somit wäre vielleicht auch erklärt, warum in der Grafschaft Kent vor einigen Jahren fünf Patienten mit Creuzfeldt-Jakobähnlichen Krankheitsbildern auftauchten: Sie alle lebten in der Windrichtung derjenigen chemischen Fabrik, die Organophosphate herstellte und wo sich in den 1980er Jahren ein schwerer Chemieunfall ereignete.

Da sich die Firma *SmithKline Beecham* nicht wie die Leverkusener *Bayer AG* bei ihrem Lipobay-Skandal in den USA mit unerwarteten Schadenersatzforderungen konfrontiert sehen wollte, startete der Pharmamulti einfach eine Öffentlichkeitskampagne, in der die »BSE-Scheuche« aufgebaut wurde, indem man das Tiermehl für den Ausbruch der Krankheit verantwortlich machte.

Zwar berichtete die deutsche *Ärztezeitung* schon im April 1998, daß das englische Landwirtschaftsministerium inzwischen bereit sei, zusätzliche Gelder für die Erforschung möglicher »Phosmet-Beteiligungen« an BSE bereitzustellen, doch waren das nichts als leere Versprechungen. Aus all dem könnte man schließen, daß mit Ausnahme der Öffentlichkeit alle Verantwortlichen über die wahren Ursachen von BSE längst informiert waren. Seit 2001 firmiert der Pharmakonzern *SmithKline Beecham* nicht mehr unter seinem alten Namen, sondern unter *Glexo SmithKline*. Da es sich juristisch um eine völlig neue Person handelt, kann sie für die Fehler der juristischen Person *SmithKline Beecham* nicht mehr belangt werden – diese existiert nicht mehr!

Seltsam bei dem ganzen »Pharma-Schlamassel« ist nur, daß selbst noch im Jahre 2003 weder BSE, noch die Prionen mit wissenschaftlicher Logik totzukriegen waren. Ohne die Umfirmung von *SmithKline Beecham* zur Kenntnis zu nehmen, argumentierte man mit BSE-Fällen aus Deutschland, in denen Phosmet nie verwendet wurde, und meinte so, Purdey und Köhnlein widerlegen zu können. Doch Köhnlein stellte, mit solchen Behauptungen konfrontiert, nur abermals klar:

»Noch einmal: Wir haben es bei uns nicht mit BSE-Fällen zu tun. Wir haben Kühe, von denen man behauptet, sie trügen einen dubiosen Krankheitserreger in sich. Es gibt keine an BSE erkrankte Kuh in Deutschland. Wir dürfen einen positiven Test nicht mit Krankheit gleichsetzen!«

Auch die Vermutung, daß BSE durch die Prionen ausgelöst wird, ist für Köhnlein nach wie vor unbewiesen:

»Es wurde zwar in einem Wissenschaftsmagazin von einer Studie geschrieben, bei der man Rinder mit den Hirnen BSE-kranker Artgenossen fütterte. Ergebnis war, so ist es zu lesen, daß die Kühe um so schneller krank wurden, je mehr Hirn an sie verfüttert wurde.«

Doch die Sache habe einen Haken, so Köhnlein: Die Studie selbst sei nirgendwo veröffentlicht worden und somit nicht wissenschaftlich prüfbar:

»Dann ist sie wissenschaftlich gesehen wertlos. Wissenschaft heißt Nachvollziehbarkeit. Was andere Wissenschaftler nicht prüfen können, hat keinen Wert.«

Irgendwie hat man es in der Tat geschafft, die Prionen-Ansteckungsthese salonfähig zu machen, so daß sich an diesen unendlich erscheinenden Forschungen auch andere europäische Länder beteiligen. Vermutlich wird dann solange geforscht werden, bis keiner mehr einen »Erreger« verklagen will und die Pharmaindustrie für die von ihr verzapfte »Körperverletzung mit Todesfolge« auch am Menschen wieder einmal mit einer neuen Lösung in Form eines unsinnigen Medikaments aufwarten wird. Wieso unternimmt keiner etwas gegen solche Zustände?

Wie locker die Pharmaindustrie mit ihren todbringenden Präparaten umgeht, verdeutlicht eine Schlagzeile in der *Bild am Sonntag* vom 7. September 2003, die da lautet: »50 Tote – Schlankheitspille schuld?«

Das verschreibungspflichtige Medikament »Reductil«, das seit 1999 auch in Deutschland zugelassen ist, und in den USA unter dem Namen »Meridia« angeboten wird, ist in die Sicherheitsüberprüfung des *Bundesinstituts für Arzneimittel und Medizinprodukte*« (BfArM) geraten:

»Seit der Zulassung sind uns ein Todesfall und 104 Verdachtsfälle von Nebenwirkungen im Zusammenhang mit der Einnahme von Reductil gemeldet worden. Eine 65jährige Patientin verstarb daran.«

Den Experten Wolfgang Becker-Brüser vom Informationsdienst *Arzneitelegramm* in Berlin verblüfft das nicht:

»Reductil erhöht Blutdruck und Pulsfrequenz. Beides steigert das Risiko für plötzliche Herz-Kreislauf-Erkrankungen.«

In Deutschland wurden bislang 230 000 Packungen mit dem Wirkstoff Sibutramin an übergewichtige Patienten verschrieben und dabei ein Umsatz von etwa 20 Millionen Euro erzielt. Obwohl in den USA 49 Verdachtsfälle mit Todesfolge durch Herzstillstand gemeldet wurden, bei denen 27 der Verstorbenen jünger als 50 Jahre – und eine sogar nur 28 Jahre alt – waren, hält der

Hersteller (*Abott GmbH* in Ludwigshafen) das Medikament weiterhin für sicher. Dr. Bernd Matiba sagte:

»Wir haben keine Zweifel an einem positiven Nutzen-Risiko-Verhältnis. Starkes Übergewicht ist ein Risikofaktor, der die Lebenserwartung verkürzt.«

Der Experte Dr. Becker-Brüser sieht das anders:

»Der langfristige Nutzen von Reductil ist gering, weil die betroffenen Patienten nach der Therapie meist wieder zunehmen. Darum überwiegt der Schaden den Nutzen deutlich. Wir fordern deshalb, das Mittel vom Markt zu nehmen.«

Beim BfArM indes sieht man keinen akuten Handlungsbedarf – man will Reductil aber »intensiver beobachten«. Den Verstorbenen nützt diese Beobachtung nichts mehr. Darüber hinaus gibt es Dutzende von Pillen, Drinks und Pulvern, die ein schnelles Abnehmen ohne Hungern versprechen. Die Mittel quellen im Magen auf und steigern so das Sättigungsgefühl. »Ältere Präparate erhöhten bei im Bauchraum operierten Patienten das Risiko eines Darmverschlusses«, erklärte Professor Hans Hauner vom *Else-Kröner-Fresenius-Zentrum für Ernährungsmedizin* der Technischen Universität München. Hauner weiter:

»Das Mittel ›Xenical‹ hemmt die Verdauung von Fetten im Darm – Studien zeigen, daß es wirksam ist. Es können jedoch Störungen des Stuhlgangs eintreten: weicher Fettstuhl, Bauchschmerzen, starker Stuhldrang, der zum Teil zum Abbruch der Behandlung führt.«

Sofern die Patienten ihrem Arzt treu bleiben, werden praktizierende Ärzte und Kliniker mit den Ergebnissen ihrer diagnostischen und therapeutischen Bemühungen konfrontiert: Sie sind einer ständigen Kontrolle durch die empirische Wirklichkeit ausgesetzt. Da sie ihr Unvermögen erkennen, den durch anthropogene Noxen geschädigten Menschen zu helfen, geraten sie neben den Patienten am frühesten mit der offiziellen Verharmlosung in Konflikt. Über bekannte Krankheiten besitzen die medizinischen Hochschulen das Potential eines Wissens, das seit Generationen in Lehr- und Handbüchern gespeichert und vermehrt wurde. Der

Informationsstrom fließt von diesen Gipfeln der wissenschaftlichen Autorität via Aus- und Fortbildung der Ärzte abwärts in Richtung zum Patienten. Bei einer neuen anthropogenen Krankheit ist nach wenigen Jahren natürlich noch kein Lehr- oder Handbuchwissen verfügbar: das Angebot der Information ist umgekehrt gerichtet. Die Krankheit und das Wissen über sie entstehen bei den Patienten – zu denen viele Ärzte zählen. Die von den behandelnden Ärzten gemeinsam mit den Patienten erworbene und in Richtung zu den Universitäten fließende Erkenntnis muß dort Barrieren der Tradition überwinden. Entsprechend langsam akkumuliert dort das Wissen, und es bedarf wohl fast eines Menschenalters, bis eine Intoxikation durch neue anthropogene Noxen von den Hochschulen in den Kanon lehrbuchfähiger Krankheiten aufgenommen wird. Trotz des unvermeidlichen Mangels an Kenntnissen behalten viele Hochschulärzte die Attitüde der Autorität bei, damit die Mechanismen der Informationsabgabe nach »unten« auch ohne Information weiterlaufen. Weil sie dann noch nicht im Lehrbuch steht, erfährt der Patient über seine Krankheit, »daß es sie noch gar nicht gibt«.

Das liegt in erster Linie daran, daß der heutige Arzt nicht mehr, wie in der Vergangenheit, seine eigenen Arzneirezepturen anwendet, deren Zusammensetzung er nach der Erfahrung an die Reaktionsweise des Patienten anpassen könnte, sondern »Fertigarzneimittel« verwendet. Anonyme Wirkstoffgemische also, über deren Zusammensetzung er nur vom Hersteller informiert wird. Die Informationsübertragung auf den praktizierenden Arzt vollzieht sich auf Kongressen und anderen Veranstaltungen dank der Sponsorenschaft der Pharmaindustrie in einer »Atmosphäre gediegenen Komforts«, an den sich der moderne Arzt seit Jahrzehnten wie an eine Selbstverständlichkeit gewöhnt hat. Über das Risiko wird er dabei von der Pharmaindustrie nicht nur nicht informiert, sondern durch Experten unter Beihilfe von Staatsministerien bewußt hinweggetäuscht.

Daß die »Fertigarzneimittel von der Stange« nur bedingt funktionieren, beweist erstens die Individualität des einzelnen Menschen, und zweitens der Hinweis jeder »Fertigarznei« auf ihre »Nebenwirkungen«. Die Absicht ist klar: wenn ein Patient beispielsweise das Mittel »ASS-ratiopharm 500« gegen »leichte Schmerzen« und »Fieber« einnimmt, muß er mit Nebenwirkungen wie z. B. Leber- und Nierenfunktionsstörungen, Magenblutungen, Gichtanfällen, Atemnot, Verminderung der Blutzuckerwerte, Übelkeit, Erbrechen, Durchfällen, Zahnausfall und Verschlechterung der Heilung infektionsbedingter Entzündungen rechnen. Es mag ja vielleicht sein, daß dieses Mittel das Fieber senkt und die leichten Schmerzen lindert – doch zu welchem Preis?

Eine »Fertigarznei« soll demnach ein wenig gesund und einwenig krank machen, damit der Pharmakonzern mit Gewißheit davon ausgehen kann, daß der fiebrige Patient auch wegen der Nebenwirkungen des zuvor eingenommenen Präparats noch einmal die »Fertigarzneimittel« der Industrie anfordern wird. Deshalb warnt auch Dr. Robert S. Mendelsohn von der Universität Chicago, Abteilung Medizin – selbst wenn er von der »Großmacht Medizin« als Quacksalber, Idiot, Fanatiker oder Exentriker beschimpft wird – mit folgenden Worten:

»Trauen Sie Ihrem Arzt nicht. Gehen Sie, wenn er Ihnen Medikamente verschreibt, von der Voraussetzung aus, daß es gefährlich ist. Es gibt kein unbedenkliches Arzneimittel [...]«
Was ist hier also zu tun?

Jeder einzelne Mensch kann durch seine einzigartige DNS und schon allein wegen seiner einzigartigen Fingerabdrücke identifiziert werden. Deshalb läßt er sich meines Erachtens auch nur individuell heilen, und das gewiß nicht mit »Arzneimitteln von der Stange«. Ärzte, die den Patienten wirklich helfen wollen, müssen die Erkenntnisse wieder aus eigener Kraft von Grund auf selbst neu erarbeiten und zurück zum »hippokratischem Gedankengut« finden. Der Aufwand ist zwar groß, so daß mit einer individuelleren Methode nur wenige Patienten behandelt werden können, aber diese Patienten würden auch eine tatsächliche »Behandlung« erfahren, die das Ansehen eines Arztes wieder auf die Stufe heben könnte, auf der es einmal stand.

Kapitel 4

FORSCHER IM ZWIELICHT

Eine verwunderliche Geschichte bewegt noch heute die Gemüter der Archäologen, die sich 1927 im Regenwald von Belize (damals Britisch-Honduras) ereignet haben soll. Der britische Abenteurer und Archäologe Frederick Mitchell-Hedges war damals im Urwald unterwegs, um die Spuren einer untergegangenen Hochkultur in Südamerika zu erforschen, die er mit dem sagenhaften Atlantis in Verbindung brachte. Als seine Adoptivtochter Anna an ihrem siebzehnten Geburtstag über das Grabungsgelände streifte, entdeckte sie eine seltsame Leuchterscheinung: Zwischen den alten Trümmern blitzte etwas Helles hervor, das selbst die Arbeiter in Aufruhr versetzte. Sie eilten nach dem Aufschrei von Anna sofort herbei, räumten den Schutt und die Steine beiseite und fanden darunter einen Schädel, der aus reinem Bergkristall hergestellt worden war. Er war etwa so groß wie ein menschlicher Totenkopf, wog aber im Gegensatz dazu mehr als fünf Kilogramm und war zudem unglaublich perfekt gearbeitet.

Sofort strömten auch die Indios aus dem nahen Dschungel herbei und fielen auf die Knie, um mit den Anbetungen des Kultgegestandes zu beginnen. Ein alter Indio erklärte sogar, daß der Schädel über 100 000 Jahre alt sei und einen wertvollen Schatz seiner vergangenen Maya-Kultur bilde. Insgesamt müsse es nach den Überlieferungen seiner Ahnen 13 solcher Schädel geben, die Informationen über den Ursprung der Menschheit und Antworten auf die größten Geheimnisse des Lebens enthielten. Wenn man alle Schädel zusammenbringe, würden sie zu sprechen beginnen, so daß man dann diesen Geheimnissen näher kommen könnte.

Mitchell-Hedges selbst erklärte, der seltsame Fund sei mindestens 3600 Jahre alt und in einer unbekannten und höchst erstaunlichen Technik hergestellt. Man habe keine Ahnung, wie die

Maya ihn hätten erschaffen können. Eine eingehende Untersuchung des Kopfes, die 1970 in den Labors des Computerherstellers *Hewlett-Packard* durchgeführt wurde, bestätigte seine erstaunlichen Eigenschaften:

1) Der Schädel besteht aus reinem Quarz und ist gegen die natürliche Achse gearbeitet. Bei der Bearbeitung hätte er eigentlich in tausend Stücke springen müssen.

2) Er wurde vermutlich erst mit Diamantwerkzeugen grob bearbeitet und anschließend mit einer Mischung aus Sand und Wasser geschliffen. Die von den Forschern geschätzte Arbeitszeit hierfür hätte aber über 300 Jahre betragen müssen. Einer der Forscher erklärte sogar:»Das verdammte Ding dürfte eigentlich gar nicht existieren!«

Was hat das zu bedeuten? Waren die Maya tatsächlich in der Lage, Gegenstände herzustellen, die wir innerhalb sinnvoller Zeiträume auch mit moderner Technik nicht nachbauen können? Waren die frühen Hochkulturen weiter entwickelt, als wir heute glauben? Oder sind hier übernatürliche Kräfte am Werk gewesen? Hatten die Menschen gar Besuch von Außerirdischen, die die seltsamen Fundstücke zurückgelassen haben – wie Anna Mitchell-Hedges noch heute behauptet. – Die Antwort ist viel einfacher: Der Kristallschädel ist eine plumpe Fälschung!

Der Brite Frederick Mitchell-Hedges hatte den Schädel nicht im Jahre 1927 im südamerikanischen Urwald ausgegraben, sondern 1943 auf einer Auktion in London für 400 englische Pfund ersteigert. Auch die Untersuchungsergebnisse im Labor des Computerherstellers *Hewlett-Packard* lieferten reinen Unsinn: Bergkristall hat überhaupt keine besondere Kristallachse, und deshalb kann es auch gar keine falsche Bearbeitungsrichtung geben. Darüber hinaus zeigen sich unter polarisiertem Licht eindeutige Spuren der maschinellen Bearbeitung des Kristallschädels.

Mitchell-Hedges hatte die Welt ganz einfach an der Nase herumgeführt, und die Laboruntersuchungen einer anerkannten Facheinrichtung hatten das Übrige dafür getan. Man kommt heutzutage übrigens jederzeit bequem an 13 solcher Schädel heran: man kann sie einfach über das Internet bestellen. Wer dennoch an den Mythos dieser Schädel glaubt, dem sei folgender Leitsatz des Verhaltensforschers Konrad Lorenz (1903–1908) an gute Wissenschaftler empfohlen:»Wer das Staunen beherrscht, wirft jeden Morgen eine seiner Lieblingsthesen über Bord.« Doch sind die Wissenschaft und ihre Vertreter wirklich so gut, als daß sie diese Aussage beherzigen?

Wohl kaum, wie das folgende Beispiel zeigt: Der deutsch-amerikanische Nobelpreisträger Albert Einstein (1879–1955) und der holländische Physiker Johannes W. de Haas führten 1915 ein Experiment zum sogenannten»gyromagnetischen Faktor« durch. Ihr Untersuchungsergebnis entsprach dem vorher von ihnen berechneten Wert eins, aber nicht dem tatsächlichen Wert: Wie später bekannt wurde, lag dieser nämlich bei zwei. Während Einstein sich zu diesen Diskrepanzen niemals äußerte, erklärte de Haas:

»Die Zahlen, die wir erhalten hatten, waren 1,45 und 1,02. Der zweite Wert war beinahe identisch mit dem klassischen Wert, so daß wir annahmen, daß es experimentelle Fehler waren, die den ersten Wert zu groß gemacht hatten.«

Ob die renommierten Herren nun wie Frederick Mitchell-Hedges ebenfalls vorsätzlichen Betrug begingen oder»nur« etwas schummelten: in jedem Fall war ihr Experimentierergebnis genauso falsch! Trotz allem heißt das Phänomen noch heute zu ihren Ehren»Einstein-de-Haas-Effekt«.

Sollte nicht auch hier endlich eine Korrektur vorgenommen werden?

Zumindest heute gehen Forschungseinrichtungen mit ihren »schummelnden« Mitarbeitern etwas konsequenter um: Denn am angespannten deutsch-amerikanischen Verhältnis lag es diesmal nicht, als das renommierteste Forschungslabor der USA, *Bell Labs* (»Bell Laboratorien«), im Herbst 2002 seinen bekanntesten deutschen Wissenschaftler Jan Hendrik Schön fristlos entließ. Dafür gab es einen anderen Grund: Der zum damaligen

Zeitpunkt erst 32jährige Jungstar der Nanophysik hatte manipulierte sowie gefälschte Meßdaten veröffentlicht und damit erneut die Physik verbogen!

Dabei galt Jan Hendrik Schön noch Anfang 2002 als Wunderkind der Festkörperphysik. Er studierte sein Fach an der Universität Konstanz und wurde dort promoviert. In seiner Doktorarbeit versuchte Schön, der in der Arbeitsgruppe des renommierten Fotovoltaik-Experten Prof. Dr. Ernst Bucher tätig war, Kupfergalliumdiselenid für die Solarzellenproduktion nutzbar zu machen, was allerdings mißlang.

Nach seiner Promotion begab er sich im Jahre 1998 zu den Bell-Laboratorien, die der Firma *Lucent Technologies* gehören. Diese Laboratorien sind ein Vorzeige-Institut, dem wir viele Errungenschaften verdanken, die inzwischen unser tägliches Leben prägen: Vom Transistor bis hin zu Laser und Glasfaserkabeln reichen die Entwicklungen dieser Einrichtung.

Hier forschte Schön in der Arbeitsgruppe von Professor Bertram Batlogg, der inzwischen an die *Eidgenössische Technische Hochschule* (ETH) in Zürich gewechselt ist, und Professor Christian Cloc im Bereich der Nanotechnologie an organischen Halbleitern. Wegen eines Problems mit seinem Visum arbeitete der Starwissenschaftler 2001 jedoch noch einmal für etwa ein halbes Jahr bei Bucher in Konstanz.

Aufsehenerregende Durchbrüche ließen selbstverständlich nicht lange auf sich warten: Ein neuartiges Verfahren zur Herstellung und Reinigung von nahezu perfekten Einkristallen von Poyazenen schuf eine Grundlage, auf der schnell organische Halbleiter entwickelt werden konnten. Damit sollte der Weg in billige und flexible Plastik-Elektronik bereitet werden, wo die kleinsten organischen Transistoren aus nur noch einem Molekül bestanden.

Auch zur Supraleitung wurden einige Durchbrüche gemeldet: Polymer-Supraleiter und ein Supraleiter auf Fulleren-Basis, der schon bei -156°C supraleitend wird, was durch Kühlung mit flüssigem Stickstoff erreicht werden konnte, zählten zum wissenschaftlichen Vorsprung gegenüber anderen Einrichtungen.

Diese riesigen Fortschritte brachten Jan Hendrik Schön natürlich begehrte Forschungspreise, wie zum Beispiel den »Otto-Klung-Weberbank-Preis«, ein. Er erhielt einen Ruf an das *Max-Planck-Institut für Festkörperphysik* in Stuttgart und war ein ernstzunehmender Kandidat für den Nobelpreis geworden. Kurz bevor der Fälschungsverdacht bekannt wurde, bot ihm die *Max-Planck-Gesellschaft* (MPG) sogar den Posten eines Institutsdirektors an.

Leider gelang es anderen Forschern zu keiner Zeit, die Erfindungen Schöns nachzustellen, so daß unter ihnen schließlich ein gewisses Mißtrauen erwachte. Kurz darauf war in Veröffentlichungen der führenden Fachmagazine *Nature* und *Science* dann eher durch Zufall ein identisches Diagramm des elektronischen Verhaltens organischer Strukturen mit unterschiedlicher Beschriftung entdeckt worden. Dem Physiker Paul McEuen von der Cornell Universität war aufgefallen, daß einige Meßkurven identisch waren, obwohl es sich Schöns Arbeitsergebnissen zufolge um völlig unterschiedliche Experimente handelte. Zudem konnten auch amerikanische Forscher die Ergebnisse des Jungstars bei eigenen Messungen nicht wiederholen. Daraufhin wurde eine Prüfungskommission unter Leitung des Forschers Malcolm Beasley von der Universität Stanford für nachhaltige Untersuchungen eingesetzt. Nach ihren Angaben soll Jan Hendrik Schön von 1998 bis 2001 in 16 von 24 überprüften Verdachtsfällen vorsätzlich »betrogen« haben.

Schön verdankt seinen bisherigen Erfolg dem Talent, als geschickt wirkender Simulator zu agieren. So hat er Kurven, die mit einem Mathematikprogramm erstellt wurden, als experimentelle Daten ausgegeben und Werte einer einzigen Messung für ganz unterschiedliche Experimente recycelt. Die Anschuldigungen hält der Jungstar selbst für einen großen Irrtum – doch widerlegen konnte er sie nicht! Seine Originaldaten sind gelöscht, weil der veraltete Computer angeblich zuwenig Speicherplatz hatte. Laborbücher gibt es auch nicht, weil Schön nach eigenen Angaben Zettel für seine Niederschriften benutzte, und seine mehr als hundert »magischen Kristallproben«, mit denen er die erstaunlichen Ergebnisse erzielte, wurden beim Messen zerstört, oder er hat sie einfach in den Müll geworfen.

Der Präsident der *Bell Labs*, Bill O'Shea, erklärte: »Wir sind zutiefst enttäuscht, daß ein solcher Fall wissenschaftlichen Fehlverhaltens in den *Bell Labs* passiert ist – zum ersten Mal in unserer 77jährigen Geschichte!«
Und was wußten Schöns Co-Autoren?

Die wichtigsten Veröffentlichungen hat er mit dem renommierten Physikprofessor Bertram Batlogg publiziert, doch ihn spricht die von Malcolm Beasley geleitete Prüfungskommission ebenso wie alle anderen Co-Autoren von jeder Schuld frei. Deshalb sieht auch die *Eidgenössische Technische Hochschule* in Zürich keine Notwendigkeit, zu überprüfen, warum Batlogg als Chef und Co-Autor der Publikationen von Schön angeblich nichts von den Fälschungen gewußt hat. Das ist die bekannte heimatliche Fortsetzung des wissenschaftlichen Fehlverhaltens dieser Forscher. In Deutschland hingegen gilt der Grundsatz: »Mitgefangen – Mitgehangen!«

Deshalb war man in Berlin konsequent: Den »Otto-Klung-Weberbank-Preis« entzog man dem Wissenschaftsbetrüger Schön am 28. Oktober 2002 wieder. Die *Max-Planck-Gesellschaft* verzichtete auf seine Berufung, und mehrere Fachartikel wurden sogar zum Teil gegen den Willen Schöns zurückgezogen. Auch alle Co-Autoren, deren Namen eine Veröffentlichung zieren, seien für den Inhalt gemeinsam verantwortlich, heißt es in den Verhaltensregeln der *Deutschen Forschungsmeinschaft* und der *Deutschen Physikalischen Gesellschaft* (DPG). Ob die Co-Autoren nun Verantwortung tragen oder nicht, hält die Kommission der Amerikaner dagegen »für eine extrem schwierig zu beantwortende Frage, die die ›scientific community‹ nicht ausreichend beachtet hat«, obwohl sie in ihrem Prüfungsbericht eingangs feststellt:
»Durch ihre Co-Autorenschaft bürgen sie stillschweigend für die Richtigkeit der Arbeit.«

Daß entsprechend klare Regeln in den USA bislang fehlen, liegt auch an dem ungeschriebenen Ehrenkodex, der jedem Amerikaner schon als Kind eingebläut wird. Von der Highschool bis zur Uni ist das Abschreiben verpönt: Lehrer und Professoren verlassen während der Klausuren oft sogar den Raum. Wer trotzdem zu schummeln versucht, wird von den Kommilitonen öffentlich geächtet! Ist es vielleicht doch kein Zufall, daß hinter dem Forschungsbetrug an den *Bell Labs* kein Amerikaner steckt?

Ein anderer Fall von gefälschter Wissenschaft, der vor kurzem erneut die amerikanische Physikgemeinde erschütterte, geht ebenfalls auf einen Ausländer zurück: Dabei mußte der Russe Viktor Ninov zugeben, daß er an einem Teilchenbeschleuniger in Berkeley (Kalifornien) Daten manipuliert hatte, um die Entdeckung des Elements 118 für sich zu reklamieren. Auch hinter Ninovs Namen stehen letztendlich 14 Co-Autoren, die vermutlich nichts zu befürchten haben und auch zukünftig völlig unbehelligt ihrer alltäglichen Arbeit nachgehen können. Wie derartiges »Schön-Gerede« funktioniert, kann man an der Arbeitsmethode der Universität Konstanz sehen. Am 4. Juli 2003 war es schließlich auch in Konstanz soweit: Die Kommission legte ihren Abschlußbericht vor. Sie untersuchte nur diejenigen Arbeiten Schöns, die in Konstanz durchgeführt wurden. Ihr Ergebnis: nur ein paar kleine Fehler, keine bewußte Datenmanipulation, also kein »wissenschaftliches Fehlverhalten«. Damit glaubt die Universität Konstanz, eine weiße Weste zu behalten.

Es ist eben einfacher, einen Schmutzfleck für nicht existent zu erklären, als sich zu waschen.

Trotz ihres subjektiven Verhaltens verstehen sich viele Wissenschaftler als Vertreter der absoluten Wahrheit, unabhängig von Zeit, Ort und Person. Aufgrund dieses Selbstverständnisses werden in den Publikationen alle Hinweise auf Emotionen wie Hoffnungen, Enttäuschungen und Entdeckerfreuden ausgelassen. Das literarische Rahmenwerk der wissenschaftlichen Publikation dient demnach der Mystifizierung eines durchaus menschlichen Unternehmens, und Mystifizierungen sind immer gefährlich.

Umgekehrt ist in der letzten Zeit ein Relativismus popularisiert worden, der wissenschaftlichen Untersuchungen jeden Wahrheitsgehalt abspricht – und behauptet, alle Einsichten würden von den jeweiligen Umständen bestimmt. Demnach würde die Wahrheit nicht entdeckt, sondern erfunden oder nur »gemacht«.

In diesen schwelenden Konflikt platzte bereits 1996 die Publikation des amerikanischen Physikers Alan Sokal *Transgressing the boundaries – toward a transformative hermeneutics of quantum gravity* in der Zeitschrift *Social Text*. Darin behauptete Sokal beispielsweise, daß Euklids Zahl »Pi« keine feste Größe darstelle: In Wahrheit sei alles relativ, und die Unterdrückung dieser Wahrheit sei ein politisches Mittel im sozialen Machtkampf. Als Sokal enthüllte, daß er absichtlich Unwahrheiten verbreitet habe, um durch seinen Jux den Niedergang wissenschaftlicher Standards und den Verlust intellektueller Verantwortung anzuprangern, entspann sich die heftige Kontroverse zwischen postmodernen Relativisten einerseits und den Verteidigern der objektiven Wissenschaft andererseits.

Diese Polarisierung verfehlte den Kern des Problems: Denn einerseits hat Sokal recht, wenn er betont, daß wissenschaftliche Erkenntnisse trotz ihrer Einseitigkeit und Subjektivität auch objektiv sind. Es trifft eben nicht zu, daß Wissenschaft und Mythos bloß verschiedene Manifestationen einer Glaubensperspektive darstellen. Andererseits hat eine relativistische Haltung – in Anbetracht subjektiver Forscherinteressen und einer verbreiteten Tendenz, paradigmatische wissenschaftliche Beobachtungen zur Wahrheit zu erklären – durchaus auch ihre Berechtigung. Die Flucht in den Relativismus und die Flucht in die Objektivität sind letztlich sehr ähnliche Reaktionen angesichts der für viele Forscher bedrohlichen Tatsache, daß die »Wahrheit« eine romantische Erfindung darstellt.

Im Jahre 1926 verdeutlichte dies bereits der Berliner Physiker Emil Rupp mit seinen Versuchsergebnissen, mit denen er den

Wellen-Teilchencharakter des von Elektronenstrahlen ausgesandten Lichts beweisen wollte: Die Daten und Fotografien stellten sich erst zehn Jahre später als ausnahmslos gefälscht heraus.

Der Universitätsprofessor Franz Moewius veröffentlichte im Jahre 1935 aufsehenerregende Forschungen an Grünalgen und wurde so zu einer Koryphäe der Molekularbiologie. Auf einer Vortragsreise in Amerika, die 20 Jahre später stattfand, wurde der Biologe bei einem Täuschungsversuch ertappt und als Fälscher entlarvt.

Doch solche kompromißlosen Aufklärungen sind leider die Ausnahme. Wie in der Regel mit dem Vorwurf der Forschungsfälschung umgegangen wird, illustriert ein neuer Fall, der im Jahr 2003 von der DFG geprüft wurde: Im Labor des renommierten Zoophysiologen Heinz Breer an der Universität Hohenheim (nahe Stuttgart) sollten ebenfalls Daten manipuliert worden sein. Breer erforschte an seinem Institut den Geruchssinn und konzentrierte sich dabei als Schwerpunkt auf die Frage, wie die Sinneszellen zu elektrischen Signalen nach der Erkennung von Duftstoffen gelangen, und wie bei dem ganzen Ablauf das Protein »Caveolin« reagiert.

Er sei »schon etwas überrascht, wie da berichtet wird«. Das war Breers erste Reaktion auf einen Artikel in der *Süddeutschen Zeitung*. In dem Beitrag, dessen Autor ungewöhnlicherweise nicht genannt wurde, berichtete man unter Bezugnahme auf einen »ehemaligen Mitarbeiter« Breers detailliert über zwei wissenschaftliche Veröffentlichungen aus den Jahren 1998 und 2000.

Kern der Vorwürfe waren Forschungsergebnisse, die in Fachzeitschriften veröffentlicht wurden und die ein paar vorsätzliche Ungenauigkeiten enthalten sollten im Gegensatz zu jenen Originalen, die als Diplom- oder Doktorarbeit veröffentlicht wurden. Da wurden Abbildungen anders beschriftet als in der Diplomarbeit, aus welcher sie stammten, oder die Abbildungen wurden womöglich am Computer neu zusammengesetzt. Weiterhin erschienen Datenreihen, in denen mit radioaktiven Substanzen gemessen wurde, manipuliert: es wurde mehrfach die exakt gleiche Zahl radioaktiver Zerfälle gemessen, was statistisch sehr unwahrscheinlich ist. Breer erklärt das zwar mit Problemen mit dem Computerprogramm »Excel«, aber auch das ist eher unwahrscheinlich.

Der Zoophysiologe räumte ein, daß hier »etwas nicht ganz richtig gemacht worden« sei, auch sprach er von »handwerklichen Fehlern« bei Mitarbeitern – eine Absicht schloß er jedoch aus. Nach seiner Darstellung mußten Zahlenreihen im Computer bearbeitet werden, um die eigentliche wissenschaftliche Aussage zu ermitteln. Dabei seien offenbar »Werte mehrfach in die Auswertung aufgenommen« worden. Nehme man nämlich die mehrfach eingetragenen Daten aus der Auswertung wieder heraus, dann ändere sich an der wissenschaftlichen Aussage gar nichts. Breer weiter:

»Wenn jemand hätte manipulieren wollen, dann hätte er doch ein Ziel haben müssen.«

Außerdem, so wurde dann behauptet, sei Ingrid Boekhoff, eine frühere Mitarbeiterin, »Hauptverantwortliche« dieser Publikation. Breer spricht bei diesem erneuten Fälschungsskandal von einem Fehler, wie Menschen sie eben machen. Dennoch, fährt er fort, »will ich mich nicht aus der Verantwortung stehlen«. Selbst die Mitarbeiter in seiner Arbeitsgruppe seien »insgesamt geschockt«, so daß auch ihnen irgendwie die Worte fehlten:

»Sonst hatte ich noch nicht viel Gelegenheit, mit den Kollegen zu sprechen.«

Eine Kollegin aus einem Nachbar-Institut habe ihn an diesem Morgen immerhin mit einem Strauß Blumen empfangen und ihm ihre Unterstützung versichert.

Seltsamerweise stimmt aber auch in der anderen Publikation eine Abbildung zu PCR-Ergebnissen mit dem Original in einer Doktorarbeit nicht überein.

Ein erneuter peinlicher Vorwurf, auch für die DFG. Schließlich hat diese Breer für seine Forschungen über den Geruchssinn 1998 den »Gottfried-Wilhelm-Leibniz-Preis« verliehen, der letztlich ihren höchstdotierten Förderpreis darstellt.

Doch warum stürzt der gefeierte Forscher nach seinem Betrug nicht vom Podest?

Daß es für jene, die Ungereimtheiten im Labor aufdecken, im Deutschen keinen passenden Ausdruck gibt, spricht bei all dem für sich. Der englische Begriff »Whistle-Blower« meint heute einen Kollegen, der rechtzeitig warnt und auf drohende Gefahren hinweist. Auch wenn das »Verpfeifen« oder »Anschwärzen« eines Kollegen, mit dem man vielleicht mehrere Jahre zusammengearbeitet hat, sicherlich keine angenehme Sache ist, so erscheint sie im Bemühen, die wissenschaftliche Wahrheitsfindung nicht zu diskreditieren, doch notwendig.

Auch der ehemalige Mitarbeiter von Heinz Breer, der gegen seinen Chef aussagen mußte, fühlte sich nicht wohl in seiner Haut:

»Was macht einer wie ich, dem Journalisten sagen, es sei unheimlich wichtig, daß ich meine Geschichte erzähle, dem Wissenschaftler sagen, es sei unheimlich falsch, dem alle Freunde sagen, es sei unheimlich gefährlich, und dem man bei der DFG sagt, er solle vor allem der Presse gegenüber den Mund halten?«

Die Entdeckung des »Zeugen«, die ihn in diese ungemütliche Situation brachte, liegt drei Jahre zurück: Damals arbeitete er als Postdoktorand im Labor von Heinz Breer und bekam eines Tages die Arbeit einer Diplomandin überreicht, die das Labor bereits verlassen hatte. Auf Basis ihrer Daten sollte der Postdoktorand einen Artikel verfassen. Die ehemalige Betreuerin der Diplomandin, Ingrid Boekhoff, lieferte ihm dazu Computergraphiken, die er im April 2000 in eine neue Datei kopierte. Dort, auf dunklem Hintergrund, zeigten sich in den Grafiken plötzlich merkwürdige Lücken, die zuvor auf weißem Hintergrund nicht auffielen. Der Postdoktorand wollte diese Widersprüche mit Boekhoff diskutieren: Doch ihr Verhältnis war ohnehin gespannt. Die Aussprache führte zu nichts, worauf er sich entschloß, zu seinem Chef Heinz Breer zu gehen. Aber dieser wimmelte ihn ab: der Postdoktorand solle sich über die Daten keine Gedanken machen, das seien »technische Details«, und Breer wolle sich später schon selbst darum kümmern.

Durch diese Reaktion irritiert, verglich der Postdoktorand noch einmal sorgfältig Boekhoffs Graphiken mit den Abbildungen in der Diplomarbeit. Dabei traten immer mehr Ungereimtheiten zutage: Manche Graphiken waren offenbar zerlegt und neu zusammengesetzt worden, bei anderen wurde wiederum die Beschriftung so verändert, daß aus wertlosen Kontrollmessungen plötzlich aussagekräftige Daten wurden. Darüber hinaus bemerkte er, daß in einigen Meßreihen »unpassende« Ergebnisse durch »passende« Werte ersetzt wurden:

»Da wurde es mir richtig unheimlich, ich habe eine Gänsehaut bekommen [...] Meiner Meinung nach war das ein klarer Fall von Datenfälschung.«

Der Postdoktorand wollte nun nochmals mit seinem Chef über den ungeheuerlichen Verdacht reden und bestand darauf, die Originaldaten zu sehen. Doch Heinz Breer fuhr ihn daraufhin nur scharf an und stellte ihn vor die Wahl, die Daten so zu akzeptieren oder seinen Namen von der Publikation zu streichen.

Der Postdoktorand war wütend und ratlos – und zog schließlich seinen Namen von der heiklen Veröffentlichung zurück. Diese erschien nun unter Boekhoffs Namen, mit Breer als Co-Autor. Danach war man im Labor offenbar bemüht, die Wogen wieder zu glätten. Doch wenige Monate später stieß der Postdoktorand in einer anderen Arbeit seines Chefs erneut auf Ungereimtheiten:

»Da hatte ich das Gefühl, es wächst mir alles über den Kopf. Aus meiner Sicht lag der begründete Verdacht vor, daß in diesem Labor systematisch unsauber gearbeitet wird.«

Was hätte er also tun sollen?

Für solche Fälle gibt es mittlerweile an allen Hochschulen sogenannte »Ombudsmänner« – erfahrene Forscher, die den Anklägern mit Rat und Tat zur Seite stehen sollen. Im Frühjahr 2001 hat dieses Amt in Hohenheim der Chemiker und ehemalige Präsident der Universität, Wolfgang Haubold, inne. Dieser erinnert sich daran, daß er den Postdoktoranden beraten und die möglichen Schritte – ein klärendes Gespräch mit Breer oder ein förmliches Untersuchungsverfahren – angeboten habe. Doch der Postdoktorand habe ihm keinen definitiven Auftrag erteilt, tätig zu werden. Daher habe er auch nichts unternommen. Der Postdoktorand wiederum gibt an, er habe sich mit der Verantwortung allein gelassen und so ratlos wie zuvor gefühlt. Im Herbst 2001 wird er daher beim Ombudsgremium der DFG vorstellig. Aber diese Instanz versteht sich nur als Schlichtungsstelle. Ihre Aufgabe sei die Vermittlung bei unterschiedlichen Interessen – und nicht das Feststellen von Fehlverhalten oder gar das Verhängen von Sanktionen. So schlagen die drei DFG-Ombudsmänner ein Gespräch mit Breer vor. Vielleicht ließe sich ja eine gütliche Einigung erzielen? Ansonsten könnte man ein offizielles Untersuchungsverfahren bei der DFG einleiten – allerdings müsse der Postdoktorand wissen, daß er damit sehr schwere Vorwürfe erhebe, die ihm am Ende möglicherweise selbst schadeten.

Der Rechtswissenschaftler und Sprecher des Ombudsgremiums Hans-Heinrich Trute erklärt:

»Der Schutz des Informanten ist der neuralgische Punkt solcher Verfahren in Deutschland. Anders als in den angelsächsischen Ländern gibt es bei uns keine Regeln zum Schutz des ›Whistle-Blowers‹. Wer Labor-Interna publik macht, gilt schnell als Nestbeschmutzer. Zudem gefährden die Aufklärer, die meist von dem beschuldigten Forscher abhängig sind, ihre eigene Karriere – der Postdoktorand etwa wollte bei Breer habilitieren, was er sich mittlerweile aus dem Kopf schlagen kann. Dagegen ist auch das Ombudsgremium machtlos. Wir haben vorgeschlagen, daß die Hochschulen Selbstverpflichtungen zum Schutz des Informanten eingehen, aber das bedarf noch einiger Überzeugungsarbeit.«

Nachdem der Postdoktorand auch hier nicht wirklich weiter kommt, wendet er sich in seiner Not an Peter Hans Hofschneider vom *Max-Planck-Institut für Biochemie* in Martinsried. Der emeritierte Forscher hat Erfahrung mit heiklen Fällen: Auf seine Vermittlung hin kam 1997 der Fall Herrmann ins Rollen, und auch bei der Aufdeckung von Ungereimtheiten in Krebsstudien an der Universität Göttingen und Tübingen spielte Hofschneider eine wichtige Rolle.

Der Virologe vermittelt ein Gespräch mit einem hochrangigen DFG-Vertreter, der den Postdoktoranden darin bestärkt, den Fall einem Untersuchungsausschuß zu übergeben – allerdings erst dann, wenn er Breers Labor verlassen habe. Ende 2002 läuft sein Arbeitsvertrag aus. Er verfaßt einen schriftlichen Bericht und sendet ihn an Hofschneider. Dieser empfindet die Vorwürfe als so schwerwiegend, daß er den Brief direkt an den Präsidenten der *Deutschen Forschungsgesellschaft*, Ernst-Ludwig Winnacker, weiterleitet. Nun, im Frühjahr 2003, befaßt sich die DFG offiziell mit dem Fall – eineinhalb Jahre nachdem das DFG-Ombudsgremium davon erfahren hat. Der Postdoktorand ist überzeugt: »Ohne Hofschneider wäre nichts passiert!«

Die Universität Hohenheim hat nach Aussagen ihres Sprechers Klaus Grabowski von den Vorwürfen gegen Breer erst aus den Medien erfahren: Die Universität habe nun Interesse, »daß die Angelegenheit so schnell wie möglich aufgeklärt wird«. Und »wir begrüßen, daß ein Anhörungsverfahren durch die DFG stattfindet«. Die Universität Hohenheim ihrerseits werde jedoch keine eigene Kommission einsetzen, jedenfalls nicht, solange die DFG keine förmliche Untersuchung eingeleitet habe, erklärte Grabowski: »Wir vertrauen da voll auf die DFG als neutrales und sachlich kompetentes Organ.«

Im übrigen hatten sich alle Hohenheimer Wissenschaftstreibenden durch eine Unterschrift dazu verpflichtet, die Leitlinien der DFG zur Sicherung guter wissenschaftlicher Praxis einzuhalten.

Die DFG, die jährlich zwei Milliarden Euro Steuergelder an Forscher verteilt und so etwas wie die Interessenvertretung der deutschen Wissenschaft ist, hat Erfahrung mit derartigen Fällen.

Seit vor sechs Jahren der Fall Friedhelm Herrmann die Öffentlichkeit erschütterte, bemüht sich die DFG, das Vertrauen in die Redlichkeit deutscher Forscher wieder herzustellen. Forderungen nach einer unabhängigen Aufsichtsbehörde – nach dem Vorbild des amerikanischen *Office of Research Integrity* – hat die DFG dabei stets abgelehnt. Die »Selbstreinigungskräfte« der Wissenschaft seien stark genug, das wissenschaftliche Ethos zu schützen.

Wie ist es darum heute aber tatsächlich bestellt?

Fakt ist, daß die Mühlen der DFG sehr langsam mahlen: Zuerst sollte im konkreten Fall ein »Anhörungsverfahren« klären, ob die DFG überhaupt eine Untersuchung in Gang setzen würde. Dazu hatte sie an Ingrid Boekhoff einen Fragebogen mit der Bitte um schriftliche Stellungnahme geschickt. Darin gehe es, so hieß es, um die Klärung umstrittener Sachverhalte zunächst in einer Veröffentlichung. Falls erforderlich, folge dann eine mündliche Anhörung. Danach müsse entschieden werden, ob das Verfahren eingestellt werden könne oder ob der für wissenschaftliches Fehlverhalten zuständige DFG-Ausschuß die Vorwürfe in einem eigenen, intensiveren Anhörungsverfahren klären müsse. Breer sah darin einen normalen Vorgang, einer Bitte der DFG um eine Stellungnahme nachzukommen. Die Pressesprecherin der DFG, Eva-Maria Streier, erklärte:

»Falls die DFG zu der Entscheidung kommt, daß die Anschuldigungen weiterverfolgt werden müssen, wird das formale Verfahren eröffnet und der zuständige Ausschuß zur Untersuchung wissenschaftlichen Fehlverhaltens einberufen.«

Das vorsichtige, fast zögerliche Vorgehen erklärte sich aus der Rechtslage. Nach einem Urteil des Bundesverwaltungsgerichts ist ein offizielles Untersuchungsverfahren nur in »schwerwiegenden« Fällen erlaubt – beispielsweise dann, wenn Forschungsergebnisse »bewußt« manipuliert wurden. Handelt es sich dagegen um Einseitigkeiten oder Lücken in der Darstellung oder um den Streit über die Interpretation eines Ergebnisses, muß dies der wissenschaftlichen Diskussion überlassen bleiben. Doch die Grenzen zwischen diesen Definitionen sind fließend. Wie weist man eine Manipulation nach, wenn die Beteiligten versichern, es handle sich nur um ein Versehen, um eine Darstellungslücke, vielleicht auch nur um eine falsche Interpretation?

Friedhelm Herrmann leugnet bis heute standhaft, daß es sich bei seinen 94 fehlerhaften Arbeiten um »bewußte Fälschungen« handle. In seinem Falle allerdings ist die Masse der Fakten derart erdrückend, daß niemand an ein Versehen glaubt. Der Ombudsmann der DFG, Hans-Heinrich Trute, meint:

»Wenn dagegen nur in ein oder zwei Publikationen Fehler auftauchen, dann ist der juristische Nachweis der bewußten Fälschung außerordentlich schwierig.«

Natürlich gilt auch in der Wissenschaft die Unschuldsvermutung. Jedem Forscher kann ein Fehler unterlaufen. Doch von funktionierenden Selbstheilungskräften kann nur dann die Rede sein, wenn diese in der Lage sind, Licht ins Dunkel wissenschaftlicher Ungereimtheiten zu bringen. Sind die fehlerhaften Daten ein Versehen, wie Heinz Breer beteuert – oder sind sie nur die Spitze des Eisbergs, wie der Postdoktorand glaubt? Um diese Frage für beide Seiten befriedigend zu klären, müßte man systematisch die Arbeiten aus Breers Labor unter die Lupe nehmen. Dazu scheint niemand Lust zu haben – weder die DFG, der das Verfahren gegen ihren Leibniz-Preisträger schon jetzt unangenehm genug ist, noch Heinz Breer, der von der ganzen Sache am liebsten nichts mehr hören will, noch die Universität Hohenheim, die um ihren Ruf bangt.

Natürlich war es nahezu unvermeidlich, daß von diesen Ereignissen auch jemand erfuhr, der Kontakt zu einer Wissenschaftsredaktion einer großen Tageszeitung hatte. In diesem Falle handelte es sich um *Die Zeit*. Zumindest dort war man daran interessiert, die Aufklärung voranzutreiben. Durch die jüngsten Betrugsfälle, nicht nur in Deutschland, war man sensibilisiert, wobei in den Redaktionen durchaus der Eindruck entstanden war, daß die Wissenschaftsorganisationen eher an der Vermeidung von Skandalen interessiert waren als an einer konsequenten Aufklärung.

So ist etwa Ronald Mertelsmann trotz schwerer Vorwürfe weiterhin als Direktor der Freiburger Universitätsklinik im Amt. Und auch die Untersuchung der Vorwürfe gegen den Tübinger Chefarzt Lothar Kanz und seinen Kollegen Wolfram Brugger weist allerlei Merkwürdigkeiten auf.

Zumindest die Ehefrau Breers, die in Tübingen arbeitende Neurobiologin Marlies Knipper, ging in die Gegenoffensive. Sie beklagte die »Medienkampagne« gegen ihren Mann, die von einem »arbeitslosen, frustrierten Denunzianten« in Gang gesetzt worden sei.

Der Hals-Nasen-Ohren-Spezialist Hans Peter Zenner, der gleichzeitig Marlies Knippers Chef ist, verfaßte mit 17 weiteren Tübinger Wissenschaftlern eine öffentliche Erklärung zum Fall Breer, in der die »Vorverurteilung« durch die Medien scharf abgelehnt und statt dessen auf das Überprüfungsverfahren der DFG verwiesen wurde. Mit anderen Worten:

»Laßt doch bitte alles, wie es ist, wir › Wissenschaftler‹ werden das schon zurechtbiegen.«

Die Zitterpartie für den Hohenheimer Professor Heinz Breer ging aber dennoch weiter. Schneller als erwartet hatte sich der DFG-Ausschuß zur Untersuchung von Vorwürfen »wissenschaftlichen Fehlverhaltens« in seiner Sitzung am 23. Juni 2003 hinsichtlich der Publikation im *Journal of Biological Chemistry* (275/24115/2000) mit der Angelegenheit befaßt. Er hörte die Autorinnen und Autoren dieser Publikation an und prüfte die Originalunterlagen eingehend. Auf dieser Grundlage gelangte der Ausschuß am 3. Juli 2003 zu folgenden Feststellungen: Die Publikation weist Mängel auf, die jedoch technischer Art sind und den Vorwurf wissenschaftlichen Fehlverhaltens nicht rechtfertigen. Sie können und sollten im Rahmen eines Erratums durch die Autoren korrigiert werden. Der Ausschuß legte den Autoren eine Richtigstellung gegenüber dem Herausgeber der Zeitschrift nahe. Die korrespondierende Autorin der Publikation, Privatdozentin Dr. Ingrid Boekhoff, sagte zu, ein entsprechendes Erratum zu veröffentlichen.

Die Mängel machen aus Sicht der DFG die Notwendigkeit deutlich, den wissenschaftlichen Nachwuchs mit den Regeln guter wissenschaftlicher Praxis vertraut zu machen, wozu insbesondere ein ordnungsmäßiges Datenmanagement und die handwerklichen Prinzipien der experimentellen Methodik gehören. Nach Einschätzung des Ausschusses beeinträchtigen die festgestellten Mängel den Aussagewert der Publikation jedoch nicht. Ein wissenschaftliches Fehlverhalten konnte der Ausschuß im Hinblick auf diese Publikation daher nicht feststellen.

Die DFG hat zwar in dieser Arbeit aus Breers Institut nach eigenen Angaben kein wissenschaftliches Fehlverhalten festgestellt, sie will aber nun eine zweite Arbeit prüfen, die mit Vorwürfen im Zusammenhang mit der Publikation Breer/Noe, *Journal of Neurochemistry*, 71 (2286–2293/1998) steht. Die DFG wird sich damit befassen, sobald ihr die von der Universität Hohenheim angeforderten Originalunterlagen vorliegen.

»Im Zweifel für den Angeklagten« – die Unschuldsvermutung ist ein hohes Gut im deutschen Recht. Ebenso üblich ist es aber auch, nach einem gut belegten Anfangsverdacht unabhängige Organe wie Polizei und Staatsanwaltschaft ermitteln zu lassen. Wenn sich die Fakten schließlich erhärten, wird dann über den Fall öffentlich verhandelt.

In Forscherkreisen ist manches anders, wie die Vorwürfe gegen das Labor des Hohenheimer Leibniz-Preisträgers Heinz Breer zeigen. Wie in anderen Fällen zuvor wird auch hier vielerorts zunächst eine Art »Blanko-Unschuld« attestiert. Wie wir gesehen haben, stellten sich die Mitglieder der biologischen Fakultät in Hohenheim hinter den Kollegen aus ihrem Kreis, zum Teil ohne die Kenntnis der Details – was sogar Forscher der anderen Fachbereiche verwunderte.

Wer Akten und Fakten kennt, wundert sich auch über die milde Zwischenbewertung der DFG zur ersten von bislang zwei kritisierten Arbeiten aus Breers Labor. Einmal mehr soll es sich bei den Mängeln um »technische Fehler« handeln – eine Floskel, die bei wissenschaftlichen Untersuchungskommissionen ebenso beliebt ist wie die »mangelnde Kommunikation« zwischen den beteiligten Autoren. Demnach müßte es in der deutschen Forschung von handwerklichen Fehlern ebenso wimmeln wie von Forscherkollegen, die unter Sprachstörungen leiden. Am meisten zu denken gibt aber die Kritik namhafter Wissenschaftler, daß die DFG keine völlig unabhängigen Fachleute aus dem Ausland mit der Prüfung des Falles beauftragte. Statt dessen bestellte die DFG einen »externen Gutachter«, der, wie Breer, Leibniz-Preisträger ist und vor drei Jahren auf einen kritischen Beitrag in der Fachzeitschrift *Nature* hin eine Kampagne zur Ehrenrettung der deutschen Forschung und »unserer DFG« startete. Das offenbar auch unter fachlich exzellenten Wissenschaftlern gültige Motto: »Nur wenn es gar nicht mehr anders geht, gegen den Angeklagten«, wird jedoch die Ehre der deutschen Forschung auf Dauer nicht retten.

Doch trennt sich nicht im Laufe der Zeit die wissenschaftliche Spreu vom Weizen schon dadurch von ganz allein, daß falsche Ergebnisse nicht reproduziert und somit schlicht wieder vergessen werden?

Ganz so einfach ist es leider nicht, wie Erfahrungen aus den USA zeigen. Dort gab 1988 erstmals der Forscher Steven Burning eine wissenschaftliche Fälschung öffentlich zu und beschämte damit eine ganze Forschungseinrichtung. Denn Burning hatte angeblich eine Droge für hyperaktive Kinder getestet und damit viel Anklang unter seinen Kollegen gefunden. Seine Publikation gehörte zu den meistzitierten Arbeiten auf diesem Gebiet, Therapievorschläge wurden entworfen, die auf seiner Arbeit basierten, aber niemand machte sich die Mühe, Burnings falsche Experimente zu wiederholen.

Die amerikanische Fälschungsforscherin Marcel la Follette, die am *Center for International Science & Technology Policy* an der George-Washington-Universität in der amerikanischen Hauptstadt solche Fälle untersucht, sagt:

»Dazu fehlt in vielen Fällen die Zeit und meist auch das Geld.«

Vor allem in der biomedizinischen Forschung, in der ein hoher

Konkurrenzdruck herrscht, ist die Verführung groß, Daten auf ein gewünschtes Resultat hinzutrimmen. Dabei kann es sogar geschehen, daß die Ergebnisse richtig sind, obwohl die Daten, auf denen sie beruhen, frei erfunden waren …

Kapitel 5

DIE NUTZNIESSER

Die italienische Gesundheitsministerin Tina Anselmi hatte sich 1979 vorgenommen, Tausende von Medikamente, die kurz vorher eine Untersuchungskommission als »wirkungslos« oder »schädlich« eingestuft hatte, aus dem Markt zu nehmen. Daraufhin wurde ihr von einem Vertreter der Pharmaindustrie die riesige Summe von 35 Milliarden Lire (etwa 16 Millionen Euro) angeboten, die man auf ein Schweizer Nummernkonto zahlen wollte, wenn sie den Antrag wieder zurückziehen würde. Die Ministerin war aber nicht bestechlich und lehnte das Angebot daher nicht nur ab, sondern machte diesen Bestechungsversuch aus der Pharmaindustrie auch noch gegenüber den Medien publik. Nur einige Tage später explodierte in ihrem Auto eine Bombe – wie durch ein Wunder kam Tina Anselmi noch einmal unverletzt davon.

Die Haltung der Pharmaindustrie hat sich seither nicht im geringsten geändert – nur die Methoden sind raffinierter geworden: Heute erfindet man einfach absurde Thesen, die z. B. neue Krankheiten betreffen und die für genügend Schlagzeilen in den Medien sorgen. Anschließend bietet man der Öffentlichkeit seine rettende Hilfe an. Denn die Angst vor einer Seuche ist im kollektiven Unterbewußtsein der Menschen tief verwurzelt, und weil man deren »Erreger« plötzlich überall vermutet, kann sie innerhalb der Bevölkerung schnell zur Hysterie werden.

So auch am 23. April 1984, als der amerikanische Arzt Robert Gallo und seine Kollegin Margarete Heckler vom *Secretary of Health and Human Services* auf einer Pressekonferenz die »neue« Hypothese bekanntgaben, daß sie den Erreger verschiedener rätselhafter Krankheiten entdeckt hätten, den sie »HTLV 3« (»Human T-Cell Leukemia Virus«) nannten, der heute als »HIV« (»Human Immunodeficiency Virus«) eine unrühmliche Bekanntheit erlangt hat. Schon damals hieß es, daß sie all diese bedenklichen Krankheiten in einem »Immundefektsyndrom« zusammengefaßt hätten, das als »AIDS« (»Acquired Immune Deficiency Syndrome«) für den Menschen ganz bestimmt tödlich verlaufen würde.

Unter anderem sollte das »erworbene Immundefektsyndrom« durch irreversible Störung der zellulären Immunabwehr des menschlichen Körpers Allergien, Durchfall, Fieber, Gewichtsverlust, Herpes, Krebs, Leistungsabfall, Lungenentzündung, Lymphknotenanschwellungen, Müdigkeit, Nachtschweiß und Pilzerkrankungen verursachen – all das eigentlich, woran ein Mensch in seinem Leben erkranken kann. Was allerdings davon nun wirklich AIDS ist und was nicht, entscheidet letztlich nach wie vor der behandelnde Arzt. Doch dank eines Testverfahrens, auf das Robert Gallo noch am selben Tag seiner Bekanntmachung ein Patent angemeldet hatte, ließ sich glücklicherweise feststellen, daß diese Krankheit nur eine Randgruppe der Gesellschaft betraf: nämlich Farbige, Homosexuelle und Prostituierte. Interessanterweise ist das exakt dieselbe Gruppe, die man noch in den 1950er Jahren für den Krebs verantwortlich machte!

Ging es dabei mit rechten Dingen zu?

Obwohl dies überhaupt nicht zutraf, kam während der Pressekonferenz von vornherein die Meinung auf, daß sich die Experten in Sachen AIDS einig seien. Robert Gallo beeindruckte die Presseleute mit seinen Statements so sehr, daß die auflagensteigernde Stimmung einer zu erwartenden »Aids-Seuche« nach den Medienberichten bei allen Menschen Panik aufkommen ließ. Bereits kurze Zeit später kristallisierte sich jedoch heraus, daß Gallo seine hochgelobte »Entdeckung« von dem französischen Forscher Luc Montaigner abgekupfert hatte, der die Symptome um AIDS bereits 1981 veröffentlichte. Zwischenzeitlich haben sich sämtliche Prognosen sowie nachfolgende Verbesserungen um die »Aids-Seuche« als falsch erwiesen: Trotzdem wurde die öffentliche Panikmache zu keiner Zeit widerrufen.

Dabei finden sich unter den »Aids-Kritikern« hochdekorierte Wissenschaftler, wie der Entdecker der »Retro-Viren«, Harry

Rubin, oder der Molekularbiologe Walter Gilbert, der für die Entdeckung des Polio-Imstoffes 1994 den Nobelpreis erhielt, sowie ein weiterer Nobelpreisträger mit Namen Kary Mullis. Der bekannteste Fachmann unter den Kritikern ist aber wohl der Molekularbiologe Professor Peter Duesberg von der Universität Kalifornien (Berkeley), der folgende Ansicht vertritt: »Die AIDS-HIV-These ist so voller Widersprüche, daß sich die Befürworter schon durch ihre eigenen Publikationen ad absurdum führen.« Tatsächlich schrieb Robert Gallo selbst noch am 27. September 1983 in einem Brief an den deutschen Virologieprofessor Deinhard vom Paul-Ehrlich-Institut (HIV/Blutuntersuchungsausschuß, 12. Wahlperiode, Drucksache 12/8591, Dokument 36): »Seit einer kürzlichen Europareise mache ich mir darüber Gedanken, daß einige Leute den Eindruck erweckten, ich glaubte, AIDS werde durch HTVL verursacht. Ich schreibe an Sie wegen Ihrer zentralen Rolle in der Viruskolonie Europa und hoffe, daß Sie mir dabei helfen können, diesen Eindruck zu zerstreuen, wenn er entsteht.«

In demselben Brief erklärte Robert Gallo auch, daß er »das von Luc Montagnier beschriebene Virus nie gesehen habe« und es sich dabei um ein »Gemisch« zweier Viren handeln könnte. Doch nicht nur ein Kontrollausschuß in den USA stellte sein Plagiat fest und sorgte daraufhin dafür, daß er seine Anstellung in einem renommierten Krebsinstitut verlor, sondern auch ein französisches Gericht erkannte ihm die Rechte an dem Virus ab. Nichtsdestotrotz bekam der überführte Dieb und Fälscher von deutscher Seite im Jahre 1999 den höchsten Medizinpreis, den »Paul-Ehrlich- und Ludwig-Darmstaedter-Preis«, der Bundesrepublik verliehen, wobei diese Auszeichnung in der Jubelrede wie folgt begründet wurde:
»Wir verdanken Professor Gallo die Idee, daß die erworbene Immunschwäche AIDS von einem Retrovirus verursacht wird. Seine Entdeckung der effizienten Vermehrung von HIV in bestimmten Zellkulturen ermöglichte bereits 1984 die Entwicklung

eines Testes zum Nachweis einer HIV-Infektion über Antikörper.«

Doch seitdem auf dem Kongreß des *National Institute of Health* 1984 von Robert Gallo verkündet worden war, daß AIDS durch HIV verursacht wird, hat Professor Duesberg immer wieder beklagt, daß die Mediziner»die akademische Freiheit und die selbstkorrigierende Debatte dem Konformismus geopfert haben«.

In seinem Buch *Inventing the AIDS-Virus* führt er eine Vielzahl von Fällen an, in denen Personen an AIDS oder AIDS-ähnlichen Symptomen gestorben sind, ohne daß man überhaupt eine Spur von HIV bei ihnen gefunden hätte. Später hat man diese Fälle aus der »AIDS-Literatur« lieber wieder herausgenommen, indem man AIDS neu definiert hat, so daß ein Verstorbener ohne HIV als »nicht an AIDS erkrankt« definiert wird, selbst wenn man zuvor als Mediziner bei dem Betroffenen AIDS diagnostizierte. Laut Professor Duesberg ist das ein »Wortspiel«, um einen weitverbreiteten Irrtum nicht eingestehen zu müssen.

Damit trug Peter Duesberg dazu bei, die Sache kompliziert werden zu lassen, indem er mit einiger Plausibilität argumentierte, daß beispielsweise das afrikanische AIDS eine andere Seuche sei als das amerikanische AIDS und keine von ihnen durch HIV verursacht werde: Die afrikanische Variante, meint er, rühre von der Unterernährung her, die amerikanische Linie hingegen vom zu häufigen Gebrauch stimulierender Drogen wie Crack, Crank und Poppers. Diese Drogen steigern die Empfindungsfähigkeit beim Sex und können einen verlängerten, wellenartigen Orgasmus hervorrufen, machen aber leicht abhängig, und man hat sie statistisch mit Paranoia und Herzattacken in Verbindung gebracht, bevor Professor Duesberg ihnen die Schuld an AIDS gab.

Tatsächlich ist es in Deutschland, seitdem AIDS als Massenseuche definiert wurde, bislang zu 15 000 Todesfällen über einen Zeitraum von mehr als 20 Jahren hinweg gekommen. Im Vergleich dazu sterben in Deutschland offiziell jedes Jahr allein 20 000 Menschen an den Nebenwirkungen verschreibungspflichtiger Medikamente.

Sollte man angesichts dieser Wirklichkeit in bezug auf AIDS wirklich immer noch von einer Massenseuche reden?

Robert Gallo gehört in Wahrheit einer gescheiterten Elite von Wissenschaftlern an, die schon einmal mit dem Einsatz von Dollar-Milliarden phantastischen »Retro-Viren« nachjagten, um seinerzeit den Krebs zu bekämpfen – ohne Erfolg, wie sich zeigte! Auf einmal hatte man dann aber noch ein Virus, das mindestens so hoch gehandelt wurde wie Krebs: Weltweit wurden in kürzester Zeit auch für AIDS Investitionen in Milliarden-Höhe mobilisiert, und die Forschung führte dazu, daß nicht nur die Epidemiologen des amerikanischen *Center for Desease Control* (CDC) hoch angesehen wurden, sondern alle Mediziner, die sich mit der neuen Seuche befaßten, große Anerkennung fanden. Aufgrund dieser Entwicklung spielte es auch keine große Rolle mehr, daß es in der Tat Menschen gab, bei denen zwar ein positiver AIDS-Befund diagnostiziert worden war – und das, obwohl bei ihnen überhaupt kein »AIDS-Virus« gefunden werden konnte. Nach der Entdeckung der nun immer kräftiger sprudelnden Geldquelle störte es auch niemanden mehr, daß die AIDS-Statistiken von Erkrankten fast ausschließlich auf kumulierten Zahlen beruhen: Es werden immer die Gesamtfälle seit dem »Ausbruch« der Seuche genannt, damit die Anzahl der Patienten stets gewichtig und hoch erscheint.

Der Biologe Jakob Segal von der Humboldt Universität in Berlin hat als erster sogar den Verdacht geäußert, daß AIDS gar kein natürliches Virus ist, sondern möglicherweise aus Fort Detrick stammt, dem Laboratorium für biologische Kriegführung in der Nähe von Washington D. C. (Maryland).

Obwohl Segal selbst davon ausging, daß das Virus aus Versehen entwich (infizierte Menschen in New York und Washington), wurde seine Theorie doch auch oft von Leuten zitiert, die annahmen, AIDS sei als »rassenhygienische« Maßnahme geplant worden, um die Weltbevölkerung durch die Eliminierung von Homosexuellen und Afrikanern zu reduzieren – die beiden am meisten von der Seuche betroffenen Gruppen. Kritiker dieser Theorie, derzufolge Fort Detrick der Ursprung der AIDS-Seuche ist, weisen allerdings darauf hin, daß AIDS bereits in Afrika aufgetaucht war, bevor es dort zur Epidemie werden konnte.

Dr. Segal argumentiert, daß HIV aus Visna (einem Schafvirus) und HTLV-I (Human T-Cell Leukemia Virus) gebildet wird. Seine Kritiker weisen darauf hin, daß zumindest dieser Teil seiner Theorie unwahrscheinlich klingt, weil der »Affenvirus« (SIV – Simian Immunodeficiency Virus) angeblich inzwischen entdeckt worden ist und als viel wahrscheinlicherer Vorläufer von HIV als der Schafvirus gilt. In diesem Zusammenhang existiert weltweit weder ein Beweis dafür, der die Existenz des isolierten HIV belegt, noch ein Beweis dafür, daß es sich bei AIDS um eine unheilbare Krankheit handelt.

Obwohl diese Argumente und Informationen rund um AIDS seit Jahren auch im deutschsprachigen Raum bekannt sind, weigert sich die Pressewirtschaft – bis auf wenige Ausnahmen –, eine objektive Berichterstattung darüber zu bringen. Wenn die Presse die genannten Einwände nicht gerade polemisiert, bezeichnet sie die Verfasser der Kritiken als »witzig« oder als »unverantwortliche Verharmloser«. Wer dennoch Fragen über die Hintergründe der Seuche stellt, der gefährdet nach ihrer Ansicht die Gesundheit der Menschen und somit das Leben.

Wie begründet sich die Haltung der deutschen Presse?

Eine mögliche Erklärung für die einseitige und unobjektive Berichterstattung ist die, daß bestimmte Darstellungen möglicherweise den Interessen der Pharmaindustrie zuwiderlaufen und damit zum Ausbleiben von Werbeinseraten bei den Zeitungen führen würden. Selbst John Maddox, der Chefredakteur von *Nature*, gab in einem Interview des Nachrichtenmagazins *Der Spiegel* zu, daß er wissenschaftliche Arbeiten ausfiltere und zensiere und daß 90 Prozent der Anzeigen in *Nature* von der Pharmaindustrie stammen würden!

Somit wird einiges durchaus nachvollziehbar …

1963 hatte der amerikanische Forscher Jerome Horwitz von der *Detroit Cancer Foundation* für den britisch-amerikanischen

Pharmakonzern *Borroughs-Wellcome* das Mittel »Azidothymidin« (AZT) entwickelt, das später auch als »Retrovir« oder »Zidovudin« bekannt wurde. Diese Substanz ist ein sogenannter »Chain-Terminator«, der dem natürlichen Thymidin ähnlich ist: Sie baut sich selbständig in die Erbsequenzen der DNS (Desoxyribonukleinsäure) ein, um die Blutzellen bei Leukämie-Patienten zu reduzieren. Das hat allerdings fatale Folgen: durch die Anwendung von Azidothymidin blockieren die DNS-Stränge, so daß eine weiterführende Zellteilung ausgesetzt wird. Daraus resultiert dann wiederum, daß die entstehenden neuen Zellen unvollständig bleiben und absterben.

Aus diesem Grund erkannte man schon sehr früh, daß die ganze Sache mit diesem Medikament ein medizinischer Flop war, weil Azidothymidin vor allem das Blut oder die Darmschleimhaut angriff, jene Teile des Organismus also, die für eine Regeneration auf häufige Teilungen angewiesen sind. Aufgrund dieser blockierenden Wirkung starben die Leukämie-Patienten, an denen das Medikament angewendet wurde, viel schneller als jene, bei denen keine Behandlung stattfand. Schließlich wurde das Medikament wieder vom Markt genommen und wartete seitdem auf eine »passende« Krankheit. Im Jahre 1986 war es dann soweit: Als »AZT« feierte das einst verbotene Medikament sein Comeback. Margarete A. Fischl veröffentlichte damals eine neue medizinische Studie, aus der hervorging, daß mit AZT behandelte AIDS-Patienten »länger lebten« als Betroffene, die das Medikament nicht benutzen würden. Doch schon kurze Zeit darauf konnte der amerikanische Journalist John Lauritsen nachweisen, daß in der Studie von Fischl nicht nur gepfuscht und schlampig gearbeitet, sondern auch vorsätzlich manipuliert und betrogen worden ist. Zudem wurde der *Food and Drug Administration* (FDA; Lebensmittel- und Arzneibehörde in den USA) vorgeworfen, alte AZT-Daten unterschlagen zu haben, damit das Mittel 1987 für AIDS-Patienten zugelassen werden konnte. Ein FDA-Analytiker hatte aber schon damals empfohlen, AZT wegen gravierender Nebenwirkungen nicht zuzulassen, wurde aber von den Verantwortlichen überstimmt. Wie andere Kritiker glaubt auch Professor Duesberg, daß AZT den Patienten nicht hilft – der Grund für den Einsatz des Präparates wäre demnach nur in den Milliarden-Dollar-Umsätzen zu suchen, die für AZT und andere HIV-bezogene Therapien aufgewendet werden. Schließlich und endlich gibt der Erfolg den Pharmakonzernen recht, weil wir es ihren Betrügern zu einfach machen. Nichtsdestotrotz werden die angeblich »wissenschaftlich bewiesenen« Horrorthesen immer schlampiger gefälscht, weil man seitens der Verantwortlichen die Meinung vertritt, daß dieses Spiel von der Öffentlichkeit ohnehin nicht durchschaut wird. Was steckt hinter dieser Vorgehensweise?

Dem Berliner Lehrer Karl-Wilhelm Schneider, der sich sehr für die kritische Auseinandersetzung mit dem AIDS-Phänomen eingesetzt hatte, wurde von seinem Arbeitgeber, der evangelischen Kirche, verboten, mit seinen Schülern und auch ganz allgemein in der Schule über AIDS zu sprechen. Auch Schneider machte darauf aufmerksam, daß die Pharmakonzerne alle Fäden um AIDS in den Händen hielten und nur sie über den zukünftigen Verlauf des gesellschaftlichen Umgangs mit AIDS bestimmen würden. Der Streit mit seinem Arbeitgeber endete schließlich im September 1992 mit der Entlassung Schneiders.

Nur kurze Zeit später, im Juni 1993, wurde auf dem Berliner »AIDS-Kongreß« offenbar, daß der Pharmakonzern *Borroughs-Wellcome* zwei Gruppen finanziert, die sich *Act Up* und *Project Inform* nennen. Angeblich handelt es sich bei beiden Gruppen um AIDS-»Kritiker«, die aber eigenartigerweise nur das Ziel verfolgen, die erste von *Borroughs-Wellcome* unabhängig durchgeführte »Concorde-Studie«, mit der nachgewiesen wurde, daß AZT bei AIDS alles andere als lebensverlängernd wirkt, in Verruf zu bringen und die Seriosität dieser Studie anzuzweifeln. Die englische Fernsehjournalistin Joan Shenton wurde später von Mitarbeitern der *Project Inform* sogar tätlich angegriffen, nur weil sie in der Organisation kritische Fragen gestellt hatte. Sie hatte nämlich herausgefunden, daß beide Gruppen mit einem

75 000-Euro-Auftrag von *Borroughs-Wellcome* nach Berlin beordert waren, um die Interessen des Pharmakonzerns zu vertreten. Darüber hinaus fielen die bezahlten Legionäre des Konzerns dadurch auf, daß sie Bücher und Flugblätter von AIDS-Kritikern entwendeten oder anzündeten. Die Angriffsbereitschaft dieser Leute ging sogar soweit, daß sie mehrere Ausstellungsflächen zerstörten, wie Kongreßbeobachter Klaus Blees berichtete. Dennoch schwieg die Kongreßleitung, wie Blees in *Gestalt Theory* weiter kommentierte:

»Den Verlauf des Kongresses empfinde ich als kennzeichnend für ein Klima von Dogmatismus und Intoleranz, das die wissenschaftliche und erst recht die öffentliche Diskussion um AIDS beherrscht.«

Der Amerikaner Howard Armistead aus West-Hollywood glaubt, daß Aspirin als sehr nützliche Zugabe bei anderen AIDS-Therapien fungieren kann. Er präsentierte 1992 auf der 8. Internationalen AIDS-Konferenz in Amsterdam eine Studie zu diesem Thema, sprach vor dem kalifornischen Ryan-White-AIDS-Komitee und verteilte 1500 Seiten seiner Studie auf der AIDS-Konferenz 1996 in Yokohama. Nichtsdestoweniger stößt er auf ein bemerkenswertes Desinteresse sowohl bei Ärzten als auch bei Homosexuellen, was er hauptsächlich auf die übliche Kombination aus Konservatismus und Skeptizismus zurückführt, die man allen neuen oder alternativen Therapien entgegenbringt. Selbst die *American Fondation for AIDS Research Treatment Directory* warnt, daß Aspirin, besonders in hohen Dosen, zu Magengeschwüren führen kann. Viele glauben deshalb, daß es eine kommerzielle Verschwörung gibt, um die Forschung und Diskussion von Armisteads Ideen zu unterdrücken. Armistead selbst nimmt seit 1990 zusätzlich zu seiner herkömmlichen Therapie sieben Aspirin pro Tag. Als Direktor des *Project for Aspirin Research and Education* (PARE) glaubt er, daß sein HIV aus der Zeit um 1982 stammt und sich noch nicht zu AIDS entwickelt hat. Vermutlich wird er aber zu keiner Zeit AIDS bekommen!

Was ist AIDS also nun wirklich?

Professor Helga Rübsamen-Waigmann ist einer breiten Öffentlichkeit bekannt, weil sie sich vor den Karren der *Initiative Pro Gentechnik* der Deutschen Chemischen Industrie spannen ließ. In ganzseitigen Zeitungsanzeigen wurde ein Interview mit ihr abgedruckt. Darin nutzte sie die Möglichkeit, das Schreckgespenst AIDS mit den Segnungen der Gentechnik zu verknüpfen: »Ohne Gentechnik hätten wir den Kampf heute verloren.« Die weltweit bekannteste Retro-Virologin, die gleichzeitig als Forscherin für die *Bayer AG* arbeitet, hat nach einer Information der medizinisch-kritischen Zeitung *MuM* (Juni 1998) zudem behauptet, daß sie das »AIDS-Virus« fotografiert und biochemisch dargestellt habe. Doch der promovierte Biologe und *MuM*-Autor Stefan Lanka argumentiert anhand zahlreicher Studien, daß es AIDS und HIV gar nicht gibt. AIDS, so Lanka, ist kein eigenständiges Krankheitsbild, sondern neuerdings Synonym für altbekannte, medizinisch abgeklärte und behandelbare Zustände, die nicht durch ein »Virus« und nicht primär durch »Immunschwäche«, sondern durch chemisch aggressive Substanzen wie etwa Antibiotika und Nitrite (Sexualdrogen) verursacht werden. Auf Basis dieser Darstellung behauptete Lanka, daß das von Rübsamen-Waigmann zur Verfügung gestellte Foto gar kein HIV zeige. Auf der dann folgenden *Bayer*-Hauptversammlung 1998 bezichtigte Lanka die Forscherin öffentlich des Wissenschaftsbetruges, aber Aufsichtsratchef Hermann Josef Strenger drehte Lanka mehrfach das Mikrofon ab, bis sogar der Werkschutz eingriff, als Dr. Stefan Lanka noch weitere Informationen an die Aktionärinnen verteilen wollte.

Wovor fürchteten sich die *Bayer*-Funktionäre?

Ein Großteil der von *Bayer* und anderen Konzernen angebotenen Antibiotika schädigt die Mitochondrien, energieproduzierende Organe in den Zellen, irreversibel. Auf diesen Umstand wies Dr. Heinrich Kremer auf derselben *Bayer*-Hauptversammlung im Jahre 1998 hin. Dies kann zu einer dauerhaften Schwächung aller Körperfunktionen, auch des Immunsystems, führen. Vom ersten durch *Bayer*-Forscher Gerhard Domagk 1935 entdeckten

»Sulfonamid« bis zum neuesten *Bayer*-Medikament »Ciprobay«, mit denen jährlich etwa 1,5 Milliarden Euro umgesetzt werden, haben nach den Untersuchungen von Heinrich Kremer die Antibiotika des Leverkusener Pharmakonzerns bei unzähligen Menschen schwere Schäden hervorgerufen, die irrtümlicherweise oft als AIDS diagnostiziert wurden.

Professor Helga Rübsamen-Waigmann hatte in ihrem Interview des weiteren behauptet, daß die *Bayer AG* »als erste ein deutsches AIDS-Virus isoliert« hätte. Und weil die Genehmigungsverfahren für die genetische Aufklärung des Virus so langwierig seien, läge Deutschland in vielen Aspekten hinter der internationalen Entwicklung zurück, so das große Lamento der Virologin. Sie unterschlägt bei ihren Ausführungen allerdings, daß man bei der AIDS-Forschung gar nicht so weit zurückliegen kann, da diese auch international in den letzten 20 Jahren kaum Ergebnisse vorweisen konnte. Die Herstellung von Medikamenten mit massiven Nebenwirkungen, die den Betroffenen mehr schaden als nützen, kann kaum als Errungenschaft bezeichnet werden. Und die Feststellung von Rübsamen-Waigmann, daß es mittlerweile Tausende von Virenvarianten gibt, »die alle AIDS auslösen«, sollte die AIDS-Forschergemeinschaft eher dazu bringen, sich mit den Fakten auseinanderzusetzen, als die Ursachen für die als Immunschwäche bezeichneten Erscheinungen in einem Retrovirus zu suchen.

Aufgrund des Kommunalprojekts 1998 von *MuM* haben sich verschiedene Bürgerinnen mit dem Hinweis an die *Bayer AG* gewandt, daß die Aussagen der Bundesbehörde mit denen des Pharmakonzerns im Widerspruch stehen. Darauf bemühte der *Bayer*-Vorstand Dr. Manfred Schneider die Rechtsabteilung und wartete wie ein »Hütchenspieler« plötzlich mit einer Publikation aus dem Jahre 1987 auf, in der aber die geforderte Fotografie des behaupteten HIV, seine Eiweiße und die genetische Substanz genauso wenig abgebildet waren wie in der besprochenen. Damit ist der vorsätzlich fortgesetzte Betrug, und vor allem die Verantwortung des Herrn Schneider, erneut bewiesen worden.

Stefan Lanka und Heinrich Kremer versuchten schließlich auf dem Genfer »Welt-AIDS-Kongreß« (28. Juli bis 3. Juli 1998) von internationalen AIDS-Autoritäten einen wissenschaftlichen Nachweis für HIV zu erhalten. Die Antworten überboten sich an Peinlichkeiten.

Der US-amerikanische AIDS-Chef und Infektionsspezialist Anthony Fauci beantwortete nur Fragen, die ihm nicht gestellt wurden, und lief davon. Dem Laborwissenschaftler David Ho verschlug es das Wort. Der Franzose Luc Montagnier, Erstentdecker des fiktiven HIV, versteinerte, und der erfahrene Robert Gallo, Mitentdecker des angeblichen AIDS-Erregers und Konstrukteur des HIV-Tests (früher Krebsforschungsinstitut der FDA), sagte ablenkend vor laufender Kamera zu Dr. Lanka: »Männer wie Sie brauchen wir in der AIDS-Forschung.«

Gleichzeitig wich er der entscheidenden Frage, warum er den Standard-HIV-Test durch Anreicherung mit »Hydrocortison« manipuliert und damit reaktionsfreudiger gemacht habe, beharrlich aus.

Die leitende AIDS-Forscherin und notorische Wissenschaftsbetrügerin bei *Bayer*, Professor Helga Rübsamen-Waigmann, stotterte vor laufender Fernsehkamera, als sie von Stefan Lanka gefragt wurde, wo denn die wissenschaftlichen Beweise für die Existenz von HIV seien, die sie öffentlich zwar angeboten, aber nie geliefert habe. Rübsamen-Waigmann: »Ich kann gar nicht verstehen, warum Sie immer noch nicht an HIV glauben.«

Daraufhin deutete sie auf HIV-positiv definierte Personen aus dem spanischen Barcelona, die sich vor der Genfer Kongreßhalle im Hungerstreik befanden, um die Beweise für die Existenz von HIV einzufordern, und fuhr fort: »Sie sehen doch hier, die Leute sterben wie die Fliegen. Ich versichere Ihnen, daß ich ganz fest an HIV glaube.«

Lanka kontert: »Aber Frau Professor, für den Glauben haben wir doch andere Fakultäten. Wo sind die Beweise für die Existenz des HIV? Und wo sind das Foto des isolierten HIV-Retrovirus und die fotografischen Beweise für die Eiweiße des HIV, mit denen zum Beispiel diese Hungerstreikenden positiv getestet wurden?«

Etwas angespannt entgegnet Professor Rübsamen-Waigmann schließlich:

»Morgen kommt Gallo, der hat 1984 behauptet, HIV isoliert zu haben, ich kann dazu nicht mehr sagen. Fragen Sie den – ich will mit der Sache nichts mehr zu tun haben.«

Tatsächlich präsentierte die amerikanische Bildagentur *Stock Market* (New York) für die internationale Presse zuvor ein Farbfoto aus dem Elektronenmikroskop, das mit dem Untertitel: »HI-Virus, also referred to as HTLV 3« (»HI-Virus, auch HTLV 3 genannt«) versehen wurde. Es zeigt, wie aus einer Zelle angeblich kleine gelbe Virenkugeln »herausgeschleudert« werden. In Wahrheit ist das originale schwarz/weiß-Foto aber bei einer völlig anderen Untersuchung entstanden und wurde erst von einem Fotoreporter der Bildagentur nachträglich am Computer koloriert. Das fand Dr. Stefan Lanka heraus, was er wie folgt kommentierte:

»Das Präparat von den herausgeschleuderten Viren ist nur entstanden, nachdem man dem Blut eines HIV-infizierten Bluters im Reagenzglas Leukämie-Zellkulturen hinzugegeben hatte: Das Bild zeigt in Wahrheit nur Zellbestandteile, die allerdings mit HIV nichts zutun haben.«

Vielleicht war es kein Zufall, daß Dr. Schneider noch im Jahre 1998 seinen Vorstandssessel bei *Bayer* für seinen Nachfolger Dr. Werner Wenning räumen mußte.

Wenn es aber AIDS überhaupt nicht gibt und die Immunschwäche vieler erkrankter Menschen in Wahrheit aus den Nebenwirkungen chemisch erzeugter Arzneimittel resultiert, wird die Masse der Menschheit erneut an der Nase herumgeführt.

Wie sollen wir mit einer derartigen Arbeitsweise umgehen?

Mehrere Wissenschaftler der Universitäten Göttingen, Tübingen und der Humboldt-Universität Berlin veröffentlichten gemeinsam eine Studie in *Nature* zur Behandlung von metastasierendem Nierenzellkrebs mittels einer Impfung der Zellhybriden aus Tumorzellen und dendritischen Zellen. Sie verfolgten damit einen neuartigen Ansatz der Therapie, von dem geringe Nebenwirkungen und hohe Heilungschancen erhofft werden. Sie gehen dabei wie folgt vor: Dem Patienten entnehmen sie Krebszellen. Von einem gesunden Blutspender erhalten sie dendritische Zellen, die eine wichtige Rolle in der Abwehr von Krankheiten spielen. Diese verschiedenen Zellen werden zusammengegeben und mit einem kurzen Elektroschock dazu gebracht, miteinander zu verschmelzen. Ein kleiner Teil der eingesetzten Zellen überlebt diese Prozedur und bildet die für die Impfung benötigten »Hybridzellen«.

Die Hybridzellen werden schließlich dem Patienten unter die Haut gespritzt. Man stellt sich vor, daß der dendritische Anteil – der normalerweise Fremdproteine dem Immunsystem präsentiert, so daß es gegen diese Fremdproteine einschreitet – nun sehr effektiv die Tumorantigene vorzeigt und die Abwehr stimuliert. Damit soll das Immunsystem des Patienten sehr gut gegen den Tumor vorgehen können.

Die Forscher behaupten in ihrer von der Presse gefeierten und von den Wissenschaftsorganisationen ausgezeichneten Veröffentlichung auch, daß diese von ihnen verwendete Methode »eine sichere und effektive Therapie für Nierenzellkarzinom« sei und »eine weit anwendbare Strategie für andere Krebserkrankungen mit unbekannten Antigenen« bieten könnte.

Soweit die Theorie.

Die Affäre begann relativ harmlos. Der die Studie leitende Göttinger Forscher Alexander Kugler verwendete gerne das Bild der verschmolzenen Zellen, das nicht von ihm stammte. Er hatte es von seinem Tübinger Kollegen Gernot Stuhler bezogen. Und der wiederum hatte es aus dem Internet. Kugler verwendete das Bild auch in seiner Habilitationsschrift, so, als ob es von ihm stammte.

Ein anderer Forscher vermutete, daß die Krebsimpfungsstudie wissenschaftliches Fehlverhalten aufzeige. Der Rückgang von

Nierenzellkrebs könne nur von Radiologen beurteilt werden, aber keiner der Autoren ist Radiologe. Die Autoren haben sich einfach auf Befunde von außerhalb verlassen, ohne selbst diesen für ihre Behauptungen wichtigen Schritt zu überprüfen. Es stellt sich damit natürlich die Frage, wie »gesichert« die Diagnose Nierenzellkrebs denn war, oder wie weit dieser Krebs denn zu Behandlungsbeginn schon fortgeschritten war. Mit anderen Worten: Waren die Patienten wirklich so todkrank, wie behauptet wird?

Die Forscher haben auch nicht überprüft, wie viele Zellen den Elektroschock überlebt haben, ja ob überhaupt lebensfähige Hybride entstanden. Dieser Schritt ist recht heikel und bedarf einer genauen Beobachtung.

Seltsam ist auch, daß die Göttinger große Heilungserfolge vorweisen, während die Tübinger, die Patienten außerhalb dieser Studie nach dieser Methode behandelten, nahezu keine Erfolge vorweisen können. Auch hier stellt sich natürlich die Frage, wie krank die Göttinger Patienten wirklich waren.

Hans-Georg Rammensee, zuständiger Vorstand der Tübinger Medizinfakultät, betont, daß bei keinem der 23 Patienten, die in Tübingen behandelt wurden, ein Rückgang des Tumors beobachtet werden konnte:

»Da muß man sich doch fragen: Warum geht hier nicht, was in Göttingen geht?«

Das Ombudsgremium der Universität Göttingen hat den Fall verschleppend bearbeitet. Schließlich wandte sich ein beteiligter Forscher an Professor Hofschneider vom MPI für Biochemie, der über einen ehemaligen Mitarbeiter von den Machenschaften Herrmanns erfuhr und den bisher bedeutendsten Fall des Forschungsbetruges in Deutschland ins Rollen brachte. Hofschneider griff auch hier ein und alarmierte die DFG. Nun beschäftigt sich eine Expertenkommission mit der Aufklärung des Falls. Sie sollte zum 15. September 2001 ihre Ergebnisse vorlegen – bisher ist davon aber nichts zu finden.

Lothar Hofschneider forderte darauf, daß man das »System hinterfragen muß«:

»In den Kliniken sind die jungen Ärzte von morgens bis abends auf Station. Und dann sollen sie gute Forschung machen. Wenn dann auch die Chefs nichts von der Sache verstehen, muß es immer wieder zu solchen Fällen kommen.« Pikant am Rande: Chef des Tübinger Forschers Stuhler ist Kanz, der auch Co-Autor obiger Veröffentlichung ist. Er war auch in die Machenschaften des Professor Mertelsmann in Freiburg verstrickt und mußte in Folge eine Arbeit im *New England Journal of Medicine* zurückziehen. Inwieweit auch gegen ihn Vorwürfe erhoben wurden, ist zur Zeit unbekannt, weil die Universität Tübingen in ihrer Erklärung nur von Vorwürfen gegen Stuhler spricht.

Allerdings hat bei den Tübingern die Göttinger Methode dieser Art Krebsimpfung zu keinerlei brauchbaren Ergebnissen geführt. Vielleicht ist dies der beste Hinweis, daß in Tübingen sauber und ehrlich gearbeitet wurde, während in Göttingen ein unheimlicher Betrug an kranken Menschen begangen wurde.

Im Juni 2002 veröffentlichte die Universität »Richtlinien zu guter wissenschaftlicher Praxis«. Darin heißt es, daß das bereits bestehende Gremium zur Untersuchung der Krebsimpfung wieder am 11. Juni zusammenkommen werde.

In Göttingen wartet man bis heute darauf, daß Gernot Stuhler das Protokoll, das nach seiner Anhörung am 28. Februar in Göttingen anfertigt wurde, unterzeichnet.

Bei der umstrittenen Vakzinetherapie bei Nierenzellkarzinomen im Göttinger Universitätsklinikum sollten sich dann externe Gutachter auf die Untersuchung von Einzelfragen zur Anfertigung der Impfstoffe und zur Immunantwort der Patienten konzentrieren. Bei einem Treffen in München kamen die Experten schließlich überein, daß die klinischen Ergebnisse dieser Therapie genauer zu bewerten seien. Die Gutachter unterstützten mit ihrer Arbeit ein vom Senat der Universität Göttingen gewähltes Ombudsgremium, das die Frage prüfte, ob bei einer Veröffentlichung über die Behandlung von 17 mit einem neuen Impfstoff therapierten Patienten in der Fachzeitschrift *Nature Medicine* gute wissenschaftliche Praxis eingehalten wurde. Doch die Überprüfung erwies sich nach Angaben des Sprechers des Ombudsgremiums, Professor Hans-Jörg Kuhn, als unerwartet zeitaufwendig, weil zahlreiche datenschutzrechtliche Hindernisse aus dem Weg geräumt sowie umfangreiche Krankenakten und Laboraufzeichnungen aus verschiedenen klinischen Disziplinen aufgearbeitet und die Ergebnisse überprüft werden mußten. Professor Kuhn meinte:

»Es handelt sich ja hier nicht darum, daß ein Impfstoff hergestellt wurde, der dann für alle Patienten mit metastasierendem Zellkarzinom aus dem Kühlschrank genommen werden konnte und der jetzt noch geprüft werden könnte, sondern es wurde aus lebenden Tumorzellen jedes Patienten ein Impfstoff jeweils für nur einen einzelnen Patienten hergestellt.«

Hinzu komme, daß die Veröffentlichung in *Nature Medicine* 15 Autoren habe, deren Beiträge einzeln betrachtet werden müßten. Etwa fünf Wochen später wurde in einer Pressemitteilung der Universität als Termin für den Abschlußbericht wieder der September genannt – wohlweislich ohne Jahreszahl. Mitte November 2002 wurde er dann endlich erbracht.

Durch die Zellverschmelzung wurden demnach künstliche Hybridzellen produziert, die dem Abwehrsystem des Patienten Eigenschaften der Tumorzelle darboten und es damit gegen die Tumormetastasen aktivierten. Die an den 17 Patienten gewonnenen kuriosen Ergebnisse ließen das Verfahren nach Ansicht der wissenschaftlichen Autoren angeblich erfolgversprechend erscheinen.

Auf der Homepage der Universität Göttingen ist dieser Bericht überhaupt nicht zu finden. Aber in einem Artikel des *Deutschen Ärzteblattes* (*Fehlverhalten in der Forschung*) wird viel Interessantes daraus zitiert, das erneut einen dunklen Schatten auf die Wissenschaft wirft.

Der Göttinger Professor Rolf-Hermann Ringert hält nach wie vor zu den Habilitanden (Kugler/Stuhler) und deren umstrittenen Verfahren:

»Nach den ersten positiven Berichten in der Presse sind wir überrannt worden von Patienten. Sie nicht zu behandeln, konnte ich ethisch nicht vertreten. Also impfte das Team bis heute über 100 weitere Menschen. Über 50 benötigen noch weitere Injektionen, die ich ihnen doch nicht verwehren kann.«

Es gibt allerdings noch weitere Publikationen aus dem Umfeld der »Krebsimpfer«, die im Verdacht stehen, nicht ganz sauber zu sein. So eine Publikation, die zusammen mit der Hautklinik erstellt wurde. Auch hier beschäftigte sich eine Ombudsgruppe der Medizinischen Fakultät mit dem Fall – und kam natürlich zu einem recht milden Ergebnis. Die DFG kritisiert dieses Vorgehen mittlerweile vehement, auch wegen irreführender Information der Öffentlichkeit.

Nach dem Skandal um die Göttinger Krebsimpfung gibt es nun einen weiteren: »die Schweizer Krebsimpfung«.

Bereits im Jahre 1998 veröffentlichten Frank Nestle und Günter Burg, letzterer gleichzeitig Dekan der Medizinfakultät der Universität Zürich, eine Pilotstudie in *Nature Medicine* zu einer Impftherapie gegen Melanome (Hautkrebs). Die Herstellung des Impfstoffes erfolgte dabei ähnlich wie bei der Impfung gegen Nierenzellkrebs in Göttingen.

Obwohl die glänzenden Ergebnisse dieser Studie nicht mehr erreicht wurden, warben die beiden Wissenschaftler Patienten für diese Therapie, zum Preis von 20 000,- Schweizer Franken (12 000,- Euro).

Die Vorwürfe wurden durch einen Bericht der *Zürcher Sonntagszeitung* öffentlich bekannt. Daraufhin setzte die Universität im Frühjahr 2003 eine Kommission ein, was zur Aussetzung der Studie führte.

In einer Presseerklärung der Universitätsklinik (Universitätsspital) wurde schließlich zugegeben, daß es im Rahmen des Bewilligungsverfahrens und der Durchführung der Studie zu Unregelmäßigkeiten gekommen sei. Die »Verrechnung von Unkosten« an die Patienten sei nicht in Ordnung. Selbstverständlich hätten nachweisbar keine Patienten Schaden erlitten.

Daß es keine besondere Rolle spielt, wenn Patienten einen nachweisbaren Schaden erleiden, verdeutlicht der Börsengang des schweizerischen Biotech-Unternehmen *Cytos*: Martin Bachmann, der Chef und ein Zögling des Nobelpreisträgers Professor Rolf Zinkernagel, hat bereits alle Vorbereitungen für diesen Schritt getroffen. Dazu wurde sogar der Forschung ein wenig »nachgeholfen«, so auffällig, daß selbst in einer Analysestudie gefolgert wurde: »Richtigkeit ist nicht garantiert.«

Das Unternehmen stellt Impfstoffe her, bei denen Erbgut zusammen mit sogenannten viralen Proteinen verabreicht wird. In einer wissenschaftlichen Veröffentlichung wurde ein positives Ergebnis dieser Methode gezeigt, das für den Börsengang noch gesteigert wurde. Natürlich fiel das auf. Da seien die Daten »wohl versehentlich mit der falschen Beschriftung in den Bericht übernommen worden«, heißt es laut Presseberichten aus der Firma.

Die inkriminierte Publikation wurde bereits im Februar 2002 bei *Science* eingereicht, worauf eine im Dezember 2001 entlassene Mitarbeiterin Zinkernagels gegen diese unhaltbare Veröffentlichung intervenierte. Daraufhin wurde der Artikel zurückgezogen und eine korrigierte Version eingereicht. Auf der firmeneigenen Homepage schweigt sich *Cytos* jedoch zu diesem Thema aus.

Professor Hans-Rudolf Lüscher von der Universität Bern legte schließlich im Juni 2002 ein Gutachten vor, worin er schrieb:

»Eine eigentliche Fälschung liegt nicht vor, da fehlende Daten nicht explizit erfunden wurden, sondern die Existenz nicht vorhandener Daten lediglich suggeriert wurde.«

Insgesamt seien die Unstimmigkeiten jedoch so weitgehend, daß sie nicht allein mit mangelnder Sorgfalt erklärt werden könnten.

Wie aus der *Zürcher Zeitung* zu erfahren ist, hat die Mitarbeiterin Zinkernagels im Jahre 2002 bei mehreren Zeitungen versucht, den Fall ans Licht zu bringen. Dies war jedoch verweigert worden. Die *Zürcher Zeitung* spricht von einer »Universitätsinternen Angelegenheit« und meldete sich erst nach der Veröffentlichung in der *Süddeutschen Zeitung* zu Wort.

Im Februar 2003 stellte die Universität Zürich fest, die interne Kontrolle habe funktioniert: In einem Manuskript für *Science* seien Falschdarstellungen erkannt und das Papier daher rechtzeitig zurückgezogen worden. Vorwürfe gegen frühere Veröffentlichungen konnten angeblich widerlegt werden. Professor Rolf Zinkernagel sei weder an den Experimenten noch an der Abfassung des Manuskriptes beteiligt gewesen. Was soll man dazu noch sagen?

Es gibt eine andere Form der Medizin, die der Arachnologe (Arachnologie = Lehre von den Spinnentieren) Dirk Weickmann praktiziert, die aber von den »normalen« Medizinern verurteilt wird, auch wenn Weickmann 1984 *»Jugend forscht«*-Preisträger war und in seinen Methoden ernstzunehmende Erfolge zu verzeichnen hat.

Das ehrwürdige *Deutsche Krebsforschungszentrum* in Heidelberg sorgte letztlich dafür, daß der seit dem Jahre 1988 unabhängig arbeitende Forscher im August 2003 vom Amtsgericht München zur Zahlung von 750 Euro verurteilt wurde. Das war schon das zweite Mal: Im April 2001 war er bereits wegen Tierquälerei zu einer Geldstrafe von 5400 D-Mark verurteilt worden, weil er in seiner Wohnung 150 Schlangen, Fische, Hühner sowie rund 2500 Spinnen, Skorpione und Hundertfüßler gehalten hatte.

Jetzt hingegen wurde er in zwölf Fällen wegen unerlaubter Herstellung von Arzneimitteln, die er aus den Giftdrüsen seiner exotischen Tierchen »gemolken« hatte, schuldig gesprochen. Der gelernte pharmazeutisch- und chemisch-technische Assistent, der sich »Toxinologe« nennt und kurz vor dem Abschluß seiner Dissertation steht, will bei Spinnengiften (Venome) einen Wirkstoff gegen Krebs entdeckt haben, den er als Heilmittel einer Münchener Ärztin (Eva N.) gab.

Die Medizinerin behandelte mit dieser Methode zwölf todgeweihte Krebspatienten, von denen zwar vier trotzdem starben, aber acht geheilt werden konnten.

Der Staatsanwalt Thomas Steinkraus-Koch hatte vier Monate auf Bewährung gefordert, doch kam es schließlich nur zur Geldstrafe, die sich aus 50 Tagessätzen zu je 15 Euro zusammensetzt, obwohl die Verteidiger auf Freispruch plädierten, weil ihrer Ansicht nach »Tiergift« kein Arzneimittel sei.

Der Amtsrichter widersprach der Auffassung der Verteidigung und verwies auf eine umfangreiche Rechtsprechung, derzufolge sogar Eigenblut- und Eigenurinpräparate als Arzneimittel angesehen werden. Auch »Brennesseltee fällt darunter«, sagte der Richter an Verteidigerin Sylvia Klass gewandt.

Die Anwältin hatte in ihrem Plädoyer argumentiert, daß Tee, Blutegel sowie Urin zwar zu therapeutischen Zwecken eingesetzt würden, aber keine Arzneimittel im Sinne des Gesetzes seien.

Das Gericht hielt dem Privatforscher zugute, daß es ihm wohl nicht in erster Linie ums Geldverdienen ging, sondern »die Forschung im Vordergrund stand«. Das aber war ein Trugschluß, wie der ganze Prozeß, um den es hier ging: Die *Patentpool Innovationsmanagement GmbH* ist längst eine Kooperation mit Dirk Weickmann eingegangen und hat 2002 mit ihm als Gesellschafter die *Toximed GmbH* gegründet, unter deren Mantel das neue »Venomepräparat« vermarktet werden soll. Denn von den ehrbaren Absichten eines Wilhelm Conrad Röntgen sind die Absichten von Weickmann meilenweit entfernt, auch wenn es schwierig ist, eine derartige Forschung ohne einen Förderer zu betreiben – bei ihm geht es letztlich ebenfalls ums Geldverdienen.

Nichtsdestoweniger ist die beobachtete Effizienz der von Weickmann entwickelten Wirkstoffe durch zahlreiche In-vitro-Versuche in unabhängigen Zellen nachgewiesen worden. Es zeigte sich bei den Versuchen, daß die tumorösen Zellen eines Zellverbundes innerhalb von Stunden alle aufgelöst werden: Eine Schädigung von gesundem Zellgewebe konnte nach Weickmanns Angaben bisher nicht beobachtet werden.

Hannelore Zeus, einer Brustkrebspatientin, hat die Spinnen-

gift-Therapie geholfen, so daß Ärzte bei ihr heute keine Tumorzellen mehr finden:

»Mein größter Wunsch wäre eigentlich, das nicht ich alleine
oder wenige nur durch diese feine Therapie geheilt werden könnten, sondern daß das wirklich allgemein für jeden zugänglich
wäre – jeder dürfte wählen, welche Therapie er machen möchte.«

Als Hannelore Zeus mit einer Aussage vor dem Münchener
Amtsgericht Dirk Weickmann helfen will, droht ihr der Staatsanwalt, auch sie anzuzeigen.

Gabriele Fuchs traf sich Anfang 2002 mit Weickmann, weil ihr
Sohn Yannic einen Hirntumor hatte und die Ärzte der behandelnden Klinik ihr sinngemäß sagten, daß er im Krankenhaus bleiben
könne, um dort über den Tropf Schmerzmittel zu erhalten, und in
Ruhe sterben könne.

Verzweifelt ließ auch sie an ihrem Sohn dann das Spinnengift
ausprobieren – mit Erfolg! Frau Fuchs' Begründung:

»Der Grund war eigentlich meine letzte Hoffnung für mein
Kind, daß man diesen Tumor in den Griff kriegt. Weil von der
Schulmedizin her ist er aufgegeben worden. Das heißt, sie wuß-
ten keine schulmedizinische Behandlung mehr, um ihm zu helfen.«

Und tatsächlich, Yannic geht es inzwischen viel besser. Nach
einem halben Jahr bestätigten auch die Aufnahmen der Compu-
tertomographie sichtbare Verbesserungen und daß sich der Tumor verkleinert hat. Die behandelnden Ärzte des Kindes waren
leider zu einem Kommentar nicht zu bewegen, um vielleicht zu
veranschaulichen, worauf sie die Besserung der Krankheit zu-
rückführen. Die einzige Handlung der »Weißkittel« war, daß
Yannics Mutter von ihnen die Aufnahmen der Computertomo-
graphie bekam – ohne Erklärung versteht sich!

Sollte man solchen Ärzten nicht lieber den Prozeß machen?

Andere Fachärzte wie beispielsweise der Allgemeinmediziner
Dr. Peter Smr• aus Ulm behandeln ihre Patienten nach der
Weickmann-Methode ebenfalls mit »Giften«. Aus Angst vor einer Strafverfolgung war nur Dr. Peter Smr• bereit, eine Erklärung abzugeben:

»Wir verwenden klassische schulmedizinische Methoden, wir verwenden naturheilkundliche Methoden und wir verwenden auch Methoden, wie jetzt vom Herrn Weickmann – Spinnengifte, die bisher noch keinen Eingang gefunden haben in die normalen Therapien. Und wir haben etwa 20 Patienten behandelt, und das mit sehr gutem Erfolg. Einem austherapierten Fall kann ich letztendlich, wenn er Chemotherapie hinter sich hat, wenn er operiert ist, nichts mehr bieten. Das heißt, ich muß die Chancen, die sich ergeben, ausnützen. Ich kann nicht darauf warten, bis eventuell eine Zulassung erfolgt.«

Solche couragierten Menschen, die nicht nur an ihre eigenen Profite denken, sondern Erkrankten wirklich helfen wollen, werden allerdings in unserem Rechtsstaat eines Tages schließlich von einem Gericht mit einem Bußgeld belegt, so daß sie sich durchaus mit der Frage beschäftigen dürften, ob ihre Hilfsbereitschaft vielleicht doch nicht zeitgemäß sei. Doch eigentlich bedeutete das Wort »Buße« im Althochdeutschen ursprünglich »Heilung durch Zauber«, bevor es für Entschädigungen oder Sühnezahlungen Verwendung fand. Vielleicht ist das kein Zufall?

Wenn aber, wie wir bis jetzt gesehen haben, allein innerhalb der Medizin derart viel Schindluder getrieben wird, sollte man auch als Richter mit der Verhängung von Geldstrafen etwas umsichtiger verfahren. Denn die Wahrheit sieht leider so aus, daß die »Gefälschte Wissenschaft« in sämtlichen Forschungsbereichen zu finden ist, selbst da, wo man sie nicht vermuten würde.

Kapitel 6

WISSENSCHAFTLICHE VERBOTE

Noch Anfang der 1970er Jahre dachten die Klimaforscher bei ihren Prognosen in Zyklen von 100 000 oder mindestens 10 000 Jahren und sprachen in diesem Zusammenhang in aller Regel von einer globalen »Abkühlung der Erde«. Wissenschaftlich gesehen wies nämlich alles daraufhin, daß sich die Erde nach einer Zwischeneiszeit-Periode von 10 000 Jahren auf dem Weg in eine neue Eiszeit befindet. Einige Wissenschaftler gingen davon aus, daß es diese Eiszeit vielleicht in einigen hundert oder tausend Jahren geben werde, und wieder andere meinten sogar, es könne nur noch 100 Jahre dauern, bis das »bitterkalte Klima die Erde umhüllt«. Bei einer Vorlesung im Scripps-Institut für Ozeanographie in La Jolla, Kalifornien (USA) versetzte Professor John Issacs 1972 seine gesamte Zuhörerschaft in Angst und Schrecken, als er diese These von einer schnellen Entwicklung hin zur Eiszeit vertrat und somit den Weg für einen neuen Wissenschaftszweig ebnete.

Die Nationale Wissenschaftsstiftung und die Nationale Akademie der Wissenschaften der USA begannen daraufhin, sich mit dem »Eiszeitkonzept« zu beschäftigen, und suchten neue Wissenschaftler, die sich in der Klimaforschung auskannten. Der Schwerpunkt schien dabei allerdings nicht so sehr auf der wissenschaftlichen Forschung zu liegen, sondern es ging mehr darum, Szenarien zu entwickeln, die zeigten, daß sich das Klima sehr schnell verändern und das Verhalten der Menschen drastisch beeinflussen könnte, indem zum Beispiel ganze Bevölkerungsteile gezwungen wären, von den nördlichen Besiedlungsgegenden nach Süden zu ziehen.

Doch schon »Erich der Rote«, ein berühmter Wikinger, der im Jahre 982 der Insel Grönland einen Besuch abstattete und ihr ihren Namen gab, steht im geschichtlichen Widerspruch zum

Eiszeit-Szenario: Nur der Tatsache, daß die Insel zu dieser Zeit so »grün« war, was diesen Wikinger begeisterte, verdankt sie ihren Namen. Wegen ihrer grünen Üppigkeit wurden auf ihr schon 986 die ersten europäischen Siedlungen gegründet, und im Jahre 1126 erhielt sie sogar einen eigenen Bischof. Nach 1410 fehlen jedoch schriftliche Zeugnisse, vermutlich, weil es inzwischen so kalt geworden war, daß die europäischen Siedler zugrunde gingen. Heute ist die Insel weitgehend von Eis bedeckt, und der »West-Grönland-Gletscher« ist seit 1980 um etwa 2,1 Meter angewachsen. Hatte in diesem Falle also die neue Eiszeit schon begonnen? Was verursacht einen derartigen Anstieg der Eisdecke tatsächlich?

Bereits 1886 hatten Svante Arrhenius und seine Kollegen an der Universität Oslo (Norwegen) Überlegungen angestellt, ob das infolge zunehmenden Verbrauchs fossiler Brennstoffe verstärkt freigesetzte Kohlendioxid Klimaveränderungen bewirken könnte. Und schon ein paar Jahrzehnte zuvor hatten sich die damals bedeutenden Wissenschaftler Jean Baptiste Fourier und John Tyndall ebenfalls mit diesem Thema beschäftigt.

Schließlich überzeugte 1956 Svantes Sohn Gustav den Direktor des Scripps-Instituts für Ozeanographie, daß es Zeit sei, den Kohlendioxidgehalt der Atmosphäre regelmäßig zu messen. Der damalige Direktor des Instituts, Roger Revelle, war einverstanden und beauftragte Dave Keeling von der Technischen Universität Kalifornien damit, auf dem Berg Manua Loa auf der Insel Hawaii ein CO_2-Laboratorium einzurichten. In dieser Höhe würde es über der vom Meer beeinflußten Schicht der Atmosphäre und damit in »unberührter« Luft liegen.

Keeling hatte bis 1970 genügend brauchbare Meßergebnisse zusammengetragen, und Revelle meinte, es sei wissenschaftlich abgesichert, wenn er jetzt verkündete, daß der CO_2-Gehalt der Atmosphäre zunehme. Und da es damals noch keine mikrochemischen Analysen zur Unterscheidung von Kohlenstoff-12 und Kohlenstoff-13 gab, schien es auch logisch, anzunehmen, daß die CO_2-Zunahme auf die Verbrennung fossiler Brennstoffe zurückgehe.

Anfang der 1980er Jahre wurden weitere Kohlendioxid-Meßstationen eingerichtet, insbesondere auf Bermuda und in der Arktis. Auch wurde es möglich, mit Hilfe hoch fliegender Flugzeuge und Ballons brauchbare Meßproben zu bekommen. Die Messungen aller Stationen zeigten im Jahre 1990, daß der CO_2-Gehalt 23 Prozent höher lag als 1840. Diese 23 Prozent sind jedoch in Wirklichkeit eine Schätzung, da es 1840 noch gar keine verläßlichen Messungen des CO_2-Gehalts der Atmosphäre gab.

Gegenwärtig ist die Vorstellung weit verbreitet, daß sich unser Planet mit katastrophalen Folgen für die Zukunft langsam aber stetig erwärmt, weil wir Menschen die Atmosphäre verunreinigen. Diese Ansicht wird mit dem Temperaturverlauf der letzten 110 Jahre untermauert, in denen tatsächlich ein Anstieg der Lufttemperatur um etwa 0,7 Grad zu verzeichnen gewesen ist. Eine »Katastrophenstimmung« wurde allerdings propagiert, nachdem insbesondere James Hansen vom *Goddard Space Flight Center* der amerikanischen Weltraumbehörde NASA im heißesten Monat der Geschichte im Jahre 1988 vor einem Kongreßausschuß verkündete: »Die globale Erwärmung ist da.« In Anbetracht der damals in Washington herrschenden Temperaturen war nun plötzlich für jedermann klar, daß diese Aussage wahr sein mußte. Es brach Panik aus.

Für Wissenschaftler in den staatlichen Laboratorien und staatlich finanzierten Instituten, für die Nichtregierungsorganisationen (NGOs) wie *Worldwatch*, *World Wildlife Fund*, *Sierra Club*, *Greenpeace* und für eine Reihe internationaler Organisationen, die auf einen »cause célébre« warteten, versprach diese Erklärung und die Tatsache, daß sie von politischer Seite Akzeptanz erhielt, den großen Geldsegen. Neue Ämter wurden geschaffen, wie zum Beispiel das *US Office of Climate Change*, und neue internationale Gruppen entstanden, wie beispielsweise das *International Geo-Biosphere Program*.

Die Vereinten Nationen, wo Kontrolle das Schlüsselwort ist,

organisierten rasch das UN-Umweltprogramm (UNEP), an dessen Spitze der inzwischen zurückgetretene Sozialwissenschaftler Dr. Noel Brown als Direktor stand. UNEP initiierte umgehend das regierungsübergreifende Gremium für Klimawandel *Intergovernmental Panel of Climate Change* (IPCC), das mit Geldern der Meteorologischen Weltorganisation (WMO) finanziert wurde. Im Gegenzug gründete die WMO das Weltklima-Forschungsprogramm (WCRP), so daß auch hier die Gelder wieder uneingeschränkt fließen konnten.

Mehr Finanzmittel waren natürlich für die Klimawissenschaftler gleichbedeutend mit mehr Klimamodellen: die Propaganda von der »globalen Erwärmung« und vom »Treibhauseffekt« nahm im gleichen Maße zu. Leider blieb die eigentliche Klimawissenschaft, die auf dem Studium der solar-astronomischen Zyklen, der Ozeanographie, der Geologie usw. basiert, auf der Strecke.

Daß es einen sogenannten »Treibhauseffekt« gibt, ist seit mehr als 100 Jahren bekannt und Gegenstand vieler wissenschaftlicher Untersuchungen. Daß es offensichtlich auch bestimmte Gase sind, die den Treibhauseffekt bewirken, ist ebenfalls bekannt: Dazu gehören Kohlendioxid, Methan, Stickoxide, Ozon und Wasserdampf. Dieser natürliche Treibhauseffekt (der »anthropogene« Anteil der letzten 150 Jahre nicht mitgerechnet) reichte aus, die Temperatur in der Erdatmosphäre in den vergangenen 12 000 Jahren um 15 °C zu erhöhen, was im wesentlichen durch die Gegenwart von Wasserdampf und Kohlendioxid bewirkt wurde. Zieht man in Betracht, daß die Temperatur zuvor etwa 5 °C betrug und das gesamte Gebiet um Nordamerika und ganz Nordwesteuropa von Gletschern bedeckt war, so wirkte sich dieser Temperaturanstieg äußerst vorteilhaft für die Menschheit aus.

In der Folge der Arbeit der Klimawissenschaftler entwickelte sich eine Story, die glaubwürdig erschien, insofern wir die »Beweise« glauben würden. Und wer »im Volk« hätte einen Grund, das anzuzweifeln, was »Wissenschaftler« und »Forscher« sagten? Die Story – wir kennen sie alle – lautet folgendermaßen: Die zunehmenden Mengen von CO_2, Methan, Ozon, Stickoxiden und der von Menschen hergestellten Komponenten aus der Familie der »Freone«, »Kaltrone« und »Frigen« (die in Kühlsystemen Verwendung finden) werden den Treibhauseffekt verstärken. Die Zunahme dieser Stoffe bewirke, daß ein größerer Teil der von der Erde reflektierten Sonneneinstrahlung als Wärme in diesem »Treibhaus« gefangen bleibe, und daher steige die Mitteltemperatur auf der Erde an.

Die Folgen davon werden »entsetzlich« sein: Der Meeresspiegel wird steigen, da das Polareis schmilzt; große Teile bewaldeter und landwirtschaftlicher Flächen werden überschwemmt; die zunehmende Verdunstung wird sämtliche Bewässerungssysteme vernichten; es wird Dürreperioden und Überflutungen oder sogar noch Schlimmeres geben.

Was ist aber tatsächlich dran an dieser Story?

Nachdem ich in meinem Buch *Fälscher und Gelehrte* einige dieser Ergebnisse unkritisch vorgestellt hatte, hielt ich es noch einmal für richtig, diesen auf den Grund zu gehen: Die ganze Panikmache begann erst mit den amerikanischen Wissenschaftlern Professor Sherwood Rowland und seinem Schüler Mario Molina, die am 28. Juni 1974 in *Nature* in einem Artikel behaupteten, daß »Fluorchlorid-Kohlenwasserstoffe« (FCKW) das Ozon am Südpol vernichten würden, obwohl es gerade in dieser Region kaum FCKW gibt. Die Wissenschaftler argumentieren mit einer durch FCKW verursachten »Kettenreaktion«, die dafür verantwortlich sei, daß viele der dreiatomigen Ozonmoleküle zerstört werden würden. Doch in Wahrheit konnte man diese Kettenreaktion weder im Labor noch in der Stratosphäre beobachten. Der Chemiker Professor Igor J. Eberstein zeigte sogar auf, warum ein derartiger Ozonabbau chemisch gesehen gar nicht stattfinden kann und alle Spekulationen auf diesem Gebiet mit der Zunahme der Frühjahrswärme im Zusammenhang stehen würden. Eberstein zu dem *Nature*-Beitrag:

»Es gibt keine chemischen Mechanismen, welche die Entstehung des Ozonloches erklären könnten. Das ist ein schweres

Manko, wenn man eine diesbezügliche Theorie hat: man sollte als Wissenschaftler einen Mechanismus vorweisen können, denn ansonsten bleibt alles nur Spekulation. Die These vom arktischen Ozonabbau sollte auf eine solide wissenschaftliche Basis gestellt werden, bevor auf Pressekonferenzen von angeblichen Beweisen gesprochen wird.«

Durch die Anregungen des US-Präsidenten Jimmy Carter im Jahre 1978 trat daraufhin am 1. August 1991 die FCKW/Halon-Verbotsordnung in Kraft; seitdem wird FCKW in Spraydosen nicht mehr verwendet.

Während des so bezeichneten »klimatischen Optimums« in der Zeit von 1100 bis 1400 unserer Zeitrechnung war es das letzte Mal, daß es auf der Erde wesentlich wärmer war als heute. In Grönland und in England wurde zu dieser Zeit sogar noch Wein angebaut. Während man zwischen 1645 und 1715 in Europa jedes Jahr zehn Monate fror (Phase der sogenannten »kleinen Eiszeit«) und viele Seen im Juli noch von einer Eisdecke überdeckt waren, wuchsen um 1800 Orangen in Natchez, Missouri (USA), und die »Sahelzone« war eine weite, grasbewachsene Ebene. Von dieser längeren Perspektive aus gesehen kann man heute also keineswegs von einer »Aufwärmung des Erdklimas« sprechen, sondern von »gängigen Klimaschwankungen« innerhalb der erdgeschichtlichen Perioden, den »Interglazialen«.

Zusammen mit den Ergebnissen der Analyse von Sedimenten in abgelegenen und damit ungestörten Alpenseen wurde im Mai 1997 in *Nature* der Verlauf der Lufttemperatur von 1778 bis 1991 veröffentlicht: Nicht nur der Temperaturanstieg der letzten hundert Jahre wird damit bestätigt, sondern auch, daß die Temperatur während der hundert Jahre davor um etwa denselben Wert abgenommen hat. Während dieser mit hoher Wahrscheinlichkeit industrie- und autofreien Zeiten war es also schon einmal genauso warm wie heute. Bemerkenswerterweise bevorzugen Theoretiker der »globalen Erwärmung« nur die Tabellen für ihre Statistiken, in denen die Lufttemperatur der letzten 200 Jahre am niedrigsten war.

Der Temperaturverlauf auf der Erde kann durch Untersuchungen von Eisbohrkernen in der Antarktis und in Grönland durch das *Lamont-Dotherty Earth Observatory* für die letzten 110 000 Jahre sehr gut rekonstruiert werden. In dieser Zeitspanne, in der die Menschheit nicht nur nicht unterging, sondern sich auch prächtig weiterentwickelte, schwankte die Temperatur um etwa zehn Grad Celsius. Die letzten Jahrtausende hingegen erscheinen eher als eine Zeit mit weitgehend konstanter Temperatur. Daneben fällt der »besorgniserregende« Temperaturanstieg der letzten 110 Jahre derart gering aus, daß er kaum der Rede wert ist: Es ist also Unsinn, mit den Daten der letzten 110 Jahre Prognosen zur zukünftigen Klimaentwicklung vorzunehmen. Zwischen Eis- und Warmzeiten steigt die Temperatur kontinuierlich an und nimmt zur nächsten Eiszeit hin wieder ab. Dieser über Jahrtausende ablaufende Wechsel ist innerhalb der Wissenschaft altbekannt: Es gab ihn schon lange bevor die ersten Menschen auf der Erde auftauchten und lange bevor der erste Industrieschornstein rauchte. So gesehen liegt die heutige Klimawissenschaft – bei genauer Betrachtung – also unter einer Lawine ideologisch gefärbter Computermodelle begraben. Der berühmte britische Physiker Stephen Hawking erklärte bezüglich der Klimaforschung 1997: »In der Praxis widerstrebt es Menschen leider, eine Theorie aufzugeben, in die sie viel Zeit und Mühe investiert haben. Danach versuchen sie gewöhnlich die Theorie so abzuändern, daß sie zu ihren Beobachtungen paßt, bis sie sich schließlich in ein schiefes und häßliches Gebäude verwandelt.«

Was steckt nun wirklich hinter dieser Panikmache um das Klima?

Schon am 29. Juni 1990 beschlossen Regierungsvertreter aus 83 verschiedenen Staaten in London die drastische Reduzierung der FCKW-Produktion und ein für die Zukunft absolutes FCKW-Verbot, weil FCKW nach Ansicht der Klimaforscher Schuld daran war, daß Löcher in der Ozonschicht entstanden, wodurch die von der Sonne verursachte ultraviolette Strahlung nun stärker – aufgrund des nachlassenden Schutzes durch die Atmosphäre –

die Haut des Menschen schädigen könnte. Dem widersprach der belgische Professor Marcel Ackerman vom *Institute d'Aéronomie Spatiale de Belgique* bereits 1989:

»Die ›Schreibtisch-Wissenschaftler‹ nehmen die Daten und transformieren sie. Sie ›korrigieren‹ dann die Daten und behaupten, es gäbe eine Ozonabnahme. Aber von einem ethischen Standpunkt ist das nicht korrekt: Sie betrügen!«

Professor Gordon Dobson, der in Oxford Atmosphärenwissenschaften lehrte und als Pionier der Ozonforschung betrachtet werden kann, war ein weiterer Forscher im Bereich der »experimentellen Wissenschaft«. Dobson machte in Verbindung mit seinen Forschungen überall Messungen mit seinen Apparaturen, insbesondere in der Arktis. Er schickte Wetterballons bis zu 35 Kilometer Höhe in die Atmosphärenschichten, nur um genaue Meßergebnisse zu erzielen. Seine Resultate waren erstaunlich: Offensichtlich ist die jeweilige Ozonverteilung stark davon abhängig, von wo die Luft in die jeweilige Regionen eintritt. In tropischen Gebieten kann ozonarme Luft aus tieferen Schichten sehr hoch aufsteigen, während in Polnähe ozonreiche Luft aus großen Höhen nach unten drückt, was dort natürlich sehr viel mehr vom Wechsel der Jahreszeiten abhängt als am Äquator. Am Südpol sind diese Schwankungen noch sehr viel ausgeprägter als am Nordpol, wie ein britisches Forschungsteam schon im Jahre 1956 feststellte. Damals nannte man dieses Phänomen »Südliche Anomalie«, woraus 20 Jahre später das »Ozonloch« wurde. Vermutlich ist das FCKW dafür aber gar nicht verantwortlich, sondern mußte aus ganz anderen Gründen, die wirtschaftlicher Natur waren, dem Interessenskonflikt weichen. Alles in allem handelte es sich bei dem Ozonloch um ein »natürliches« Phänomen und keineswegs um ein von Menschen verursachtes. Der Physiker Freeman Dyson erklärte in einer Rede in Oxford:

»Wir Wissenschaftler tragen einen Teil der Schuld. Es ist für einen Wissenschaftler viel bequemer, ein neues Computermodell in einem vollklimatisierten Super-Computercenter auszuprobieren, als sich die Winterkleidung anzuziehen und in Wind und

Wetter zu versuchen, die Instrumente kalibriert zu halten. Bis zu einem gewissen Punkt sind Computermodelle nützlich und notwendig. Sie werden an dem Punkt aber schädlich, an dem sie ein Ersatz für Beobachtungen in der realen Welt werden.«

Und was ist nun mit dem Treibhauseffekt?

Allein durch den Ausbruch aktiver Vulkane werden auf der Erde jährlich ungefähr 300 Millionen Tonnen Chlorgase freigesetzt, was in etwa der 400fachen der vom Menschen künstlich produzierten FCKW-Jahresproduktionsmenge entspricht. Darüber hinaus erreicht die Chlormenge, die über das salzhaltige Meerwasser (Natriumchlorid) in die Atmosphäre gelangt, noch einmal jährlich etwa 600 Millionen Tonnen, was dem 800fachen der vom Menschen künstlich produzierten Menge an FCKW gleichkommt. Hinzu gelangen noch die weltweit durch Waldbrände verursachten acht Millionen Tonnen FCKW. Das bedeutet also, daß allein die Waldbrände jedes Jahr mehr FCKW in die Atmosphäre abgeben, als der Mensch künstlich produzieren kann. Das heißt, daß für den atmosphärischen »Treibhauseffekt« in erster Linie die natürlichen Vorgänge auf unserem Planeten verantwortlich sind und der Mensch erst in zweiter Linie eine Rolle spielt.

Wozu dann das ganze Tam-Tam um das FCKW? Die Antwort lautet: Es gibt wirtschaftliche Gründe dafür!

In einer Wirtschaftsanalyse der 1980er Jahre wurde errechnet, daß Länder wie Brasilien, China, Indien oder Südkorea bis zum Jahr 2000 etwa 700 Millionen Kühlschränke benötigen würden. Hinzu kamen Klimaanlagen, die alle wegen dem Patentverfall für FCKW nun von den Konsumländern selbst hergestellt werden konnten. Daraus resultierend errechneten die Wissenschaftler eine siebenfache Steigerung der FCKW-Produktion, die zudem von den betroffenen Ländern selbst kontrolliert würde. Man mußte also handeln: Der Einsatz von FCKW wurde – mit einer Übergangsfrist – weltweit verboten. Durch dieses Verbot, das nur mit gefälschten Daten für den Nachweis des Ozonlochs realisiert werden konnte, änderte sich auch die Situation für die Wirtschaftsleute grundlegend. Eine Reaktion des Marktes ließ natürlich nicht lange auf sich warten: innerhalb kurzer Zeit stiegen die Preise für das ungewollte Gas auf das 10fache seines ursprünglichen Wertes.

Firmen wie *DuPont*, die einem Zweig des Rockefeller-Imperiums angehören, warteten schließlich 1991 mit dem (Ersatz-)Gas HFCKW-134a (»weiches« teilhalogenisiertes Gas) auf, das nicht nur das 30fache seines Vorgängers kostete, sondern patentrechtlich auch *DuPont* gehörte. Dabei taugte dieses Gas nicht halb soviel wie das viel preiswertere FCKW (»hartes« halogenisiertes Gas), weil es schlechter kühlt, stark korrosiv ist und für eine kürzere Lebensdauer der Kühlprozessoren sorgt. Zudem ließ sich diese chemische Verbindung nur in sterilen und an Luftfeuchtigkeit armen Betriebsstätten herstellen, so daß die Entwicklungsländer, für die diese Apparaturen bestimmt waren, in aller Regel nicht in der Lage waren, diese Bedingungen zu erfüllen. Die industrielle Fertigung mußte somit wieder den westlichen Ländern zufallen.

Der amerikanische Journalist Aston Chase kommentierte diesen Industrieplan wie folgt:

»Das FCKW-Verbot reiht sich so nahtlos in die Politik der technologischen Apartheid ein, die gerade die USA und ihre Gefolgsstaaten seit einigen Jahren gegen die Länder der Dritten Welt in immer schärferer und unverhüllterer Form betreiben.«

Bei der Panikmache in bezug auf das Klima handelt es sich somit um nichts anderes als um politisch gesteuerte Wirtschaftsinteressen der führenden Industrieländer. Im Falle der Kühlapparaturen wäre der Schuß aufgrund der deutschen Wiedervereinigung jedoch beinahe nach hinten losgegangen. Ostdeutsche Wissenschaftler der Foron GmbH statteten nämlich eine neue Serie von Kühlschränken mit einer Butan-Propan-Gasmischung aus, die man normalerweise als Treibstoff für Feuerzeuge oder Bunsenbrenner benutzt. Doch die führenden »Weiße Ware«-Hersteller *Bosch*, *Liebherr* oder *Siemens* lehnten diese Methode ab, obwohl selbst Fachleute der Umweltorganisation *Greenpeace* ihr eine vorbildliche Umweltfreundlichkeit bescheinigten, weil diese Technik gerade einmal soviel Gas benötigt wie drei Feuerzeug-Füllungen. Die damalige Umweltministerin Angela Merkel begründete die Haltung der Firmen 1995 mit einer EU-Verordnung: »Eine EU-Verordnung sieht den Ausstieg erst für 2015 vor.« Das ist aber Unsinn. Es bedarf nur eines förmlichen Antrages, um diese Verordnung zu umgehen. Zumal Propan seit Jahren in der Industrie verwendet wird. Erst die Mischung mit Butan sorgt für die Umweltfreundlichkeit.

Trotz dieser Tatsachen blieb dieser alternativen Technologie der weltweite Durchbruch versagt, weil Firmen wie *DuPont* oder selbst die deutsche *Hoechst AG* nur mit ihren eigenen chemischen Ersatzstoffen marktwirtschaftlichen Interessen entsprechen wollten.

Dieser Sachverhalt ist nicht neu. Zumindest China hat der westlichen Industrie 2001 »einen Strich durch die Rechnung gemacht« und sich nicht für HFCKW 134a (das ebenso das Ozon angreifen müßte), sondern für die umweltfreundliche Gasmischung entschieden. Auch andere Forschungsbereiche, so zeigt die Geschichte, unterlagen, was ihre Erkenntnisse anbetrifft, oft wirtschaftlichen oder religiösen Interessen, die stets vor den wissenschaftlichen standen. Glücklicherweise konnte der wissenschaftliche Fortschritt jedoch nicht immer ausgebremst werden.

Als vor 180 Jahren in den deutschen Städten die Gasbeleuchtung eingeführt werden sollte, wetterte die *Kölnische Zeitung* vom 23. April 1828, daß es unzulässig sei, die von Gott dunkel geschaffene Nacht zu erhellen. Selbst ein gelehrter Wissenschaftler wie der Brite Sir Humphrey Davy lachte über die Vorstellung, daß London einmal mit Gas beleuchtet werden sollte. Doch wie die Geschichte lehrt, traten die Gasleuchten ihren Siegeszug an, auch wenn sie später anderen Beleuchtungsmethoden, die heute die nächtlichen Straßen der Großstädte erhellen, weichen mußten.

Auch als Benjamin Franklin 1752 die elektrische Natur des Gewitters nachwies und für sein eigenes Hausdach einen Blitzableiter konstruierte, ahnte er noch nicht, auf welche Gegenwehr er stoßen würde. Als er in der Königlichen Gesellschaft einen Vortrag über die »Fähigkeit einer Eisenstange, die atmosphärische Elektrizität abzuleiten« hielt, wurde er von den anwesenden Wissenschaftlern ausgelacht und gegen ihn polemisiert. Danach weigerte sich die Königliche Gesellschaft sogar, in ihrem Mitteilungsblatt »derart sinnloses Zeug« abzudrucken. Franklin hatte unter anderem behauptet, daß die alten Kulturvölker Babylons, Ägyptens und der Ägäis den Blitzableiter gekannt und angewendet haben mußten, um »das Ungewitter an der Himmelshöhe zu schneiden«.

Als der italienische Arzt Luigi Galvani 1791 seine Schrift *Abhandlung über die Kräfte der Elektrizität bei der Muskelbewegung* zu dem Zwecke veröffentlichte, daß seine Erkenntnisse von den großen Gelehrten berücksichtigt würden, erntete er nur Gelächter. Über seine Erfahrungen mit anderen Wissenschaftlern schrieb er später:

»Ich werde von zwei verschiedenen Parteien angegriffen, von den Gelehrten und den Dummen. Den einen wie den anderen bin ich ein Spott, und man nennt mich ›Tanzmeister der Frösche‹. Trotzdem weiß ich, daß ich eine Naturkraft entdeckt habe.«

Mit Ausnahme von Alexandro Volta kam freilich niemand auf die Idee, Galvanis Erfahrungen nachzuprüfen, was zeigt, wie befangen selbst die Gelehrten im damals herrschenden Zeitgeist waren. Alexandro Volta entwickelte – nicht zuletzt auf Basis der Erkenntnisse Galvanis – einen Gegenstand, der aus unserem heutigen Leben kaum mehr wegzudenken ist: die Batterie.

Aufbauend auf Voltas Batterie entdeckte Sir Humphrey Davy schließlich den elektrischen Lichtbogen. Diese Entdeckung wurde über Jahrzehnte totgeschwiegen.

Nach Georg Simon Ohm ist das Gesetz der Strömung der Elektrizität in Metallen benannt: Das »Ohm« ist die internationale Maßeinheit für den elektrischen Widerstand. Als Ohms Arbeit

1826 in *Schweiggers Journal* erschien, befaßte sich niemand damit – schon gar nicht die Physiker! Zwei Jahre später wurde sein Buch *Die galvanische Kette, mathematisch bearbeitet* publiziert, das ebenfalls nicht sonderlich beachtet wurde, obwohl Georg S. Ohm den korrekten Weg der Wissenschaft eingeschlagen hatte: Man muß messen, was meßbar ist, und was »nicht« meßbar ist, meßbar machen:

»Stromstärke gleich treibender Spannung geteilt durch Widerstand.«

Da der damalige Zeitgeist überwiegend von theologischer Philosophie bestimmt war, wurde Ohm unterstellt, daß er »sein Gesetz rein deduktiv nur auf mathematischem Wege abgeleitet« habe. Der Autor Armin Witt schreibt in seinem Buch *Unterdrückte Entdeckungen und Erfindungen* dazu:

»Aufgrund seiner Denk- und Arbeitsweise verstieß er gegen den Geist der Zeit, den Herr Hegel in Berlin bestimmte. Einer dieser Hegelinaner war Ministerialrat Schulze, der als Referent im Preußischen Ministerium zuständig war für die Vergabe finanzieller Mittel, die Ohm gebraucht hätte, um seine Arbeit fortzuführen und empirisch zu untermauern. Schulze bewilligte keine Mittel.«

So oft Georg S. Ohm auch auf seine grundsätzlichen Arbeiten und Vorleistungen verwies, wurde er doch nur immer wieder abgewiesen. Nur durch die finanzielle Unterstützung seitens König Ludwigs I. von Bayern erfuhr er 1829 seine erste öffentliche Anerkennung. 1833 fand er schließlich eine Anstellung in Nürnberg und wurde dann 1850 für eine Physikprofessur nach München berufen. Armin Witt kommentiert dies wie folgt:

»Deutsche Beamte verstanden es, dem Entdecker eines weltgeschichtlichen Prinzips das Leben so schwer wie möglich zu machen.«

Das Ohmsche Prinzip wurde dann doch noch ein wissenschaftlicher Erfolg: Arthur Koepchen ließ nach dem ersten großen Krieg in Deutschland ein System von Hochspannungsleitungen errichten, dessen Drähte nicht nur den Strom, sondern sozu-

sagen schon damals die Macht der Produzenten und ihren wirtschaftlichen Einfluß durch ganz Europa trugen. Die ersten dieser
Transportwege für Elektrizität wurden 1882 in Bayern aufge-
stellt. Marcel Deprez und Oskar von Miller benutzten vorhandene Telegrafenleitungen, um Gleichstrom von 1,1 Kilowatt über
57 Kilometer von Miesbach nach München zu transportieren.
Damals lag aber der Verlust des erzeugten Stroms bei 78 Prozent,
weshalb das Verfahren als unrentabel angesehen wurde. Doch
mit dem von Nikola Tesla (1856–1943) entdeckten Wechselstrom war es möglich, den Strom hochzutransformieren.

Bei der praktischen Elektrizitätsanwendung benutzte man an-
fänglich noch die Bogenlampe mit einer Spannung von 65 Volt.
Niemand mußte bei dieser Spannung im Falle eines Stromschla-
ges gleich tödliche Verletzungen befürchten. Auch die in den
USA verwendeten 110 Volt Spannung sind weniger gefährlich,
wenn jemand die Elektroleiter berührt.

Bis zum Ersten Weltkrieg war auch in Deutschland die damals
gängige Spannung von 110 Volt im Einsatz. Ab 1915 argumentierte man mit einem steigenden Verbrauch, so daß nach und nach
auf 220 Volt umgestellt wurde, obwohl die Elektrizitätswerke
damit viermal soviel Stromenergie übertrugen. Schließlich einig-
te sich das Kartell der Elektrizitätsproduzenten kurze Zeit nach
dem deutschen Alleingang einvernehmlich für ganz Europa, die
Spannung überall auf 220 Volt anzuheben.

In den USA hingegen hat man sich bis heute gegen die 220
Volt entschieden und benutzt nach wie vor 110 Volt. Den Japa-
nern reichen als führendem Industrieland sogar nur 100 Volt aus.

Um große elektrische Energiemengen über weite Entfernun-
gen so verlustarm wie möglich zu transportieren, sind hohe
elektrische Spannungen notwendig. Je höher die Spannung aus-
fällt, desto niedriger ist die Stromstärke zur Übertragung der
elektrischen Leistung. Das bedeutet, daß, je niedriger die Stromstärke ist, desto geringer auch der Verlust an Elektrizität ist. (Die
Verluste an Elektroenergie zeigen sich in Form der Erwärmung
der Übertragungsleitungen.) Die ersten Versuche zur Übertra-

gung von Wechselstrom wurden in Europa anläßlich der Turiner technischen Ausstellung unternommen. Hundert Jahre später waren alle Länder der Erde von einem gewaltigen Netz riesiger Überlandleitungen überzogen, die Elektroenergie an industrielle, behördliche und private Abnehmer lieferten. Schon damals wurde offenbar, daß diejenigen, die die Energievorräte kontrollieren, auch die Macht kontrollieren.

Wahrscheinlich war auch dem ehemaligen Bundeskanzler Helmut Schmidt dieser Zusammenhang durchaus bewußt, als er sich einmal in der Öffentlichkeit dahingehend äußerte, daß es für ihn ziemlich unmöglich erscheine, die Jahresabrechnung der Stadtwerke (GASAG/*EWAG) zu verstehen.

Tatsächlich fragen sich bis heute viele, die mit schöner Regelmäßigkeit bei der Jahresabrechnung ihres Elektrizitätsverbrauchs teilweise hohe Summen nachzahlen müssen, wie diese Abrechnungen zustandekommen und ob es der Verbrauch allein ist, der die stets steigenden Kosten verursacht. Worauf der Bundeskanzler nämlich hinweisen wollte, war die 1987 durchgeführte heimliche Umstellung der Stromversorgung von 220 auf 230 Volt, die eigentlich nur Nachteile für den Verbraucher brachte: Nicht nur die Lebensdauer von Glühlampen reduzierte sich um etwa 30 Prozent, auch die eingespeiste überschüssige Energie nützt dem Verbraucher sehr wenig. Das liegt in erster Linie daran, daß die Stromleistung, die wir bezahlen, sich auch aus der Stromspannung berechnet und nicht etwa nur nach der tatsächlich verbrauchten Energiemenge: Steigt die Spannung nur um zehn Volt, ist auch der Verbrauch automatisch entsprechend höher, auch wenn wir selbst versuchen, an allen Enden und Ecken den Stromverbrauch zu reduzieren. Das ist auch das Geheimnis, wie private Firmen á la *Yellow Strom* oder *Eon* in diesem Geschäftszweig Geld verdienen können, obwohl man ja meinen sollte, daß die Stadtwerke ihre Abrechnungen korrekt vornehmen und dort keinerlei Spielraum mehr für den Gewinn eines anderen Unternehmens sein dürfte. Diese privaten Unternehmen machen ihren Gewinn mit der Stromspannung!

Die Energiekonzerne planen sogar, in den kommenden Jahren die Stromspannung von derzeit 230 auf 253 Volt zu erhöhen, auch wenn das kein Mensch braucht.

Gibt es aber eine Alternative?

Kernkraftwerke, die ihre Energie aus atomaren Prozessen erhalten, versorgen die Welt bis zu 85 Prozent mit Strom, der mit sogenannter »warmer Fusion« erzielt wird. Im März 1989 versetzten die Professoren Martin Fleischmann und Stanley Pons von der Universität Utah (USA) die Welt der Wissenschaftler mit der »kalten Fusion« in Erstaunen, als sie bekanntgaben, daß sie einen einfacheren Versuchsaufbau zur Energiegewinnung entwickelt hätten, welcher zudem mit geringen Materialkosten von nur etwa 150 Dollar realisiert werden konnte. Ohne auch nur einen experimentellen Versuch gleicher Art vorgenommen zu haben, wurde von Physikern kurze Zeit später der Einwand vorgebracht, daß die von Fleischmann und Pons entwickelte Methode »nicht funktionieren könne«. Die Gelehrten der Universität Utah waren allerdings keine Physiker, sondern Elektrochemiker einer angesehenen Fachhochschule.

Schließlich begannen zahlreiche Laboratorien auf der ganzen Welt, die »kalte Fusion« zu prüfen. Fleischmann und Pons beantragten beim parlamentarischen Ausschuß 25 Millionen Dollar für ein neues Forschungszentrum an ihrer Universität. Doch schon nach relativ kurzer Zeit wurde das Ganze gestoppt. Der Pressesprecher der *Harwell labs*, deren Wissenschaftler eine Reproduktion des ursprünglichen Experiments zur »kalten Fusion« versucht hatten, äußerte sich anläßlich einer Konferenz negativ:

»In unseren Forschungen konnte das Experiment nicht wiederholt werden. Auch andere Institute haben uns mitgeteilt, daß sie an der Wiederholung des Experiments gescheitert sind.«

Eines der Institute war das *Massachusetts Institute of Technology* (MIT), das zusätzliche Ergebnisse aus seinen Untersuchungen präsentierte, die die beiden Professoren der Universität Utah widerlegen sollten. Der Forschungsleiter Eugene Mallove von MIT ging sogar soweit, daß er in seinem Abschlußbericht von einem »Irrtum« Fleischmanns und Pons ausging. Später bezichtigte er sie sogar des »wissenschaftlichen Betruges«. Der *Daily Telegraph* behandelte die Thematik in seiner Ausgabe vom 2. Mai 1989 in einem ausführlichen Bericht, der auch einige bis dahin nicht bekannte pikante Details enthielt. Der Artikel stellte letzten Endes fest, daß die Ergebnisse des MIT manipuliert oder »frei erfunden« waren. MIT-Forschungsleiter Mallove mußte daraufhin seinen Posten räumen und erklärte seinen Rücktritt. Dennoch blieb das US-Parlament bei seiner bisherigen Haltung und strich alle Forschungsgelder, die mit weiteren Experimenten zur »kalten Fusion« im Zusammenhang standen: Offiziell wurde auf diesem Gebiet nicht mehr geforscht!

Nachdem das Arbeitsklima für Fleischmann und Pons in den USA aufgrund der zu Unrecht erhobenen Betrugsgerüchte unerträglich geworden war, gingen die beiden Professoren nach Europa (Frankreich). Seither arbeiteten sie für die französisch-japanische Firma *Technova* auf dem Gebiet der »kalten Fusion«. Wie man weiß, beschäftigen die Japaner mindestens 600 Wissenschaftler auf diesem Gebiet und stellen jedes Jahr 90 Millionen Dollar für diesen Forschungszweig zur Verfügung. Seit 1992 ist ihnen dabei 300mal die Reproduktion des ursprünglichen Experiments der Professoren Martin Fleischmann und Stanley Pons gelungen. Übrigens gelang auch dem *California Polytechnic Institute* in den 1990er Jahren ein Versuch, eine Energiedichte mit der »kalten Fusion« in der Größenordnung von drei Kilowatt je Kubikzentimeter zu erzeugen, was der 30fachen Energiedichte von Kernbrennstäben eines Atomreaktors entspricht. Das ist besonders erstaunlich angesichts der Behauptung, daß die Amerikaner auf diesem Gebiet die Forschungen offiziell eingestellt haben. Trotz allem will man diese günstige Energiegewinnungsform nicht (wahr-)haben, vermutlich, weil sich die Milliardeninvestitionen in die Kernkraftwerke noch nicht armortisiert haben.

Ist das aber der einzige Grund, warum man diese vorteilhafte Methode der Energiegewinnung in den USA sabotiert?

Nein, es ist zu vermuten, daß die mit der »kalten Fusion« in Zusammenhang stehende günstige Form der Energiegewinnung deshalb nicht in »jedermanns Hände« fallen sollte, weil das US-Militär damit vielleicht seine ganz eigenen Pläne verfolgte. Dabei wäre es für die US-Infrastruktur von erheblichem Vorteil, wenn die bestehenden Energiegewinnungsmethoden nach und nach durch ein neues Verfahren abgelöst werden würden, zumal die Vereinigten Staaten trotz ihrer Kernkraftwerke im letzten Jahr ein energieversorgungstechnisches Desaster erlebten: Am 14. August 2003 um 16.11 Uhr gingen alle Lichter am New Yorker Times Square und in der weiteren Umgebung aus, wobei eine Gesamtfläche von 384 000 Quadratkilometern und über 50 Millionen Menschen betroffen waren. Außer den US-amerikanischen Gebieten New York, New Jersey, Detroit und Cleveland waren auch die kanadischen Regionen Ontario, Ottawa und Toronto betroffen. Innerhalb von drei Minuten gingen 21 Kraftwerke in einer Art Dominoeffekt vom Versorgungsnetz und legten die von ihnen versorgte Infrastruktur lahm. Der Gouverneur von New York, George Pataki, rief den Notstand aus. Über 40 000 Polizisten und Feuerwehrleute sowie 700 Nationalgardisten waren im Einsatz, um unzählige Menschen aus steckengebliebenen Aufzügen und 600 stehengebliebenen U-Bahnen zu befreien.

Die Ursache des großen Stromausfalls war zunächst nicht bekannt. New Yorks Bürgermeister Michael Bloomberg schloß schon am Nachmittag in einem Telefoninterview mit dem Sender CNN einen terroristischen Hintergrund aus, was US-Präsident George Bush eine Stunde nach dem Interview ebenfalls bestätigte. Dennoch nahm die US-Bundespolizei FBI Ermittlungen auf.

Am Abend gaben offizielle Stellen der USA bekannt, daß angeblich durch einen Blitzschlag oder ein Feuer in einem kanadischen Kraftwerk an den Niagarafällen (Mohawk) aufgrund »natürlicher Ursachen« und nicht durch Fremdeinwirkung diese »Kettenreaktion« ausgelöst worden sei. Diese Verlautbarung erfolgte, obwohl das Büro des Premierministers Kanadas, Jean

Chretien, den Stromausfall mit einem Kraftwerk im US-Bundesstaat Pennsylvania in Verbindung brachte. Der frühere US-Energieminister Bill Richardson bestätigte die kanadische Version und kritisierte gegenüber CNN das überalterte, ständig überlastete und zu Kettenreaktionen neigende Energieversorgungs- und Verteilungssystem der USA. Einen solchen Ausfall könne es jederzeit und überall geben. Er bezeichnete den US-Kongreß als dafür verantwortlich, Investitionen seit Jahren zu blockieren.

War der amerikanisch-kanadische Stromausfall nur Zufall, oder will man eine Millionenbevölkerung damit auf eine neue Art der »Energieversorgung« vorbereiten?

Im Nordosten der USA hatte es bereits im Jahre 1965 einen Stromausfall gegeben, der in die Geschichte der Vereinigten Staaten einging. Dieser ist jedoch mit den Ereignissen des Jahres 2003 nicht zu vergleichen. Aufgrund dieses bisher einzigartigen Desasters meinten einige kluge Geister in Europa, die Geschehnisse kommentieren zu müssen. Es hieß, daß in Europa so etwas selbstverständlich nicht passieren könne, weil die europäischen Netze über Einzelschaltungen verfügen würden. Keine zehn Tage später, im September 2003, kam es seltsamerweise auch auf dem europäischen Kontinent zu einem stromversorgungstechnischen Zwischenfall: In der dänischen Hauptstadt Kopenhagen sowie im benachbarten schwedischen Malmö gingen gegen 12.40 Uhr die Lichter aus, wovon 3,5 Millionen Menschen betroffen wurden.

Was war hier die Ursache für den Zusammenbruch der Stromversorgung?

Auch in diesem Falle wurde ein terroristischer Akt als Grund ausgeschlossen. Nach Angaben der dänischen Behörden war die Ursache vermutlich im schwedischen Atomkraftwerk Oskarshamm zu suchen, wo angeblich Arbeiten am Netz im Gange waren und eine Stromverbindung zwischen Dänemark und Schweden zuvor wegen Wartungsarbeiten abgeschaltet worden war.

Solche Erklärungen klingen selbstverständlich nachvollziehbar, auch wenn die Ursache vermutlich eine ganz andere war. Zwischen dem Zeitpunkt des amerikanischen Stromausfalls und dem in Dänemark und Schweden registrierten war auch in London ein Elektrizitätsausfall verzeichnet worden, welcher von den Medien allerdings nur beiläufig erwähnt wurde. Weitere Stromausfälle wurden noch in Georgien und Frankreich registriert, bevor schließlich in der Nacht vom 27. zum 28. September 2003 aus »purem Zufall« auch in ganz Italien (mit Ausnahme von Sardinien) die Stromversorgung ausfiel.

Kann all das wirklich nur Zufall sein?

Um diese Frage beantworten zu können, muß man etwas weiter ausholen: Der Einsatz sogenannter »elektromagnetischer Bomben« beendete den Kosovo-Krieg schneller, als jeder der Beteiligten gedacht hatte. Bei Luftangriffen auf die Kraftwerke von Belgrad und Pristina (ehemals Jugoslawien) gab es kurze, »orangefarbene« Lichtblitze, wonach das elektronische Innenleben der Stationen zerstört war und die serbische Kommandozentrale fortan ohne Strom »blind« wurde. Nikola Tesla hatte bereits für Nazi-Deutschland auf dem Gebiet der Hochfrequenzbestrahlung geforscht: Einerseits versuchte man, mit den Radiowellen eine biologische Beeinflussung zu erzielen, um die Feinde zu verwirren, andererseits sollten die Kommunikationsapparaturen der feindlichen Armeen unbrauchbar gemacht werden.

Auch heute sind sich Militärexperten dahingehend einig, daß diejenigen, die das »elektromagnetische Spektrum« beherrschen, im Krieg der Zukunft immer siegreich sein werden. Neben den elektronischen Bomben, die ihre Energie aus einer chemischen Reaktion beziehen, stehen den heutigen Militärs auch High-Tech-Systeme in der Größe eines Aktenkoffers zur Verfügung, die aus elektrisch gespeicherter Energie intensive Mikrowellenstrahlungs-Impulse erzeugen können. Die ultrakurzen Strahlungsimpulse solcher Mikrowellenwaffen können Leistungen von mehreren 100 Millionen Watt aufweisen. Damit zerstören sie im weiten Umkreis nicht nur Chips, Drähte und Transistoren, sondern haben auch eine biologische Auswirkung. Wenn diese absorbierte Energie beispielsweise in lebenswichtige Bereiche gelenkt wird, etwa an die Schädelbasis, da, wo das Rückenmark in das Gehirn übergeht, kann ein Mensch mit ganz geringen Mengen an absorbierter Energie getötet werden. Es reicht aus, diese Region des Zentralnervensystems auf 44 °C zu erwärmen, was mit einem Impuls von einer Zehntelsekunde Dauer geschehen kann, um das menschliche Opfer außer Gefecht zu setzen. Tiere wurden bei Versuchen durch kurze Impulse mit Energiedichten von nur 1 mW/cm^2 problemlos getötet.

Das Verhältnis zwischen der Wellenlänge der verwendeten Hochfrequenzwellen und den Abmessungen des zu bestrahlenden Körpers ist wie bei jeder Empfangsantenne von großer Bedeutung. Ein aufrecht stehender Mensch von durchschnittlicher Größe hat eine Resonanzfrequenz von 43 MHz, während der Kopf als Topfkreis etwa 242 MHz haben soll. Laut neuesten Forschungsergebnissen gibt es keinen Zweifel daran, daß kleine Mengen elektromagnetischer Energie bei richtiger Wahl von Frequenz und Impulsform die Funktion der Neurotransmitter erheblich stören und die Funktion des Gehirns beeinträchtigen können. Arbeiten an Waffen mit Radio- und Mikrowellen verstecken sich weitgehend hinter »reiner Forschung« auf dem Gebiet der »Hochenergiephysik«.

War es diese Technologie, die den weltweiten Stromausfall auslöste?

Es ist seit einigen Jahren bekannt, daß Franzosen und US-Amerikaner auf diesem speziellen Gebiet der Hochenergiephysik forschen und auch Tests mit daraus resultierenden neuen Waffensystemen durchführen. Wenn man Radiowellen erst einmal aussendet, sind diese beinahe unaufhaltsam unterwegs und durchdringen bei ihrer Reise alles, was ihnen in die Quere kommt. Wir Menschen bemerken diese unsichtbaren Kräfte mit unserer naturgegebenen Sensorik nicht, weshalb sie – im Falle ihrer Anwendung als Waffe – äußerst gefährlich sind. Lediglich durch den Einsatz von entsprechenden Meßgeräten können wir sie erfassen.

Steht zum Schluß die Frage: Wenn diese neuen Waffentechnologien existieren, mit welcher Art von Energiegewinnung werden sie betrieben, insbesondere, wenn – wie die Militärs behaupten – eine Leistung von mehreren 100 Millionen Watt produziert worden ist? Offensichtlich gelang dies den Militärs nur deshalb, weil sie sich der »kalten Fusion« bedienten. Der Technologie also, die von Martin Fleischmann und Stanley Pons 1989 für die »zivile Wissenschaft« entdeckt worden war und vor gar nicht allzu langer Zeit von den USA als unbrauchbar zurückgewiesen worden ist. Den Rest können Sie sich selbst zusammenreimen!

Kapitel 7

FALSCHE CHRONIKEN

Wird in heutigen Fakultäten über den Fortschritt des Menschen im Altertum geschrieben, so gibt uns die etablierte Wissenschaft immer zu bedenken, daß das Altertum keinerlei Techniken in unserem Sinn kannte. Ganz offensichtlich lag das daran, weil der Ersatz der menschlichen Arbeitskraft durch Maschinen kein erstrebenswertes Ziel der gebildeten Herrscherkasten war, da die schwere Arbeit in aller Regel von Sklaven verrichtet wurde. Nach Ansicht der Lehrmeinung begann die »wissenschaftliche Explosion« auf technischem Gebiet deshalb erst mit der Industrialisierung des 19. Jahrhunderts.

Es sind jedoch innerhalb der archäologischen Forschung merkwürdige Kunstgegenstände (?) und Abschriften von alten Dokumenten gefunden worden, die auf frühe Königreiche und hochentwickelte Kulturen schließen lassen, die bereits tausende Jahre vor denen der Ägypter oder Sumerer bestanden haben müssen. Von diesen vergessenen Kulturen existieren auch Reste planvoller Bauwerke, die den nächtlichen Sternenhimmel auf die Erde projizieren und von nachfolgenden Kulturen »unverstanden« wieder aufgegriffen wurden. Dabei begegnen wir der Vorstellung, daß die Bewegung der Himmelskörper auf irgendeine Weise das Schicksal und den Charakter des Menschen beeinflußt. Diese Vorstellung ist so alt und tief verwurzelt, daß die Menschen immer noch »launisch« (»Luna« = Mond), »jovial« (»Lovalis« = Jupiter) oder »martialisch« (»Mensis« = Mars) genannt werden.

Diese Funde und Bauwerke in ihrer ursprünglichen Bedeutung begreifen zu wollen, ohne den frühen Planern und Erbauern eine Technik zubilligen zu wollen, ist schier unmöglich.

Die Anfänge der Weltgeschichte dokumentieren sogar eine besonders intensive Beschäftigung der Menschen mit der Mathematik und die Fähigkeit, mit sehr großen Zahlen zu rechnen. Und es fällt auf, daß diese Errungenschaften des Altertums später von den uns vertrauten Kulturen der Griechen und Römer vernachlässigt wurden. Unser eigenes Konzept der Geometrie und Trigonometrie stammt zwar von den Griechen Pythagoras, Euklid, Hippokrates und anderen ab; sie haben jedoch wahrscheinlich erst von den Ägyptern gelernt, deren Baumeister schon lange das Hypotenusenquadrat und andere geometrische Daten kannten. Auch die Daten für religiöse Feste beruhen noch heute auf den astronomischen Berechnungen altägyptischer Priester: Weihnachten fällt auf die Wintersonnenwende und Ostern auf die Tagundnachtgleiche des Frühlings.

Darüber hinaus geben 32 500 Jahre alte Knochenfunde aus der Altsteinzeit Gravuren wieder, die die Beobachtung der Phasen und Zyklen des Mondes über einen langen Zeitraum aufzeigen und somit die Leistungen der vorderasiatischen Priesterastronomen etwas verblassen lassen. Von Michael Rappenglueck, Doktor an der Universität München, wissen wir inzwischen auch, daß diese antiken Himmelsbeobachter ebenfalls vor 32 500 Jahren anfingen, die ebenmäßigen Bahnen des Orion und Sirius über dem Äquator zu beobachten, so daß eine Art »Höhlenmenschen-Astronomie« bestätigt werden konnte.

Warum sind derartige Kenntnisse nicht auch für die Öffentlichkeit bestimmt und gelangen erst auf Umwegen zu ihr?

Vielleicht deshalb, weil der Ursprung unserer kulturellen Errungenschaften und der Anfang der ersten Zivilisation immer noch im Dunkeln liegen und wir diese Tatsache den Wissenschaftlern in gleichem Maße verdanken wie den weltlichen Religionsführern, die aus unterschiedlichen Gründen offenbar nicht darin interessiert sind, die wahre Geschichte der menschlichen Entwicklung aufscheinen zu lassen.

In den 1970er Jahren machte der anfangs wenig respektierte Archäologe Thomas D. Dillehay einen sensationellen Fund im Süden von Chile (Südamerika), den er Monte Verde nannte. Unter einer meterdicken Torfmoorschicht verbargen sich hier Fellstücke und Fleisch von Tieren sowie erstarrtes Tierfett, wilde

Kartoffeln, Seegrasschnüre und einige mit Steinspitzen versehene Lanzen aus Holz.

Die Oberfläche der abgetragenen Ausgrabungsstätte ließ architektonische Strukturen von Hütten erkennen, hier mußte also einst ein steinzeitliches Dorf gestanden haben. Zahlreiche Radiokarbontests bewiesen, daß Monte Verde etwa 13 000 bis 14 000 Jahre alt war. Damit war dieser Fundplatz mindestens 1000 Jahre älter als die sogenannten »Covis-Menschen« Amerikas, die vermutlich Nachfahren der »Solutreen-Menschen« waren, die einst vor 16 500 bis 22 000 Jahren im heutigen Frankreich, Spanien und Portugal lebten.

Es sollte zwei Jahrzehnte dauern, bis Dillehays Forschungsergebnisse von allen Größen der Archäologie anerkannt wurden.

Mit der Entdeckung des 9300 Jahre alten »Kennewick Man« brach sogar ein Streit zwischen der indianischen Urbevölkerung der USA und der anerkannten Wissenschaft aus. Das sehr gut erhaltene Skelett dieses Mannes stellt nämlich keinen Indianer dar, sondern weist europäische oder südostasiatische Merkmale auf, womit er wohl ein »Kaukasoid« gewesen wäre. Die daraus resultierenden Fragen sind von enormer Tragweite: Wer war der Steinzeitmensch überhaupt, der morphologisch so weit von den Indianern entfernt ist? Und wo kam er her? Mit welchen heutigen Menschen ist er verwandt? Waren die Ur-Indianer damals doch nicht alleine in der Neuen Welt? – Die anthropologische Fachwelt war wie elektrisiert: So mancher Wissenschaftler sah sich schon eine aufsehenerregende und die Karriere fördernde Publikation schreiben. Doch es kam alles ganz anders!

Die Indianer machten bei dem wissenschaftlichen Vorhaben nicht mit: Fünf Stämme am Columbia River im US-Bundesstaat Washington verlangten die sofortige Herausgabe der Gebeine aus Kennewick, um sie an einem geheimen Ort zu bestatten. Armana Minthorn, der religiöse Führer vom Stamm der Umatilla, erklärte:

»Die Schändung eines unserer Vorfahren durch die Wissenschaft müssen wir mit allen Mitteln verhindern. Denn wir wissen längst, daß wir von Anbeginn der Zeit hier waren und nicht von einem anderen Kontinent eingewandert sind – ganz egal, was die Wissenschaftler behaupten. Unsere mündlichen Überlieferungen gehen über 10 000 Jahre zurück.«

Daß die Umatilla nachweislich erst seit 2000 Jahren im Nordwesten Amerikas leben, spielt in den Augen der Indianer keine vordergründige Rolle. Auch nicht, daß alle Experten eine mündliche Überlieferung über 450 Generationen hinweg für ausgeschlossen halten. Aber die bedrohlichste Waffe der modernen Indianer sind nicht historische Fakten, sondern ein fragwürdiges Gesetz aus dem Jahre 1990: der »Navite American Graves Protection and Repatriation Act« (NAGPRA). Laut diesem Gesetz muß bei allen Knochenfunden auf Bundesgebiet geklärt werden, ob die Überreste von Indianern abstammen. Die Kriterien dafür sind allerdings etwas undurchsichtig: Es muß dabei lediglich eine vage »kulturelle Anbindung« nachgewiesen werden. Besteht diese, müssen Knochen den jeweiligen Stämmen überlassen werden. In der Praxis jedoch hat sich die Entdeckung der Neuen Welt im Jahre 1492 durch Christoph Kolumbus (die Chinesen waren mit Schiffen schon 1421 in Amerika) gewissermaßen als »Verfallsdatum« der kulturellen Anbindung etabliert: Alle Gebeine, die älter als 500 Jahre sind, gehen als »native American« (»amerikanischer Ureinwohner«) durch und gelten als indianisch. Quasi müßte man selbst die Wikinger aus Europa, die nachweislich 500 Jahre vor Kolumbus in Amerika eintrafen, heute als Indianer einstufen. Das Problem bei dem Ganzen ist jedoch, daß allein das amerikanische *Smithsonian Institute* an die 20 000 Knochenfundstücke verwahrt, die in Amerika gefunden wurden und nach Radiokarbondatierungen ein Alter zwischen 13 000 bis 22 000 Jahre aufweisen. Auch entdeckte steinerne Speerspitzen lassen eindeutig erkennen, daß sie genauso angefertigt wurden, wie die der Solutreen-Menschen Europas vor 22 000 Jahren. Sind also die viel späteren Clovis-Menschen in Amerika Nachfahren des Solutreen-Volkes, das es einstmals vor langer Zeit irgendwie über den Atlantik geschafft hat? Der Anthropologe Professor David Hurst Thomas vom *American Museum of Natural History* in New York meint dazu:

»Beim Kennewick-Fund streitet gar nicht Religion gegen Wissenschaft: in Wahrheit geht es um Politik, Kontrolle und Macht.« Wer kontrolliert also die Geschichte?

Daß es nicht alleine die Aussagen der historischen Artefakte sind, die das Denk- und Lehrgebäude der Wissenschaft schaffen, beweist folgender Fund: Als in Glozel, einem Dorf in der Nähe von Vichy, der Bauer Emile Fradin am 1. März 1924 seinen Acker pflügte, der seit alter Zeit den Namen »Champs des Morts« trug, war er mehr als erstaunt. Zu seinem anfänglichen Ärger stieß er auf einige Steinquader, die er aus dem Weg schaffen mußte, um seine Arbeit fortsetzen zu können. Unter den von ihm gehobenen Steinen fand er dann aber einige seltsame Dinge, so daß er zunächst an die Entdeckung eines Schatzes glaubte. Doch er fand kein Gold, sondern nur eine Tafel aus gebranntem Ton, die mit eigenartigen Schriftzeichen versehen war, die er jedoch nicht lesen konnte. Fradin war kein Archäologe, dennoch fühlte er instinktiv, daß er hier etwas besonderes entdeckt hatte. Deshalb warf er die Fundgegenstände nicht fort, sondern zeigte sie seinen Nachbarn. In dem unweit gelegenen Vichy gab es schließlich einen Badearzt namens Dr. Antonin Morlet, der in seiner Freizeit als Hobby-Archäologe tätig war. Nach einer kurzen Prüfung glaubte dieser nun, daß die gefundenen Gegenstände echt waren und wenigstens ein großer Teil von ihnen aus dem Neolithikum stamme: Aus eigenen Mitteln organisierte der Hobby-Archäologe eine Ausgrabung, die bis 1930 andauerte. Er entdeckte im Laufe der Zeit noch einige Schrifttafeln und zahlreiche andere Exponate, so daß sich letztlich die Gesamtzahl der entdeckten steinzeitlichen Fundstücke auf 3000 belief. Eigentlich hätten diese Ausgrabungsfunde den Wissenschaftszweig der Archäologen revolutionieren müssen.

Dr. Antonin Morlet informierte schließlich den Leiter des *Musée des Beaux Arts*, Dr. Motlet in Paris, über die Glozel-Funde. Der hüllte sich aber längere Zeit in Schweigen. Als er dann doch in Glozel auftauchte, glaubte der Badearzt und Hobby-Archäologie Morlet, daß jetzt der Durchbruch gelungen sei und die Fachwelt Glozel demnächst als »archäologische Sensation« ohne weiteres anerkennen werde. Dann aber machte der Badearzt einen entscheidenden Fehler: Er veröffentlichte eine Arbeit unter dem Titel *Nouvelle Station Néolitique* unter seinem Namen und dem von Emile Fradin, in der er die Funde in die Zeit um 8000 v. Chr. stellte. Mit der Veröffentlichung war aber der Direktor des Pariser Museums gar nicht einverstanden. Er verlangte, an die Stelle Emile Fradins seinen eigenen Namen zu setzen, was Morlet allerdings entschieden ablehnte. Das hatte zur Folge, daß die kuriosen Fundstücke keinen Eingang in die Schulwissenschaften fanden. Sie blieben statt dessen in Glozel, wo sie seither von den einen als Fälschungen und von den anderen als echte Artefakte angesehen werden.

Auch die Zeit des Zweiten Weltkrieges und die Nachkriegszeit, in der man in Frankreich und in Europa andere Sorgen zu haben glaubte, als sich mit kuriosen archäologischen Fundstücken zu befassen, trugen dazu bei, daß Glozel in Vergessenheit geriet. Es dauerte bis zum Ende der 1970er Jahre, bis man sich der Funde von Glozel wieder erinnerte. Auch das Ausland zeigte jetzt Interesse, so daß die Forschungen von neuem begannen und die Wissenschaftler bis zum heutigen Tag zu zahlreichen Ergebnissen gelangen konnten.

Was konnte man nun über die Echtheit der Exponate von Glozel herausfinden?

Die Funde mit Schriftzeichen stammen offenbar aus verschiedenen Zeiten: die ältesten sind in das Mesolithikum und in das Neolithikum zu datieren, wie es auch Antonin Morlet bereits vermutet hatte. Der älteste Fund stellt auf einer Knochenplatte ein Rentier dar, das von runenähnlichen Schriftzeichen umgeben ist. Nach einer C-14-Datierung ergibt sich hier ein Alter von 17 000 Jahren. Andere mit Schriftzeichen bedeckte Knochen weisen nach der C-14-Methode ein Alter von durchschnittlich 15 000 Jahren auf.

Das Alter der eingangs erwähnten Schrifttafeln aus gebranntem Ton wurde nach dem Thermolumineszenzverfahren bestimmt. Aus diesem ergibt sich allerdings, daß die Platten um 600 v. Chr. gebrannt wurden – eine Tatsache, die die Wissenschaft wieder vor neue Rätsel stellt. Die starke Zeitdifferenz zwischen den Knochen und den Tafeln aus gebranntem Ton könnte zwar dadurch erklärt werden, daß Glozel über einen langen Zeitraum besiedelt war und die älteren Tafeln nachlässiger gebrannt wurden, doch erscheint es in diesem Fall recht ungewöhnlich, derart differierende Gegenstände in denselben Grabungsschichten zu finden. Auch wenn phantasievolle Archäologen die Theorie in den Raum stellen, daß die wie eine Schrift anmutenden Zeichen zu einer jüngeren Zeit von keltischen Pilgern in vorhandene steinzeitliche Objekte eingeritzt wurden, können hier nur neue und umfassendere Grabungen zu einer klärenden Antwort verhelfen.

Die Entzifferung der Schriftzeichen ist äußerst schwierig, da die zugrundeliegende Sprache unbekannt ist, doch zumindest der Schweizer Kryptologe Hans-Rudolf Hitz hat eine wissenschaftliche Übersetzung versucht.

In seinem Buch *Als man noch Prokeltisch sprach* geht er davon aus, daß die Runenzeichen von Glozel aus einer vorkeltischen Sprache stammen, aus der sich dann später die keltischen Sprachen entwickelt hätten. Auf dieser Basis argumentierend, hat er zumindest seine Übersetzungen versucht, die zu interessanten Ergebnissen führten. Dennoch bleibt es schwer zu sagen, ob er mit seiner Arbeit recht hat.

Die Übersetzungen, die Hitz vorgelegt hat, zeigen, daß es sich durchweg um kultische und astronomische Texte handelt. Dies würde auch mit Beobachtungen in anderen Kulturbereichen übereinstimmen, in denen die Schrift zunächst ein Privileg der Priesterkaste war.

Es wird zudem oft übersehen, daß es sich bei den Zeichen von Glozel durchaus nicht um die einzigen sehr alten Buchstaben oder Zahlen ihrer Art handelt: Bemalte Kieselsteine aus der

Höhle »Mas d'azil« in den Pyrenäen gelten als die ältesten Zahlendarstellungen, die bislang gefunden wurden. Weiter sind zu nennen »St. Germaine-la-Riviére«, »Laurerie-Basse«, »Jean-Blancs« und »Monte-span-Ganties«. Es handelt sich dabei meistens um Höhlen aus Azilien und Magdalenien, die kulturgeschichtlich ebenfalls aus dem Mesolithikum stammen.

In diesem Zusammenhang sind vielleicht auch die seltsamen Keramikfunde von Waldemar Julsrud von Interesse, die er zwischen 1944 und 1952 in der mexikanischen Stadt Acambaro bei Ausgrabungen entdeckte. Das Erstaunliche an den etwa 33 500 Keramikfiguren ist, das viele von ihnen Dinosaurier und andere seltsame Wesen im engen Verbund mit Menschen zeigen. Die Entstehungszeit der Skulpturen liegt zwischen 4500 v. Chr. (C-14-Datierung von 1968) und 2500 v. Chr. (Thermolumineszenz-Datierungen von 1973 und 1995).

Über die Urheber der Keramikfiguren sowie über die Herkunft der Motive ist nichts bekannt, wohl auch deshalb, weil sich bisher noch kein Wissenschaftler ernsthaft mit den Funden beschäftigt hat. Dies wiederum erklärt sich durch den Umstand, daß man die entdeckten Figuren mit angeblichen, von Menschenspuren begleiteten Dinosaurierfährten von Glen Rose (USA) im Bett des Paluxy-River in Verbindung gebracht hatte. Wie sich allerdings inzwischen herausgestellt hat, wurden die menschlichen Fußspuren neben die der echten Dinosaurierspuren erst durch den Hobby-Forscher George Adams aus nur ihm bekannten Motiven hinzugefügt, also gefälscht!

Unabhängig davon bleiben die Keramikfiguren von Acambaro rätselhaft.

An dieser Stelle sei noch auf einen interessanten Umstand hingewiesen: Die Ureinwohner von Australien sind, was den meisten Europäern kaum bekannt ist, »Alteuropide«. Sie müssen also vor sehr langer Zeit einmal aus Europa gekommen sein, haben sich auf dem Weg in ihre neue Heimat mit vielen Völkern vermischt, dabei aber Reste ihrer alten Kultur wohl noch bewahrt. So könnte es vielleicht zu erklären sein, daß die Aborigines ebenfalls runenähnliche Zeichen verwenden, die zur Zeit ihrer Auswanderung aus dem europäischen Raum dort schon bekannt waren. Inwieweit diese Erscheinung auch bei anderen »alteuropiden« Völkern, also etwa bei den Ainus oder den Feuerlandindianern, zu beobachten ist, kann an dieser Stelle noch nicht mit Bestimmtheit gesagt werden. Aber der »Kennewick Man« und die anderen Knochenfunde werden dieses Geheimnis in naher Zukunft sicherlich lüften.

Wir müssen uns vergegenwärtigen, daß der Mittelmeerraum, der Vordere Orient und China lange Zeit viel intensiver von Archäologen erforscht worden sind als unser europäischer Raum. Das Interesse an der eigenen Vergangenheit nahm in Europa erst seit der Zeit des Ersten Weltkrieges zu. Allerdings hat man bislang nirgendwo in der Welt Schriftzeichen gefunden, die es vom Alter her mit denen von Glozel und den anderen europäischen Fundorten aufnehmen können.

Das dürfte bedeuten, daß die Schrift als eine der hervorragendsten Entwicklungen menschlichen Geistes aus dem europäischen Raum stammt und die anderen Kulturen die Schrift erst von den Europäern in abgewandelter Form übernommen haben. Demnach wäre der Satz »ex oriente lux« nur ein lange gehegter Irrtum. Vielleicht ist das auch der Grund, warum man sich so fanatisch dagegen wehrt, den Entdeckungen von Glozel auf den Grund zu gehen.

Wie kommt die Wissenschaft in bezug auf diese Erkenntnisse aber nun voran und vor allem weiter?

Vielleicht möchte die Wissenschaft in gewissen Forschungsbereichen gar nicht voranschreiten, sprich Fortschritte erzielen. Als beispielsweise der Oxford Professor Leonard R. Palmer in seinem Buch *Mykener und Minoer* eine neue Deutung der ägäischen Vorgeschichte zu schreiben wagte und erstmals eine andere frühgriechische Chronologie präsentierte, als sie gegenwärtig an den Schulen gelehrt wird, wurde er bezeichnenderweise von der Fachwelt derart heftig attackiert und korrigiert, daß er sich nach einem gegen ihn zwischenzeitlich ausgesprochenen

Veröffentlichungsverbot gezwungen sah, zwei Jahre nach dem Erscheinen seines Buches eine in wesentlichen Teilen redigierte und erweiterte Neuauflage zu verfassen.

Ähnlich erging es Professor Arthur Mcmillan, der ein Buch herausbrachte, das nicht die Zustimmung der amerikanischen Wissenschaftler fand. Der Verlag wurde in der Folge ganz einfach durch einen von der akademischen Welt inszenierten Boykott seiner Lehrbücher gezwungen, den Vertrieb der Publikation Mcmillans einzustellen.

Gleiches gilt auch für die Rundfunkmedien: Obwohl Fernsehproduzenten, zumindest nominell, zu jedem Thema, an dem ein berechtigtes Interesse besteht, eine Sendung produzieren dürfen, strahlen die Sender nur selten Berichte zu wissenschaftlichen Tabuthemen aus. Ein typisches Beispiel ist die Entdeckung von »Out of Place Artefacts«, was zu deutsch etwa »künstlich hergestellte Gegenstände an seltsamen Orten« bedeutet, die sich irgendwie in keine der uns bekannten Kulturen einordnen lassen wollen. Das Thema ist ein heißes Eisen, weniger vielleicht für Film- und Fernsehproduzenten als vielmehr für die Sender. Verständlicherweise wollen die dortigen Verantwortlichen nicht zu häufig das Mißfallen der orthodoxen wissenschaftlichen Gemeinschaft erregen. Jedesmal, wenn ein umstrittenes Thema Gegenstand einer Sendung ist, wird die betreffende Fernsehanstalt oder der Rundfunksender von Fachwissenschaftlern mit Beschwerden geradezu bombardiert. Aus diesem Grund werden gewisse Themen nur selten angesprochen.

Der Jenaer Professor Ernst Haeckel wurde der Öffentlichkeit als großer Forscher und Gelehrter auf dem Gebiet der Evolution und der Embryologie bekannt. Er schuf das »Biogenetische Grundgesetz«, wonach die »Ontogenese« (die Entwicklung des Individuums) die »Phylogenese« (die Entwicklung einer Art) wiederholt. Seine Darstellungen zieren noch heute manche Lehrbücher.

Tatsächlich aber hat der anerkannte Wissenschaftler Haeckel gefälscht! Um zu beweisen, daß sich die Embryonen von Mensch, Affe und Hund gleichen, hatte Haeckel drei Bilder veröffentlicht, die sich derart ähnelten, daß sie beinahe identisch erschienen. Und das waren sie auch: Das Bild zeigte einen Hundeembryo in dreifacher Ausführung!

Den gleichen Trick wiederholte Haeckel, um die Embryonenähnlichkeit von Hund, Huhn und Schildkröte zu belegen.

In weiteren Zeichnungen nahm Haeckel alle möglichen Veränderungen vor: So hatte er je nach Bedarf Schwanzansätze verlängert oder verkürzt, Wirbel hinzugefügt oder weggenommen, den Kopf eines menschlichen Embryos auf den Körper eines Affenembryos gesetzt, die Köpfe vergrößert oder verkleinert und ganze Körperteile und Gliedansätze weggelassen.

Ruitmeyer zeigte den Betrug bereits 1868 auf; weitere Vorwürfe gegen Haeckel kamen 1874 seitens Wilhelm His, eines angesehenen Forschers, auf, die man allerdings in einer recht subtilen Art und Weise präsentierte, so daß sie damals kaum als Vorwürfe erkannt wurden. Deutlichere Worte fand dagegen Arnold Braß 1908 in einem Buch sowie auf Vorträgen. Da Braß im Vergleich mit Haeckel ein Niemand war, ging der fälschende Professor mit aller Schärfe gegen ihn vor: In Briefen an Zeitungen sprach Haeckel von »frechen Erfindungen«, gegen die er rechtliche Schritte einleiten werde (was er nie tat), und er appellierte an die Solidarität der Wissenschaftler. Auch Braß versuchte, in der Öffentlichkeit Unterstützung zu finden, scheiterte aber. Haeckel galt als nahezu unantastbar, und nahezu niemand wagte es, sich mit ihm anzulegen.

Haeckel selbst gestand nur kleine »Fälschungen« bei nur wenigen Abbildungen ein. Seinen Ausführungen zufolge waren die betreffenden Abbildungen nur »schematisiert« worden – und damit genauso gefälscht wie alle anderen Lehrbuchdarstellungen auch.

Scharfe Angriffe richtete Haeckel auch gegen den *Keplerbund*, eine den Jesuiten nahestehende wissenschaftliche Gesellschaft, die ihrerseits Haeckel attackiert hatte. Es gehe bei den Vorwürfen, so Haeckels Darstellung, gar nicht so sehr gegen ihn als vielmehr gegen den *Monoistenbund*, der von Haeckel gegründet worden war und ein auf der Wissenschaft basierendes Weltbild in einer Art Gegenreligion vertrat sowie Offenbarung und Glauben ablehnte. Durch diesen geschickten »Schachzug« erklärte Haeckel die Angriffe gegen ihn gleichsam zu einem Kampf der Kulturen – der »rückständigen« Glaubenskultur und der »modernen« Wissenskultur.

Diesen missionarischen Eifer erkannte auch Hugo Jüngst, ein einst eifriger Anhänger Haeckels, der schließlich von ihm abfiel: »Gegenüber dem frommen, bescheidenen Glauben der Väter entfaltete Haeckel das Banner des Wissens. Aus dem Dämmerlicht des ›religiösen Truges‹ wollte er die Menschheit hinausführen auf die Sonnenhöhen der Wissenschaft […].«

Haeckels (Teil-)Geständnis drang, was bemerkenswert ist, bislang in den englischsprachigen Raum überhaupt nicht vor. Dennoch war es mit Michael Richardson ein englischsprachiger Biologieprofessor, der im Jahre 1997 aufgrund vieler Widersprüche zwischen seinen Forschungsergebnissen und dem alten Lehrbuchwissen mißtrauisch wurde und eine Studie veröffentlichte, in der er Embryonen miteinander verglich – ohne Manipulationen versteht sich! Nunmehr wurde für alle bildlich darstellbar, wie massiv die Betrügereien Haeckels waren. Richardson bezichtigte Haeckel ohne Umschweife des Betruges:

»Die Zeichnungen, mit denen Ernst Haeckel seine Theorien gestützt hatte, sind frei von menschlichen Embryonen abgeleitet. Ein biogenetisches Grundgesetz zur Unterstützung der Evolutionstheorie wurde von Haeckel einfach erfunden.«

In einem vielzitierten Kommentar von Edward Pennisi in *Science*, der auf Richardsons Erkenntnisse Bezug nimmt, heißt es, daß Generationen von Biologiestudenten durch diese Fälschungen in die Irre geführt worden seien.

Haeckel führte auch die Bezeichnung »Kiemenspalten« für Beugefalten ein, die menschliche Embryonen in einer frühen Phase besitzen: Bis heute hält sich diese irreführende Bezeichnung.

Dennoch will die Wissenschaft die Betrügereien von Ernst Haeckel bis heute nicht wahrhaben, wie es der »Freiburger Klüngel« bestätigt: Professor Klaus Sander, emeritierter Ordinarius für Entwicklungsbiologie am Zoologischen Institut der Universität Freiburg, hat eine Schmähschrift gegen Richardson und zum Lobe Haeckels produziert:

»Sein kompromißloses Ringen um Erkenntnis und Wahrheit, seine Redlichkeit in der Auseinandersetzung mit den Gegnern – all das könnte auch noch heute jungen Menschen Vorbild und Orientierung sein!«

Ist es wohl auch – soviel, wie heute betrogen wird, verwundert auch der Umgang mit diesem Forschungsbetrug der Freiburger sicherlich niemanden.

Was kann man Leuten vorwerfen, die gegen die Unterrichtung der Evolutionstheorie im Schulunterricht klagen, wenn solche offensichtlichen Fälschungen als »Wahrheit« gelehrt werden? Es ist gerade diese schändliche Haltung der etablierten Wissenschaft, die gegen die Aufklärung wirkt. Haeckel stellt sich letztlich als wirksamer Feind der Evolutionstheorie heraus.

Wie kann man erwarten, daß die »Life Sciences« ordentlich arbeiten, wenn sie uralten Betrug nicht als Betrug akzeptieren wollen, sondern ihn im Gegenteil noch als Wahrheit an die Studenten und somit künftigen Forscher verkaufen? Und was soll man von einer Wissenschaft halten, die die Aufklärer kritisiert, ausgrenzt und manche von ihnen gar als Verbrecher abstempelt?

Im Juni 1998 hatte der israelische Wissenschaftler Professor Ronni Reich den nachvollziehbaren archäologischen Beweis erbracht, daß die biblische Gestalt David mit der Grundsteinlegung Jerusalems in Wahrheit nichts zu tun hatte. Reich schreibt die Stadtgründung dem kanaanitischen Volksstamm der Jebusiter zu, die sogar das ausgeklügelte alte Wasserversorgungssystem angelegt haben sollen.

Anstatt den Wissenschaftler aber für seine Arbeiten zu ehren, empörten sich die Abgeordneten des israelischen Parlaments über die Ergebnisse des Archäologen und bezeichneten den Professor als »Stümper«. Für die orthodoxen Israeliten stellt es sogar einen Frevel dar, am alttestamentarischen Mythos des Gründerkönigs David zu rütteln. Dennoch gab Professor Reich in seiner Pressekonferenz unbeirrt bekannt:

»Nach der Freilegung weiterer Steinquader nordwestlich der Klagemauer, was ja bekanntlich den letzten Rest des Salomo-Tempels darstellt, bin ich mit meinem Team auf eine Schicht gestoßen, die an die uralte Architektur der Stadt Jericho erinnert.«

Im jungsteinzeitlichen Fundgut Hessens bilden die sogenannten »Wetterauer Brandgräber« eine archäologische Sondergruppe, die ihren Namen von dem 1929 verstorbenen Professor Georg Wolff aufgrund seiner Funde in der südlichen Wetterau, insbesondere dem Vorland von Frankfurt/Main und Hanau, erhalten haben. Wolffs engster Vorarbeiter Georg Bausch verstarb kurz nach ihm (1932) und nahm das letzte Geheimnis um diese Funde mit ins Grab.

Kein Prähistoriker zweifelte die Echtheit dieser außergewöhnlichen brandkeramischen Gräber an, die längst in vielen Fachzeitschriften und Lehrbüchern fester Bestandteil wurden, obwohl einige Ungereimtheiten hervorgetreten waren. Die ersten Verdachtsmomente in bezug auf eine mögliche Manipulation der Gräber und Beigaben durch Georg Bausch veröffentlichte Hermann Müller-Karpe in seiner Seminararbeit *Zur Originalitätsfrage der Wetterauer Brandgräber* im Jahre 1943. Müller-Karpe gab zwar einige Hinweise, die für Fälschungen sprechen könnten, fällte aber in seiner Arbeit kein endgültiges Urteil. Das blieb 1958 Gudrun Loewe in ihrer Arbeit *Zur Frage der Echtheit der jungsteinzeitlichen Wetterauer Brandgräber* (in *Germania*) vorbehalten:

»Die in diesem Bericht vorgetragenen Bedenken haben mich zu der Überzeugung gebracht, daß die Wetterauer Brandgräber nebst ihren Beigaben von Bauschs Hand herrühren:

1) Die kulturelle Zugehörigkeit – Brandkeramik-Rössen-Megalith – ist dem damaligen Stand der Kenntnis angepaßt und hält neueren Erkenntnissen nicht stand.

2) Die Auffindung ist persönlich und zeitlich gebunden; mithin kann der Verbreitung keinerlei Wert beigemessen werden.

3) Die Herstellung der Beigaben wäre mit den technischen Mitteln der Steinzeit undurchführbar; es bedarf dazu eines neuzeitlichen Metallbohrers.

4) Die relativ wenigen Grabungsbefunde und Grabungsberichte lassen die stereotypen Grabmulden als neuzeitliche Störungen erkennen.«

Auch wenn nun vieles auf bewußte Manipulation hindeutet, so stellt sich doch die Frage, welches Motiv den Vorarbeiter Georg Bausch hätte dazu veranlassen sollen, Hunderte von Kieselsteinen – wahrscheinlich am Mainufer – zu suchen, zu durchbohren und mit Verzierungen zu versehen? Diese Frage stellte sich wohl auch Friedrich Kurz (1888–1971), ein Zeitzeuge der Grabungen, der erklärte:

»Nie geschah es, daß Georg Bausch zu graben begann, ohne daß Professor Wolff oder Professor Steinert dabei waren. [...] Man macht sich's sehr leicht, von Fälschungen durch Bausch zu sprechen. Wie wäre es aber, wenn die Sachen, die Bausch ausgrub, echt wären und die heute im Museum befindlichen gefälscht sind?«

Ist so etwas denkbar? Und was ist nun wahr?

Am 23. Oktober 2000 verkündeten japanische Forscher unter der Leitung von Shinichi Fujimura, dem stellvertretenden Direktors des privaten Tohoku-Forschungsinstitutes für Paläolithische Kulturen, daß man während des Sommers und Herbstes Steinwerkzeuge in Kamitakamori, am nördlichen Ende der japanischen Hauptinsel Honshu, gefunden habe. Vulkanische Asche, die über den Fundstücken lag, wurde mit paläomagnetischen Methoden und dem Verfahren der Thermolumineszenzmessung auf ein Alter von 570 000 Jahren datiert, so daß die entdeckten Strukturen und Werkzeuge die ältesten jemals in Japan gefundenen waren.

Am 5. November 2003 berichtete die japanische Zeitung *Mainichi Shinbun*, daß sie Fujimura dabei filmen konnte, wie der »Lehrmeinungsvertreter« die Gegenstände am 22. Oktober kurz nach 18.00 Uhr Ortszeit an der fraglichen Stelle vergrub. In einer Pressekonferenz gab Fujimura noch am selben Tage zu, daß er 61 der 65 Artefakte in Kamitakamori und alle zuvor in Soshin Fudozaka (Hokkaido) gefundenen Stücke selbst vergraben habe. Er meinte, »dies seien die einzigen Fälle«, in denen er jemals Artefakte unter die Erde brachte.

Der Direktor des Instituts, Toshaiaki Kamata, meinte daraufhin: »Andere Mitglieder des Teams haben von diesem ›Beschiß‹ nichts gewußt, und die Echtheit der vier Artefakte ist unbestritten.«

»Ich denke, bezüglich dieses Punktes sollten wir nach wie vor ziemlich argwöhnisch sein«, erwiderte der Amerikaner Peter Bleed, Professor für Anthropologie an der Universität von Nebraska in Lincoln, der zu diesem Zeitpunkt Gastprofessor am Museum der Tohoku Universität in Sendai war. Bleed ließ noch wissen, daß er die Bedeutung dieser japanischen Fundstelle bei seinen Kollegen angepriesen habe und nun »viele von uns ganz schön dumm ausschauen«.

Die außerordentlichen Fähigkeiten Shinichi Fujimuras, Steinwerkzeuge so in die Erde zu legen, daß damit eine frühzeitliche Besiedlung Japans bekräftigt wurde, führten in der Folge verständlicherweise zu beunruhigenden Fragen, die sich mit dem »Wie« der archäologischen Forschung in Japan und auch andernorts befaßten. Diese Fragen befaßten sich u. a. mit der schlampigen Seite der Archäologie, bei der Pressekonferenzen Vorrang vor wissenschaftlichen Publikationen haben, bei der sich nur wenige Forscher bemühen, Artefakte zu studieren, sobald sie eingesammelt worden sind, und bei der es kaum öffentliche Diskussionen über den wissenschaftlichen Gehalt irgendwelcher Behauptungen gibt.

In der Folgezeit stellten sich nicht nur einige weitere »Entdeckungen« Fujimuras als Fälschungen heraus, sondern als sich die Affäre ausweitete, wurden auch Zweifel an den Arbeiten von Mitsuo Kagawa, einem emeritierten Professor an der japanischen Beppu Universität, laut. Kagawa erhängte sich verzweifelt im März 2001, was einem Schuldeingeständnis gleichkam. Ist das Problem des Wissenschaftsbetruges damit aber vom Tisch? Natürlich nicht! Um Rechte, Macht- und Herrschaftsansprüche festzuschreiben, wurde schon zu allen Zeiten in den meisten bekannten Kulturen gefälscht. Seit der Renaissance erfreuten sich z. B. kleine antike Bronzestatuetten von Helden, Göttern und Göttinnen großer Beliebtheit. Was an Originalen nicht vorhanden war, wurde einfach nachgemacht und in unbekannte Gegenden verstreut. Der Bedarf an diesen sogenannten Kleinbronzen stieg mit den Ansprüchen der bürgerlichen Welt im 18. und 19. Jahrhundert sogar noch sehr stark an. Die Statuetten wurden in Fälscherwerkstätten noch leicht abgeändert, um sie für den Kunstmarkt interessanter erscheinen zu lassen. Auch wurden Aspekte der literarischen Überlieferung gefälscht und durch Haltung oder Beiwerk in die Thematik eingebracht.

Wie am japanischen Beispiel ersichtlich, wird auch heute noch vielfach versucht, der eigenen oder bevorzugten Kultur einen höheren Stellenwert einzuräumen, indem gezielt verfälscht, zerstört, beseitigt und heruntergespielt wird, was der eigenen Vorstellung zufolge als hinderlich erscheint. Leider kann sich auch so mancher Wissenschaftler nicht dem dunklen Hang entziehen, nur seiner Vorstellung von Wahrheit Raum zu geben, um Ruhm, Ehre und Anerkennung zu ernten. Wird die wissenschaftliche Fälschung entdeckt, erleidet der entlarvte Fälscher im schlimmsten Fall einen materiellen Verlust oder eine persönliche Schande. Eine unentdeckte Fälschung verändert – insbesondere im archäologischen Bereich – aber möglicherweise die Geschichtsschreibung! Dennoch scheint man unter den Archäologen nicht immer daran interessiert zu sein, Fälschungen auch als solche zu deklarieren, wie Georg Hausmann von der Universität Mainz feststellt:

»Es gibt genügend Beispiele, daß an Fälschungen krampfhaft festgehalten wird. Wünschenswert wäre, irgendwo eine Sammlung dieser Bedenken zu verwahren, die auch den profanen Medien zur Verfügung steht. Denn in 50 Jahren ist das alles vergessen [...].«

Unter anderem war das einer meiner Beweggründe, dieses Buch zu schreiben. Worauf Hausmann konkret mit seiner Bemerkung abzielte, war der archäologische »Jesusbeweis« für die Christenheit, der im Januar 2003 von Universitätsgelehrten aus Israel als Fälschung entlarvt wurde. Für die Juden hat Christus längst nicht den Stellenwert, den er bei den Christen oder im Islam einnimmt. Die Juden gehen sogar soweit, die Auferstehung von Jesus Christus gänzlich anzuzweifeln, weshalb sie sich also wohl nicht gerade geärgert haben mögen, als die Fälschung entlarvt wurde.

Begonnen hatte die Geschichte wie folgt: Im Jahre 2002 hatten archäologische Objekte aus der Hinterlassenschaft eines anonymen Sammlers, der sich später als Oded Golan aus Tel Aviv zu erkennen gab, weltweit Schlagzeilen gemacht und »Aufregung« in der jüdischen wie der christlichen Welt verursacht. Ein steinerner Knochenkasten (Ossuarium), wie er in Jerusalem zur Zeit Jesu üblich war, trug die Aufschrift »Jakob, Sohn des Josef, Bruder des Jesus«. Er wurde als »erster physischer Beweis für die Existenz Jesu« hingestellt.

Der kostbare Kasten, der dem Sammler im Fall eines Echtheitsnachweises Millionen Dollar gebracht hätte, wurde dem *Israel Museum* zum Verkauf angeboten. Die dortigen Verantwortlichen hegten jedoch Zweifel und wollten weitere Untersuchungen abwarten. Unterdessen wurde das kostbare Stück für eine Sonderausstellung zum *Royal Museum* ins kanadische Ontario geschickt, zerbrach allerdings auf dem Weg dorthin. Als der beschädigte Kasten nach Israel zurückkehrte, kam die Polizei dem Sammler auf die Spur und beschlagnahmte die Steinkiste.

Nach israelischem Gesetz ist die Altertumsbehörde berechtigt, 90 Tage lang archäologische Funde aus Privatbesitz zu prüfen. Artefakte dürfen nur mit offizieller Genehmigung ins Ausland geschickt werden. Der private Besitz ist legal, solange die Stücke nicht aus Raubgrabungen stammen, sondern zertifiziert bei Händlern erworben wurden. Die polizeiliche Untersuchung gegen den Sammler Golan wegen Betrugs und Fälschung ist noch nicht abgeschlossen.

Bei einer Pressekonferenz im Dezember 2002 wurden etwa 25 Journalisten in der »Kunst« schlechter Fälschungen unterwiesen. Den Forschern um Professor Amos Kloner von der Universität Tel Aviv fiel bei dem Jesus-Ossuarium auf, daß sich in der Rosette Patina (natürlich oxydierte Ablagerungsschicht) gebildet hatte, diese aber ausgerechnet dort fehlte, wo sich der eingravierte hebräische Text »Jakob, Sohn des Josef, Bruder des Jesus« befand. Dieser Umstand allein kann als Beweis dafür gelten, daß der Steinkasten 2000 Jahre alt und echt ist, daß aber die Inschrift in moderner Zeit eingeritzt wurde.

Schriftexperten bemerkten zudem, daß die drei Namen auf dem Kasten in unterschiedlichen Schrifttypen eingearbeitet worden waren: »Jakob« und »Josef« in Formalschrift, »Bruder des Jesus« dagegen in einer Art Kursivschrift. In wissenschaftlichen Sammlungen von Inschriften anderer Knochenkästen entdeckte Professor Amos Kloner die möglichen Vorlagen des Fälschers.

Den Mainzer Universitätsgelehrten Professor Wolfgang Zwickel und Reinhard Lehmann gelang es am 24. Januar 2003 ebenfalls, eine Fälschung zu entlarven: Am 13. Januar 2003 meldete zunächst die israelische Tageszeitung *Ha'aretz* und wenig später die internationale Presse eine Sensation. Es hieß, die althebräische Königsschrift sei entdeckt worden, und diese gelte wiederum als erster gegenständlicher Beweis für die Existenz des Salomonischen Tempels. Sie stamme von König Joasch (900 v. Chr.) und berichte von Bau- und Renovierungsarbeiten an dem Tempel. Durch mineralogische Analysen sei die Echtheit der Königstafel in jedem Fall bestätigt.

Die umfangreiche Diskussion der Thematik seit dem Bekanntwerden der Inschriftentafel nahmen die Mainzer Wissenschaftler zum Anlaß, am 22. Januar einen Workshop durchzuführen, der die neue Entdeckung zur Grundlage hatte. Professor Zwickel als Verfasser eines Standardwerkes zum Salomonischen Tempel und

Reinhard Lehmann als Spezialist für Althebräische Epigraphik leiteten diese Veranstaltung.

Als erster Fachmann erklärte der israelische Bibelexperte Avigor Hurwitz in bezug auf die Königsschrift seine Verwunderung, als er auf eine seltsame Satzpassage hinwies:

»Welcher König hätte sich selbst dafür gelobt, den Tempel beschädigt zu haben?«

Die verräterische »Smoking Gun« des Fälschers, der offenbar modernes Hebräisch spricht, sei ein schlichter Übersetzungsfehler: »Bedek beit« bedeutet in der Bibelsprache »beschädigen« beziehungsweise »Risse machen«, während der gleiche Begriff im modernen Hebräisch »Haus renovieren« bedeutet. Der Experte weiter:

»Kein einziger Satz der Inschrift ist völlig korrekt. Offenbar hat der Fälscher willkürlich biblische Worte zusammengeworfen, damit es schön altertümlich klingt.«

Auch die beiden deutschen Forscher stellten in dem gut besuchten Workshop ihre Bedenken gegen die Echtheit der Inschriftentafel dar und führten ähnliche Argumente wie Avigor Hurwitz auf. Professor Wolfgang Zwickel meinte:

»Die Inschrift reiht sich daher mit hoher Wahrscheinlichkeit in eine Vielzahl von Fälschungen ein, die seit dem 19. Jahrhundert verfertigt wurden, offenbar ist es aber den Fälschern inzwischen gelungen, Alterungsprozesse an Steinen bewerkstelligen zu können, die einen naturwissenschaftlichen Nachweis der Fälschung erschweren oder sogar verhindern. Um so mehr müssen die klassischen Methoden wie Paläographie, Syntax und Grammatik für den Nachweis einer Fälschung herangezogen werden.«

Für Bibel-Kenner ist es nicht weiter überraschend, daß einmal mehr ein offizieller Beweis weder für den Salomonischen Tempel noch für Jesu Existenz gefunden werden konnte. Hat sich doch Jesus selbst immer wieder solchen Beweisforderungen entzogen. Zudem beruht die ganze christliche Dogmatik auf dem Prinzip »Wissen durch Glauben« und nicht auf dem umgekehrten Denkmodell.

Wie soll man sich auf eine verbindliche Vergangenheit des Menschen einigen, wenn in so vielen Fällen gefälscht wird?

Die griechischen und römischen Schriftsteller der Antike, deren Berichte auf ägyptischen Quellen aus erster oder zweiter Hand basierten, behaupteten für die Zivilisation Altägyptens ein wesentlich höheres Alter, als es ihr die Ägyptologen von heute zubilligen. Diese ägyptischen Quellen nannten riesige Zeitspannen, zwischen 24 000 und 36 000 Jahren, in denen Ägypten entweder von den Horus-Göttern oder deren Gefährten und Anhängern zivilisiert und regiert wurde. Die meisten Wissenschaftler haben diese Schilderungen als Phantasieprodukte oder Legende verworfen.

Als im 19. Jahrhundert der Forschungszweig Ägyptologie entstand, glaubte man allerdings noch allgemein daran, daß der Sphinx älter als die Pyramiden sei, und das nur aus dem schlichten Grund, weil er wesentlich älter aussah als die Pyramiden. Weder auf dem Sphinx, noch auf dem unmittelbar benachbarten Tempel fanden sich leider Inschriften, die über das Entstehungsdatum des Bauwerks Aufschluß geben konnten.

Schließlich fand man nach Ausgrabungen eine Stele zwischen den Vorderpranken der Sphinx, die König Thutmosis IV. während der 18. Dynastie dort hatte anbringen lassen. Auf einem der entzifferbaren Register dieses Textes auf dieser »Traumstele« stand auf Zeile 13 (die später abblätterte), »Cha-ef«, womit man den Namen Chephrens identifizierte. Der umstehende Text war schon nicht mehr zu entziffern, und die ganze Passage ist heute vollständig verschwunden.

Als später noch der Taltempel mit seinen Reihen ebenmäßiger Granitquader unweit des Sphinx' ausgegraben wurde, stieß man im Boden des Tempelinneren auf mehrere Gruben. In diesen Gruben lagen wunderbare Statuen von Chephren, die mit dem Gesicht nach unten blickten. Weil sich unter den Funden auch eine Skulptur in Sphinxform befand, sprachen die Archäologen von Ähnlichkeiten zwischen den Königsskulpturen und dem Gesicht der Sphinx. Angesichts dieses Fundes zögerten die Wissenschaftler nicht, den Sphinx und seinen Tempelkomplex Chephren zuzuschreiben – und das, obwohl sie dabei ein Beweisstück aus der Betrachtung ausschließen mußten, das definitiv für den Sphinx ein höheres Alter behauptete. Die Rede ist von der sogenannten »Inventarstele«, die der französische Ägyptologe Auguste Mariette im 19. Jahrhundert auf dem Giseh-Plateau entdeckte. Die Stelen-Inschrift handelt von Ereignissen in der Regierungszeit von König Cheops, Chephrens Vorgänger: aus ihr geht hervor, daß Cheops die Errichtung eines Tempels neben dem Sphinx anordnete. Das bedeutet natürlich, daß der Sphinx schon zu Cheops' Lebzeiten existierte und folglich nicht von Chephren errichtet worden sein kann. Doch stilistische Merkmale führten die Wissenschaftler zu der Überzeugung, daß diese Stele kein Original sei, sondern vielmehr aus der späten 21. Dynastie stamme. Es ist eine anerkannte Tatsache, daß diese späteren Dynastien häufig Stil und Texte des Alten Reiches kopierten, und so bestand und besteht kein zwingender Grund, die Authentizität des Textes auf der »Inventarstele« in Abrede zu stellen. Der Text ist genauso ein Indiz, wie es die Belege für die Zuschreibung der Sphinx zu Chephren sind. Zumal der abgebrochene Bart des Bauwerks stilistisch definitiv aus dem Neuen Reich stammt. Es ist ein Zopfgeflecht, wie es 1500 v. Chr. modelliert wurde – und nicht ein Liniengeflecht aus dem Alten Reich. Mit Sicherheit geht der Bart auf die Restaurierungsarbeiten von Thutmosis IV. zurück. Auch die im Tempelkomplex entdeckte Sphinxskulptur spricht selbst nach Ansicht von führenden Ägyptologen gegen Chephren als Bauherrn.

Dabei berichtete bereits der griechische Historiker Herodot (450–390 v. Chr.), was ihm sein ägyptischer Priesterinformant über das Alter Ägyptens erzählte: daß nämlich die Sonne dort zweimal untergegangen sei, wo sie zu Herodots Zeiten aufging, und zweimal dort aufgegangen sei, wo sie unterging. Diese Behauptung wird von den Wissenschaftlern leider im allgemeinen als Unsinn abgetan.

Der Archäologe Rene Aor Schwaller de Lubicz vermutete

jedoch, daß es sich bei diesen Hinweisen um Bezüge auf die Präzession der Äquinoktien handeln könnte, womit Herodot die Taumelbewegung der Erde erklärte, die für die Zeitalter des Tierkreises verantwortlich ist. Die Präzession hat zur Folge, daß die Sonne rund alle 2150 Jahre vor einem anderen Tierkreis aufgeht. Und wenn die kryptische Bemerkung des Priesters sich tatsächlich auf dieses Phänomen bezieht, bedeutet das, daß die Ägypter ihre Geschichte mindestens eineinhalb Zyklen zurückzählten, was einem Zeitraum von rund 36 000 Jahren entsprechen würde.

Für Schwaller de Lubicz rühren auch die starken Verwitterungen auf dem Körper der Sphinx nicht, wie heute allgemein angenommen, von der erodierenden Wirkung von Wind und Sand her, sondern sind vielmehr durch Wasser verursacht. Die Geologen bestätigen, daß Ägypten in nicht allzu ferner Vergangenheit stark überflutet wurde. Dieser Zeitraum wird zumeist auf das Ende der letzten Eiszeit um etwa 15 000 bis 10 000 v. Chr. datiert.

Wenn es möglich wäre zu beweisen, daß der Sphinx unter Wasser-, nicht aber unter Wind- und Sanderosionen zu leiden hatte, dann würde das notwendigerweise bedeuten, daß der Sphinxkörper behauen wurde, bevor Ägypten unter Wasser stand. Das wiederum würde heißen, daß das steinerne Bauwerk schon zu einer Zeit existierte, als es nach anerkannten historischen Theorien auf der Erde noch gar keine Zivilisation gab und die Menschheit sich statt dessen nur auf der Entwicklungsstufe der Jäger und Sammler befand.

Schwaller de Lubiczs Beweisführung ist zu komplex, um hier im Detail besprochen zu werden. Doch aus logischen, ägyptologischen und geologischen Gründen kann eine Verwitterung des Sphinxkörpers durch Wind und Sand definitiv ausgeschlossen werden. Eine Erosion kann nicht erfolgen, wenn der Körper der Sphinx mit Sand bedeckt ist, und es läßt sich nachweisen, daß der Sphinx sich mindestens 5000 Jahre lang in genau diesem Zustand befand.

Bei einer koordinierten geologischen und chemischen Analyse unter der Leitung von K. Lal Gauri, dem Direktor des *Stone Conservation Laboratory* an der Universität of Louisville (Kentucky), wurde im Labor bestätigt, worauf anders gelagerte Vernunftgründe bereits hinausliefen: daß das für die Verwitterung verantwortliche Agens nicht Wind und Sand, sondern Wasser war. Gauri spricht allerdings die Möglichkeit prädynastischer Überflutungen nicht an und stellt auch die zeitliche Zuschreibung der Sphinx nicht in Frage. Er meint, die Verwitterung gehe auf das Grundwasser zurück, das durch den Kapillareffekt in den Körper der Sphinx eingedrungen sei und mit den Salzen im Kalkstein reagiert habe. Es ist bekannt, daß dieser Prozeß Gestein auflöst, wenn auch sehr langsam. Doch im Fall der Sphinx stellt er uns vor Probleme, die möglicherweise schwierig zu lösen sind.

Die detaillierten Studien von Mark Lehner, Field Direktor des *American Research Centers* in Ägypten, erwiesen, daß am gewachsenen Fels der Senke, in welcher der Sphinx ruht und die nie repariert wurde, keine weitere Verwitterung stattgefunden hat. Folglich scheint Gauris Erklärung nach einem geologischen Wunder zu verlangen: Auf geheimnisvolle Weise wäre der Grundwasserspiegel von einem Niveau aus angestiegen, das viel tiefer lag als das heutige; das Wasser hätte in einem Zeitraum von 500 Jahren 60 Zentimeter tiefe Einschnitte in den Körper der Sphinx und in die Wände der umgebenden Grube gefressen, wodurch sie auf ihren heutigen Zustand verwittert wären – und ab diesem Zeitpunkt brach die Erosion schlagartig ab.

Wenn man den Sphinx also Chephren zuschreiben will, dann muß man offensichtlich auf derart unwahrscheinliche Erklärungen zurückgreifen.

Wenn das ansteigende Grundwasser die Verwitterung bewirkte, wie ist dann der Zustand des Totentempels vor der Chephren-Pyramide zu erklären? Dieser ist mit dem Sphinx durch einen Aufweg verbunden und gehört eindeutig zu diesem Baukomplex. Er weist ein ähnliches Verwitterungsmuster auf. Aber er steht 46 Meter höher auf dem Plateau.

Woher kam das Grundwasser, das diese Verwitterung hervor-
rief? Wenn die Zuordnung des Sphinx' zu Chephren nicht stimmt,
dann ist die Alternative so radikal, daß man verstehen kann,
wenn die Wissenschaftler sich scheuen, sie zu akzeptieren. Denn
warum der Sphinx der Überflutung Ägyptens zeitlich voraus-
ging, müssen unsere Ansichten über die Entwicklung der Zivilisation vollkommen neu geschrieben werden. Genau das will man
aber seltsamerweise gar nicht!

Aus der Zeit der Renaissance wissen wir heute eigentlich recht
viel: Das Schießpulver verdrängte die mittelalterlichen Kampf-
taktiken und damit das Rittertum, Nikolaus Kopernikus revolu-
tionierte das astronomische Weltbild, indem er die Sonne und
nicht die Erde als Mittelpunkt unseres Sonnensystems definierte,
und die Druckerpressen des Johannes Gensfleisch (Gutenberg)
sorgten dafür, daß das geschriebene Wort nun in Buchform in
großen Mengen unters Volk gelangte und diesem in vielerlei
Hinsicht die Augen öffnete. In diesem Zusammenhang sei hier
nur an die Texte eines Martin Luther sowie eines Hans Sachs
erinnert. Künstler wie Albrecht Altendorf, Albrecht Dürer, Michael Pacher, Veit Stoß, Tilmann Riemenschneider, Matthias
Grünewald schufen während der Renaissance ihre erstaunlichen
Werke, die heute noch Weltruhm aufweisen.

Der Vatikan hatte in dieser Zeit eine Abnahme seines Einflusses hinzunehmen und daher seine nördliche Provinz bereits aufgegeben. Nur in Italien achtete die katholische Kirche noch auf
die Reinheit ihrer Lehre. Schließlich wurde die Bekehrungs-
maschinerie nach Südamerika gesandt, um dort mit »Schwert
und Bibel« die »Heiden« von der Existenz ihres einzigen Gottes
zu überzeugen und die Konkurrenzgötter auszuschalten.

Aus den Reihen dieser kirchlichen Bekehrungskader entstamm-
te der in Nola geborene ehemalige Dominikanermönch Giordano
Bruno, der am 17. Februar 1600 auf dem Scheiterhaufen ver-
brannt wurde, weil er den »Irrlehren« seines »Kollegen« Kopernikus nicht abgeschworen hatte.

In einer Zeit, in der sich christliche Wissenschaft jahrhundertelang und ernsthaft über die Frage stritt, ob Gott einen Bart habe, Christus auch für die Frauen gestorben sei und in der Allgemeinmedizin – soweit davon überhaupt die Rede sein konnte – nur Humbug getrieben wurde, setzte sich Giordano Bruno mit Kopernikus' Buch *Kreisbewegungen der Himmelskörper* in einer so fairen Art auseinander, an der sich heutige Physiker ein Beispiel nehmen sollten:

»Fast ohne neue Gründe zu besitzen, hat er jene mißachteten und verrosteten Bruchstücke, derer er aus der Antike habhaft werden konnte, wieder aufgegriffen und durch seine mehr mathematische als naturphilosophische Betrachtungsweise so weit aufgeputzt, zusammengefügt und gefestigt, daß die schon lächerliche, verworfene und verachtete Sache wieder zu Ehren und Ansehen gelangte und wahrscheinlicher wurde als ihr Gegenteil, sicherlich aber einfacher und geeigneter für die Theorie und Berechnung der Himmelsbewegungen.«

Mit der Zeit kamen die Kritiker fortschrittlicher Ideen freilich nicht länger nur im Priestergewand daher, und zur Kritik gesellte sich bald die auch heute noch beliebte Methode des Totschweigens.

Auch heutzutage möchten einige Vertreter traditioneller Auffassungen eine Umschreibung bzw. Neuschreibung der Geschichte verhindern, um das bestehende, von ihnen verteidigte Weltbild nicht zu gefährden. Es soll ihrer Meinung nach alles so bleiben, wie es gegenwärtig ist. Nützen wird diese Haltung den Gegnern des wissenschaftlichen Fortschritts allerdings nichts. Der deutsche Schriftsteller Thomas Mann (1875–1955) hatte 1942 diesbezüglich schon treffend festgestellt:

»Man braucht keine Macht, um die Wahrheit sagen zu können.«

Und daran hat nichts geändert!

SCHLUSSWORT

Eine eher vergnügliche Form des Wissenschaftsbetrugs stellt das »hoaxing« dar. Ins Deutsche übersetzt läßt sich das englische Wort am ehesten mit »Jux und Tollerei« übersetzen. Hierbei wird mit einer gut vorbereiteten Fälschung ein anderer Wissenschaftler oder eine ganze Forschungsgruppe auf eine falsche Fährte gelockt. Wenn die Irreführung dann gelungen ist, wird die Fälschung mit viel Spott aufgedeckt. Was aber geschieht, wenn der Fälscher seinen Streich gar nicht mehr aufdecken wird, weil er inzwischen soviel Anerkennung bekommt, daß er auf sie nicht mehr verzichten will?

Vielleicht beantwortet diese Frage Richard Milton in seinem Buch *Verbotene Wissenschaften* am besten:

»Wahre Skepsis erfordert mehr als bloße Ablehnung!«

Nun, nicht jeder Betrüger ist gleichzeitig ein verachtenswerter Mensch, sondern oftmals auch ein Opfer widriger Umstände, die ihn erst zum Betrüger werden ließen. Und zum Teil haben Datenmanipulationen sogar schon dazu beigetragen, daß wichtige neue Erkenntnisse gewonnen werden konnten.

Trotzdem: Nach allem, was bisher in diesem Buch aufgezeigt wurde und in den Anhängen noch aufzuzeigen sein wird, muß davon ausgegangen werden, daß die Wege der Wissenschaft und die ethischen Grundprinzipien für den Menschen von Marionettenspielern im Hintergrund bestimmt werden.

Am 18. Januar 2000 schlug der Meteorit »Tagish-Lake« im Nordwesten Kanadas ein. Seitens der Fachleute wurde vermutet, daß der Meteorit vom äußeren Asteoridengürtel, aus der Nähe des Jupiter, kam. Das Besondere an diesem Ereignis: In dem Meteoriten wurden hohle Kohlenwasserstoff-Kügelchen gefunden, die mit den ersten Lebensformen auf der Erde in Verbindung gebracht werden. Was die Untersuchungsergebnisse für Auswirkungen auf die Zukunft des Menschen haben werden, dürften vermutlich wieder nur wenige erfahren.

VERBOTENE MEDIKAMENTE

Der jüngste Skandal mit dem Wundermittel »Lipobay«, das von der *Bayer AG* produziert wird, hat uns unlängst erkennen lassen, daß nicht alle Medikamente auch nützlich sind. Deshalb warnen die Arzneimittelhersteller den Verbraucher mit dem Satz: »Zu Risiken und Nebenwirkungen fragen Sie bitte Ihren Arzt oder Apotheker.« In diesem Zusammenhang untersuchten zwei Jahre lang norwegische Mediziner innerhalb einer Studie sämtliche Todesfälle in einem internistischen Krankenhaus. Die Ergebnisse der Untersuchung wurden am 25. August 2003 veröffentlicht. Von 14 000 dort behandelten Patienten verstarben 732, was etwa fünf Prozent entspricht und eine durchaus normale Zahl auf diesem Gebiet ist. Erschreckend war hingegen ein zweiter Befund: in 133 Fällen waren es nicht Krankheiten, die zum Tode führten, sondern die »Nebenwirkungen« der im Krankenhaus verordneten Medikamente. Auf Deutschland bezogen ergeben sich daraus 58 000 Todesfälle pro Jahr. Professor Jürgen Fröhlich, Leiter für Klinische Pharmakologie der Medizinischen Hochschule Hannover, sagte dazu:

»Die norwegische Studie ist deswegen für uns repräsentativ, weil in Norwegen die gleichen Medikamente eingesetzt werden wie im Bundesgebiet – mit den gleichen Indikationen, das heißt, für die ist es so, daß in den norwegischen Krankenhäusern sehr, sehr viele deutsche Ärzte arbeiten oder Norweger, die aber in Deutschland ausgebildet worden sind. Die Wissensbasis bei den Ärzten ist praktisch identisch mit der Wissensbasis der deutschen Ärzte.«

Nur in acht von 133 Fällen wurden Medikamente als Todesursache genannt. Bei den anderen 125 Patienten, die ebenfalls durch unerwünschte Arzneimittelwirkungen starben, standen völlig falsche Diagnosen, wie zum Beispiel »Herzversagen«, auf dem Totenschein. Ärzte werden nicht ausreichend im Fach »klinische Pharmakologie« ausgebildet, kommentiert Professor Fröhlich das katastrophale Ergebnis.

Hinzu kommt, daß 15 Prozent der Krankeneinweisungen bei alten Menschen das Ergebnis einer falschen Medikation sind. Auf jeden Todesfall – ausgelöst durch unerwünschte Arzneimittelwirkungen – kommen 20 Überlebende mit dauerhaften Behinderungen.

Auch wenn es im Artikel 1 Absatz 1 des Grundgesetzes der Bundesrepublik Deutschland heißt: »Die Würde des Menschen ist unantastbar«, hat der Wortlaut des Grundgesetzes für den einzelnen Menschen vermutlich doch nicht die ihm zugesprochene Bedeutung. Obwohl es nämlich nicht annähernd so viele Krankheiten gibt, ist die Gesamtzahl der Medikamente, die bislang weltweit vertrieben werden, auf 210 000 gestiegen. Erstaunlicherweise haben seit 1961 – den Statistiken diverser Pharmakonzerne zufolge – auch die Krankheiten an Zahl entsprechend zugenommen, auch wenn dafür mit großer Sicherheit nicht allein die Unbekanntheit gewisser neuer Viren oder ähnliches verantwortlich gemacht werden kann, sondern wohl eher die unbekannten Nebenwirkungen »verbotener« Medikamente, die aus rein umsatztechnischen Gründen auf den Markt geworfen werden. Unsere marktwirtschaftlich orientierte Gesellschaft bringt es schließlich ja auch fertig, einem Eskimo einen Kühlschrank zu verkaufen bzw. im Jahre 2004 in China 1,2 Milliarden »bäuerliche« Konsumenten für den Handy-Markt zu entdecken! Nicht anders geht man mit den Heilungsversprechen um! Nur wenn es den Medizinern gelingt, in der breiten Öffentlichkeit Angst vor neuen und unbekannten Krankheiten zu schüren, kann die Pharmaindustrie immer wieder mit neuen Medikamenten aufwarten, um mit unsinnigen Heilungsversprechen Milliarden zu verdienen. Und nicht selten wird das Ganze dann noch von den im Buch vorgestellten Faktoren der »Gefälschten Wissenschaft« begleitet:

1970 wurden in Südafrika die Medikamente »Plaxin« und

»Pronap« vom Markt genommen, weil die Beruhigungsmittel für den Tod unzähliger Säuglinge verantwortlich waren.

1971 sorgte ein zuvor für »unbedenklich« eingestuftes Schmerzmittel, »Paracetamol«, dafür, daß in England 1500 Menschen nach einem Kreislaufkollaps in Krankenhäuser eingeliefert werden mußten. Trotz dieser bekannten Tatsache empfahl der »Rat für Gesundheitserziehung«, dieses Mittel bis auf weiteres gegen den »Alkoholkater« einzusetzen – für den Tag danach.

1972 entdeckte man, daß das gegen Asthma verschriebene Spray »Isoproterenol«, statt zu heilen, 3500 Menschen getötet hatte.

1973 stellte sich heraus, daß das angeblich Leukämie heilende Medikament »Urethan« nach seiner Einnahme nicht nur völlig nutzlos war, sondern als Nebenwirkung Leber-, Lungen- und Knochenmarkskrebs erzeugte.

1974 wurde herausgefunden, daß die Aufputschmittel »Maxiton« und »Preludion«, die auch als Appetitzügler verschrieben wurden, zu ernsthaften Schäden an Herz- und Nervensystem führten, so daß beide Medikamente vom Markt genommen werden mußten.

1975 verbot man in Italien »Antiallergicum Trilergan« nicht nur, sondern beschlagnahmte es sogar per Gerichtsbeschluß selbst in den kleinsten Apotheken. Dieses Medikament verursachte eine besondere Lebererkrankung.

1976 wurde das Medikament »Flamanil«, das gegen Rheuma eingesetzt wurde, vom Markt genommen, weil es nicht nur Übelkeit und Gelenkschmerzen verursachte, sondern die Patienten bewußtlos werden ließ.

1977 wurde in den USA »Phenformin« vom Markt genommen, weil eine Gruppe von Ärzten nachgewiesen hatte, daß das Diabetesmedikament seit seiner Einführung im Jahre 1969 jedes Jahr über 1000 Menschen das Leben gekostet hatte. Das interessierte das Bundesgesundheitsministerium in Deutschland nicht sonderlich: Trotz des amerikanischen Skandals mit nachweislicher Todesfolge durften die für den deutschen Markt bestimmten

Diabetes-Mittel mit Namen »Dipar«, »Silubin-Retard«, »Sindatil« und andere bis auf weiteres abverkauft werden.

1978 bekamen die deutschen Behörden eine Empfehlung, alle cholesterinsenkenden Arzneien, die »Clofibrat« enthielten, vom Markt zu nehmen. Zuvor war festgestellt worden, daß diese Mittel, anstatt Herzattacken vorzubeugen, die Chance einer Herzattacke erhöhten. Neben nachweislichen Todesfällen nach Herzattacken verursachte »Clofibrat« Krebs, Gallen-, Leber-, Blasen- und Darmleiden. Trotz des Hinweises auf die Schädlichkeit der Cholesterinsenker gelang es den Behörden selbst im Dezember 1978 noch nicht, diese zu verbieten, so daß etwa 24 Pharmakonzerne ohne Bedenken ihre »Todesboten« weiterhin unters Volk bringen konnten.

1979 wurde bei einem Schmerzmittel mit der Bezeichnung »Amydoprin« festgestellt, daß es die Bildung weißer Blutkörperchen behinderte, was für einen Menschen durchaus tödliche Folgen haben kann. Des weiteren zeigte sich, daß »Amydoprin« insgesamt 160 Substanzen enthielt, die in Deutschland verboten wurden. Die Pharmaindustrie zeigte sich davon unbeeindruckt, sie bot diesen Todesbringer weiterhin in anderen Ländern als Arznei an.

1980 wurde das Verdauungsmittel »Oxychinolin« (»Clioquinol«) vom internationalen Markt genommen, nachdem 1978 in Japan ein Skandal mit 30 000 erblindeten und gelähmten Patienten bekannt geworden war, von denen sogar über 1000 verstarben. Schließlich wurden kurz darauf auch Fälle in vielen europäischen Ländern bekannt, die man sich vorher nicht recht erklären konnte. Viele davon waren zuvor als »Multiple Sklerose« fehldiagnostiziert worden. Der das Mittel produzierende Pharmakonzern *Ciba-Geigy* aus Basel in der Schweiz wurde letztendlich in mehreren Prozessen zu Schadenersatzzahlungen verurteilt und das Mittel, das allein in Japan unter 168 Handelsnamen verkauft worden war, verboten! Das Verbot galt allerdings nicht für die Länder der Dritten Welt, wo die gifthaltigen Restbestände bis auf weiteres Unwissende töten konnten.

1981 wurden die Schmerz- und Rheumamedikamente »Butazolidin« und »Tanderil« weltweit für den Tod von über 10 000 Menschen verantwortlich gemacht. Der schwedische Arzt Gunar Hansson veröffentlichte geheime Dokumente, die er sich auf illegalem Weg von der Schweizer Firma *Ciba-Geigy-Basel* beschafft hatte. Aus den Unterlagen ging hervor, daß der Pharmakonzern bereits über 1182 Todesfälle unterrichtet war, die Informationen aber unter Verschluß hielt, nur um den weiteren Verkauf der Medikamente nicht zu stören. Als der Sachverhalt schließlich über Umwege der Öffentlichkeit doch noch bekannt wurde, verbot man diese Mittel in den meisten Ländern außer in der Schweiz, wo die Aufsichtsbehörde IKS besonders eng mit der Industrie zusammenarbeitet.

1982 wurde in England das Arthritismedikament »Opren«, das »Benoxaprofen« enthält, vom Markt genommen, nachdem mehrere hundert Patienten gestorben waren und Tausende schwere körperliche Schäden erlitten hatten. Das hinderte den Pharmakonzern *Eli-Lilly* nicht daran, in den USA unter dem Namen »Oraflex« eine neue Zulassung für das Medikament zu beantragen. Freilich hatte man die britischen Todesfälle einfach verschwiegen und ohne weiteres die neue Zulassung bekommen. Glücklicherweise wurde die US-Zulassung wieder zurückgezogen, nachdem die Ereignisse aus England bekannt wurden.

In diesem Zusammenhang ist es vielleicht interessant zu wissen, daß George Bush Senior von 1977 bis 1979 Direktor von *Eli-Lilly* war und zudem 1500 Aktien dieser Firma besaß.

1983 kostete das Schmerzmittel »Zomax« fünf Menschen das Leben, doch weder der Hersteller noch die amerikanische Aufsichtsbehörde dachten daran, dieses Mittel aus dem Verkehr zu ziehen. Man empfahl zwar noch weitere Studien bezüglich der Wirkung des Medikament, doch passierte nichts.

1984 berichtete die englische Tageszeitung *Daily Mail*, daß das Akne-Medikament »Roacutan« in den USA bei Neugeborenen schwere Mißbildungen hervorgerufen hatte. Trotzdem dachte das Pharmaunternehmen nicht daran, das Medikament vom

Markt zu nehmen. Statt dessen wies man auf dem Beipackzettel darauf hin, daß mit derartigen Nebenwirkungen bei Schwangerschaften gerechnet werden müsse.

1985 meldete die Tageszeitung *Guardian*, daß die Verschreibung des Pilzdesinfektionsmittels »Nizoral« für fünf Todesfälle und 77 Erkrankungen, die aus den Nebenwirkungen des Medikaments resultierten, verantwortlich sei. Das Mittel mußte vom Markt genommen werden. Auch das Beruhigungsmedikament »Largactil« mußte nach schweren Hirnschädigungen bei weltweit etwa 40 Millionen Patienten zurückgezogen werden. Über 25 Millionen der behandelten Personen trugen Muskellähmungen davon, die zu keiner Zeit regenerierbar sein werden.

1986 wurde durch eine Tageszeitung aus England bekannt, daß »Merital«, produziert von der *Hoechst AG*, Nebenwirkungen in Form von Anämie, akutem Nierenversagen und Lungenentzündungen hervorrufe. Der deutsche Pharmakonzern empfand diese Nachricht lediglich als geschäftsschädigend und sah darin eine Wettbewerbsverzerrung zugunsten der britischen Konkurrenz. Ganz so einfach dürfte die Sache allerdings nicht gewesen sein. Dieselbe Tageszeitung berichtete auch über Nebenwirkungen des Medikaments »Felden« des amerikanischen Herstellers *Pfizer*. Über 2000 Patienten erkrankten nach Einnahme dieses Arzneimittels, 77 davon starben an Darmblutungen und Darmrissen. Dennoch meinte das Pharmaunternehmen, daß das Medikament »unbedenklich« sei.

1987 hatte die steigende Zahl von Kunstfehlern in gynäkologischen Arztpraxen die Versicherungsprämien in den USA dermaßen in die Höhe getrieben, daß 18 Prozent der Frauenärzte freiwillig ihre Fachrichtung aufgaben. Die hohen Schadenersatzansprüche, die das amerikanische Rechtssystem zuläßt, und die Arbeit als Gynäkologe, die auch medizinische Vorsorgeaufgaben einschließt, waren für diese Ärzte zu unvereinbaren Gegensätzen geworden.

1988 wurden in Kanada etwa 19 Todesfälle durch neue Schmerzmittel bekannt, die man auf »NSAID« zurückführte, das über 54 Substanzen enthält. Die Schädigung des menschlichen Organismus durch »NSAID« war mindestens seit 1984 bei der Pharmaindustrie bekannt, was dennoch keinen der Verantwortlichen sonderlich zu stören schien.

1989 wurde in Indonesien »Clioquinol« (oder »Oxychinolin«), das bereits 1978 in Japan und Europa für einige tausend Todesfälle und unzählige Erblindungen sowie Lähmungen verantwortlich war, vom Markt genommen. Das unverantwortliche Handeln des das Medikament herstellenden Schweizer Pharmakonzerns beweist überdeutlich, daß bewußt ein Produkt weitere elf Jahre verkauft wurde, von dem klar war, daß es sich um Gift handelt.

1990 erkannte man auf internationaler Ebene, daß auch Arzneimittel vor Fälschungen nicht mehr sicher waren. Das bedenkliche an der neuen Situation war, daß nicht nur der Markenname, der Beipackzettel und die Verpackung gefälscht wurden, sondern auch die angegebenen Wirkstoffe in den Medikamenten überhaupt nicht enthalten waren. Noch heute werden vorwiegend Antibiotika, Anabolika, Chemotherapeutika, Psychopharmaka und Antihistaminika gefälscht. 95 Prozent dieser Fälschungen sind nur mit Traubenzucker angereichert, können also weder eine Krankheit heilen noch Schmerzen lindern.

1991 verkaufte der Pharmakonzern *Sterling Winthrop* u. a. auf Sri Lanka Hormonpräparate für Kinder, die der Wachstumsförderung dienen sollten. Die Produkte wurden in Verbindung mit dem in Sri Lanka herrschenden Ernährungsnotstand schöngeredet, so daß über die »Nebenwirkungen« der verabreichten Medikamente – bei Kindern können sie u. a. sogar zu Geschlechtsveränderungen führen – nicht berichtet wurde.

1992 wurde auf den Philippinen, wie in vielen anderen Ländern auch, das starke Antibiotikum »Chloramphenicol« für alle möglichen Bagatellkrankheiten verschrieben, insofern der Patient dieses Medikament bezahlen konnte. Den Ärzten verschwieg man jedoch eine mögliche »Nebenwirkung«, die man im Westen schon längst kannte: Tod durch Anämie.

1993 vertrieb der US-Pharmakonzern *Pfizer* in Bangladesch ein kombiniertes Antibiotikum namens »Combiotec« und empfahl es gegen ausnahmslos jede Krankheit, selbst bei Schnittwunden. In den USA hingegen war es seit über zehn Jahren verboten, weil es stark giftig auf Ohren und Nieren wirkte sowie sehr gefährlich für Tuberkulosekranke war. Wegen des amerikanischen Verbots wurde sogar die Produktion von »Combiotec« nach Bangladesch ausgelagert.

1994 flog der bis dahin größte bekanntgewordene Skandal der »Herzklappen-Mafia« auf. Gegen 1860 Chefärzte und Techniker sowie mehrere Manager medizintechnischer Unternehmen wurden staatsanwaltliche Ermittlungen eingeleitet. Wie sich herausstellte, hatten die Firmen auch minderwertige, lebensbedrohliche Herzklappen zu überhöhten Preisen verkauft und Ärzte, die sich daran beteiligten, mit zusätzlichen Geldzahlungen belohnt (Hippokrates läßt grüßen!).

Todesfälle, die möglicherweise mit diesen »Billig-Herzklappen« in Verbindung standen, wurden vermutlich deshalb nicht erkannt, weil man aus bürokratischen Gründen in Deutschland fast allen Todesfällen (97 Prozent) eine natürliche Ursache bescheinigt.

1995 kam heraus, daß das chinesische Präparat »Poulet« mit Antibiotika belastet war – was seltsamerweise niemanden unter den Fachleuten erstaunte. China gilt als mit Abstand wichtigster Erzeuger und Anwender des einen beanstandeten Antibiotikums (»Enrofloxacin«). Die Folge: Immer mehr Krankheitserreger werden resistent und die Medikamente somit wirkungslos. Die Situation verschärft sich, wenn in Tiermast und Humanmedizin Produkte derselben Wirkstoffgruppe eingesetzt werden, wie dies seit gut zehn Jahren bei Fluorchinolonen der Fall ist: Insgesamt wurden in 38 von 62 Fleischproben Rückstände von verbotenen Medikamenten gefunden.

Das erste Fluorchinolon wurde in Europa im Humanbereich Anfang der 1980er Jahre eingesetzt. Heute wird die Substanzgruppe vorwiegend zur Behandlung von Harnweginfektionen, Atemwegs- und sexuell übertragbaren Erkrankungen angewendet. Fluorchinolone gelten in der Humanmedizin als sogenannte »Reserveantibiotika«: Sind Keime gegen andere Mittel resistent, so gelangen diese zum Einsatz.

1996 wurden 53 neue Arzneimittelwirkstoffe, sogenannte »New Molecular Entities« (NME), von der amerikanischen FDA genehmigt und zugelassen. Während die Zahl der für Präparate erteilten Genehmigungen und Zulassungen im Jahre 1999 bei 35 lag, verringerte sie sich im Jahre 2000 auf 27 und sank weiter auf 24 im Jahr 2001. 2002 erreichte man mit der Zulassung von lediglich zwölf neuen Wirkstoffe einen absoluten Tiefstand. »Dies ist eine Performance, mit der die FDA selbst nicht zufrieden sein kann«, kommentierte Pharma-Analyst Andreas Theissen die Angelegenheit. In erster Linie resultierte der Rückgang der Neuzulassungen bei Arzneimittelwirkstoffen nicht aus der Tatsache, daß die Pharmaindustrie für den Markt keine neuen Produkte anzubieten hatte, sondern aus dem Umstand, daß es neue Haftungsbestimmungen und Zulassungszeiten für neue Medikamente gab: Während 1997 die Zulassungszeit im Durchschnitt bei 15 Monaten lag, verlängerte sich das Genehmigungsverfahren in jüngster Zeit auf 18 bis 19 Monate. Damit wollte die FDA nach den vielen Medikamentskandalen der Vergangenheit demonstrieren, daß bei ihr nicht alles ungeprüft durchgeht.

1997 bemerkte man, daß die üblichen Rheumamedikamente aus der Gruppe der nicht-steroidalen Antirheumatika, »Diclofenac« und »Ibuprofen«, allein in Deutschland jährlich zu 1200 Todesfällen führten. Da es in Deutschland keine statistische Behörde für die Ermittlung derartiger Zahlen gibt, werden diese in den USA und in Großbritannien geführt. Trotz der bekannten Nebenwirkung, hier also dem Tod des Patienten, werden diese Rheumamittel heute noch in Deutschland und anderswo verschrieben.

1998 wurde für das Medikament »Remicade« die Zulassung erteilt, welches bei schwerem Rheuma oder Morbus Chron gegeben wird. Bisher wurden nur 200 000 Menschen mit dem Medikament behandelt. Trotz dieser vergleichsweise geringen Zahl und der kurzen Zeit, seitdem das Medikament auf dem Markt ist, hat es bereits 200 damit verbundene Todesfälle gegeben. Das Immunsystem wird bei Einsatz von »Remicade« so stark geschwächt, daß neben schweren Infektionen auch Tuberkulose leichter auftreten und nicht selten tödlich enden kann. Das Medikament ist immer noch im Handel. Böse Zungen behaupten, dies läge daran, weil hier sehr viel Geld im Spiel sei: eine Ampulle dieses Präparates kostet etwa 1000 Euro.

1999 ergab eine Hochrechnung der Allgemeinen Ortskrankenkasse (AOK) Niedersachen, daß im deutschen Gesundheitswesen Milliardensummen auf die Konten betrügerischer Ärzte fließen. Die Hochrechnung basierte auf der Auswertung von 170 Stichproben: »Bei diesen Verfehlungen handelt es sich hauptsächlich um die Abrechnung nicht erbrachter Leistungen und um die Geltendmachung von unrechtmäßig überhöhten Preisen«, erklärte ein Vertreter der Krankenkasse in Hannover. Solche Manipulationen seien fast in allen Berufszweigen des Gesundheitswesens zu beobachten. »Allein unserer Krankenkasse ist aus den von uns überprüften Einzelfällen ein Schaden von weit mehr als zehn Millionen D-Mark entstanden«, sagte der Leiter der ein Jahr zuvor gegründeten Untersuchungsgruppe der AOK in Niedersachsen. In einem Fall habe ein Augenarzt ein Präparat für drei D-Mark beim Lieferanten erworben, es anschließend jedoch über Briefkastenfirmen zu einem weit höheren Preis weiterverkauft. Schließlich habe der Arzt bei der Krankenkasse einen Endpreis von 76,85 D-Mark abgerechnet. In anderen Fällen wurden Krankentransporte doppelt abgerechnet oder Medikamente unterschlagen.

2000 veröffentlichte die Weltgesundheitsorganisation (WHO) Informationen, aus denen hervorging, daß im laufenden Jahr 8,7 Millionen Menschen an Tuberkulose erkrankt waren. Bei mindestens 273 000 Erkrankten waren gleich mehrere Medikamente völlig wirkungslos – eine Entwicklung, die sich auch in Deutschland abzeichnet. Wie in allen Industrieländern ist die Zahl der Tuberkulose-Fälle zwar rückläufig – im Jahre 2000 waren es nur noch knapp 9000 Neuerkrankungen –, aber die mehrfach resistenten Erreger breiten sich aus. Seit 1999 hat sich die Zahl derartiger Fälle mehr als verdoppelt: ihr Anteil kletterte von 1,2 auf etwa 2,5 Prozent im Jahr 2001.

2001 starben über 50 Menschen, die den Cholesterinsynthesehemmer »Lipobay« eingenommen hatten. Darüber hinaus hatte das Medikament bei Millionen von Menschen Muskelgewebe geschädigt oder zerstört. Daß Cholesterinsynthesehemmer zu Muskelzerstörung führen können, war schon seit Jahren bekannt. Man wußte in diesem Zusammenhang auch, daß insbesondere die gleichzeitige Einnahme von Fibraten das Risiko einer Muskelzerstörung enorm erhöhte. Rechtsanwälte fiebern bereits Schadenersatzprozessen in hundertfacher Millionenhöhe gegen die *Bayer AG* entgegen – die *Bayer*-Aktie stürzte deshalb dramatisch ab!

Nicht immer sind es synthetische Präparate, die unerwünschte Nebenwirkungen verursachen. In diesem Zusammenhang ist eine Veröffentlichung vom 8. November 2001 des Bundesinstituts für Arzneimittel und Medizinprodukte (BfArM) interessant, die sich gegen Naturpräparate richtet, die »Kava-Kava« enthalten:

»Auf der Basis der hier vorliegenden Unterlagen und Erkenntnisse hält das BfArM es nicht für vertretbar, die o. g. Arzneimittel weiterhin in den Verkehr zu bringen, da der begründete Verdacht besteht, daß sie bei bestimmungsmäßigen Gebrauch schädliche Wirkungen haben, die über ein nach Erkenntnissen der medizinischen Wissenschaft vertretbares Maß hinausgehen. Es ist daher beabsichtigt, die Zulassung für die Kava-Kava-haltigen (Piper methysticum) und Kavain-haltigen Arzneimittel zu widerrufen.«

Beim BfArM gingen 24 Berichte über Verdachtsfälle unerwünschter Arzneimittelwirkungen ein, worunter sogar ein Todesfall war. Also – ähnlich wie beim »Lipobay« – ein neuer Arzneimittelskandal, diesmal verursacht durch ein angeblich »harmloses« Naturpräparat.

2002 hatte sich aufgrund des zum 1. August in Kraft getretenen neuen Schadenersatzrechtes die potentielle Haftungsgefahr für Arzneimittelhersteller und Apotheker erhöht: Sollte ein Patient wegen möglicher Arzneimittelschäden klagen, verfügt er im Zuge der neuen Regelungen über Beweiserleichterungen, was zu verstärkten Haftungen von Arzneimittelherstellern und Apothekern führen kann.

Noch etwas ist interessant: Wie die *Stiftung Warentest* am Beispiel 1500 freiverkäuflicher Medikamente herausfand, wirkt die Hälfte davon »nicht« bis »gar nicht«! Darunter fallen so bekannte und mit einem erheblichen Werbeaufwand vertriebene rezeptfreie Medikamente wie »Thomapyrin«, »Togal«, »Doregrippin«, »Grippostad C«, »Frubienzym« und »Wick MediNait«.

Bei Altersschmerzen, Sexualstörungen oder Ohrenschmerzen ist das Geld für Medikamente ohne Rezept komplett verschwendet – Wirkstoffe, die hier helfen können, dürfen nämlich gar nicht frei verkauft werden. Des weiteren haben die meisten rezeptfreien Mittel unvertretbare Nebenwirkungen, wobei durch gleichzeitige Einnahme von Alkohol oder Koffein sogar Nierenschäden und leberschädigende Effekte auftreten können. Alle aufgeführten Medikamente sind ungeeignet!

2003 leitete die Staatsanwaltschaft München rund 1000 Verfahren gegen deutsche Ärzte ein, die vom amerikanischen Pharmakonzern *Glaxo SmithKline* Zuwendungen erhalten haben sollten, wenn sie bereit wären, nur bestimmte Medikamente an ihre Patienten zu verschreiben. Bei genauer Betrachtung der Situation kann man also nicht mehr von »Einzelfällen« sprechen. Im Gegenteil: Man muß davon ausgehen, daß man weder bei niedergelassenen Ärzten noch in Kliniken vor den irgendwelchen »Weißkittel«-Machenschaften sicher ist. Am 31. Juli 2003 eröffnete die Staatsanwaltschaft sogar gegen eine Klinik, und zwar gegen die *Rhön-Klinikum AG* (Frankfurt/Oder) und »unbekannt« wegen sechs Todesfällen ein Ermittlungsverfahren! Die Untersuchungen wegen des Verdachts der fahrlässigen Tötung und der gefährlichen Körperverletzung richteten sich zwar nur gegen zwei leitende Mitarbeiter des Klinikums, doch lag das vermutlich daran, daß man nicht die gesamte Belegschaft dafür verantwortlich machen wollte. Brandenburgs Gesundheitsminister Günter Baaske (SPD) schaltete jedenfalls die Bundesbehörden ein, um den Fall aufzuklären.

Bakterienexperten des Bundesumweltamts sowie Epidemiespezialisten des Robert-Koch-Instituts sollten untersuchen, wie es zu der hohen Konzentration von »Legionellen-Bakterien« im Wasser der Klinik kommen konnte. Der zuständige Vorstand der Klinik, Joachim Manz, erklärte: »Wie wir jetzt feststellen, wurden beim Einbau von Wasserleitungen schwere Fehler gemacht.«

Seit einem Veteranentreffen der US-Streitkräfte im Jahre 1976 in einem Hotel in Philadelphia ist jene Krankheit bekannt, die von Legionellen verursacht wird. Bei dem Veteranentreffen erkrankten damals 180 Personen daran, 29 starben. Legionellen kommen im Wasser vor, vor allem in Warmwasserversorgungseinrichtungen von Hotels, Schwimmbädern und auch Schulen. Besonders bei Temperaturen zwischen 30°C und 45°C nehmen die Bakterien sehr stark zu. Erst ab 70°C sterben sie allmählich ab. Die Inkubationszeit zwischen Infektion und dem Ausbruch der Erkrankung liegt zwischen zwei und zehn Tagen. Die Krankheit beginnt mit einem grippeähnlichen Anfangsstadium und endet bei einer starken Lungenentzündung tödlich. Die Bakterien werden in der Regel übertragen, wenn Sprühtröpfchen mit besonders hohen Legionellen-Belastungen eingeatmet werden. Das Erkrankungsrisiko ist ab dem fünfzigsten Lebensjahr deutlich erhöht, wobei Männer häufiger erkranken als Frauen.

Nach Angaben des Potsdamer Gesundheitsministeriums war es nicht das erste Mal, daß dieses Krankenhaus durch hohe Legionellenkonzentrationen aufgefallen war.

Wie die Sprecherin der *Rhön-Klinikum AG*, Brigitte Sallwey, gegenüber der Frankfurter Stadtverwaltung einräumte, wußte die Klinik spätestens seit dem 1. Juli von der erhöhten Konzentration der »Legionellen-Bakterien« im Warmwassersystem des 2002 eröffneten neuen Bettenhauses. Die Analyse eines Speziallabors soll sogar ergeben haben, daß es sich um eine besonders gefährliche Art von »Legionellen-Bakterien« handelte, die schließlich zu Todesfällen führte. Mit anderen Worten: Selbst wenn man Kunstfehler und Medikamente mit erheblichen »Nebenwirkungen« ausklammert: Wir sind beim Arzt nicht mehr sicher! Wie vereinbart sich all das mit dem hippokratischen Eid?

Auch die Titelstory im Nachrichtenmagazin *Der Spiegel* (Nr. 12, März 2002), die da lautete: »Kaffeefahrten der Konzerne«, läßt kein positives Bild in bezug auf die Zukunft unserer medizinischen Versorgung aufkommen. In dem Bericht ging es um die vermeintliche Käuflichkeit der Bundesregierung durch die Pharmaindustrie. Am 8. November 2001 hatte ein Spitzengespräch zwischen Vertretern vom *Verband der forschenden Arzneimittelhersteller* (VFA) unter der Leitung von Hubertus Schmoldt als Verhandlungsführer und Bundeskanzler Gerhard Schröder sowie einigen Ministern der Bundesregierung stattgefunden.

Das Thema der Tagung war das geplante »Arzneimittel-Sparpaket« von Bundesgesundheitsministerin Ulla Schmidt, das bereits seit Monaten von der VFA mit Unterstützung der Opposition zerpflückt worden war: Einer der Kernpunkte des Pakets war die durch die Bundesregierung erzwungene Preissenkung für patentgeschützte Medikamente um vier Prozentpunkte. Durch diese Maßnahme sollten die gesetzlichen Krankenkassen in den Jahren 2002 und 2003 um bis zu 500 Millionen Euro entlastet werden. Doch dann kam alles ganz anders …

Der VFA, dem überwiegend Pharmagroßkonzerne aus den USA und Großbritannien angeschlossen sind, bot der Bundesregierung 150 Millionen Euro an, wenn sie ihre geplante Maßnahme noch etwas hinauszögern würde. Doch das war noch nicht alles: Für den Fall, die Bundesregierung würde sich mit dieser Hinauszögerungstaktik einverstanden erklären, was der Pharmaindustrie 500 Millionen Euro Mehreinnahmen bescheren würde, würden nochmals freiwillig 200 Millionen Euro an die Bundesregierung überwiesen werden. Eine schöne Bescherung für die Bundesbürger, die die Zeche von 850 Millionen Euro letztlich zu zahlen haben!

Der Spiegel kommentierte das Ganze wie folgt:
»200 Millionen Euro zahlten die Pillenfabrikanten für die Zusage von Kanzler Gerhard Schröder, sie zwei Jahre lang in Ruhe zu lassen.«

Bundeskanzler Schröder, der schon als niedersächsischer Ministerpräsident der Pharmaindustrie stets zu Diensten war, hatte dann tatsächlich am 1. Februar 2002 das neue Arzneimittel-Ausgaben-Begrenzungsgesetz (AABG) zugunsten der Pharmaindustrie gemeinsam mit den Bündnis-Grünen im Bundesrat verabschiedet.

Wenn das keine Bestechung ist, was ist es dann ...?

Der kritische Pharmajournalist Kurt G. Blüchel erklärte zu diesem Vorgang in seinem Buch *Heilen verboten, töten erlaubt* folgendes:

»Der Staat verzichtet damit auf einen großen Teil der den Bürgern zustehenden Pharmazahlung, um sich wenigstens einen kleinen Teil zu sichern. Nach der gleichen Logik müßte man Bankräubern ihre Beute lassen, wenn sie der Polizei etwas abgeben. Auf diese Weise kann sich vielleicht ein Bundeskanzler wichtig machen, aber die Finanzprobleme seines Staates löst er damit nicht. Er macht sich statt dessen käuflich.«

Angesichts derartiger Vorgänge und der eingeleiteten »Gesundheitsreform« steht zu vermuten, daß die Hoffnung vieler kranker, aber auch gesunder Menschen, die Situation im medizinischen Bereich werde besser werden, reine Illusion bleibt. Eine schwache Politik, ein dichtgespanntes mächtiges Netz von Pharmaunternehmen und willige Ärzte dokumentieren mehr und mehr, daß es im Gesundheitswesen immer weniger um den Patienten und seine Gesundheit geht, sondern in erster Linie um Milliardengewinne! Die lassen sich allerdings nur dann scheffeln, wenn die Menschen krank sind. Aus diesem Grunde möchte ich diesen chronologischen Überblick mit Artikel 2 Absatz 2 des Grundgesetz abschließen, der da lautet:

»Jeder hat das Recht auf Leben und körperliche Unversehrtheit.«

TÖDLICHE IMPFUNGEN

Ursprünglich war das Verb »impfen« ein Fachwort des Obst- und Gartenbaues mit der Bedeutung »ein Pfropfreis einsetzen, und veredeln«. Er wurde als solches vor der hochdeutschen Lautverschiebung aus dem gleichbedeutenden lateinischen »imputare« entlehnt, das seinerseits wohl eine Entlehnung aus dem Griechischen »em-phyteúein« für »einpflanzen, pfropfen« ist. Im 18. Jahrhundert wurde »impfen« in die medizinische Fachsprache übernommen mit der Bedeutung »Krankheitserreger in abgeschwächter Form in den Körper übertragen zum Zwecke der Immunisierung gegen ansteckende Krankheiten«. In diesem Sinne erlangte das Wort gemeinsprachliche Geltung.

Doch seit ihrer Einführung vor etwa 200 Jahren geben »Impfungen« zu Kontroversen Anlaß. Es ist zwar unbestritten, daß durch Impfungen einige Krankheiten drastisch vermindert oder sogar eliminiert werden konnten, doch die Frage bleibt, ob dies in jedem Fall und bei jeder Krankheit sinnvoll ist – insbesondere angesichts neuer zu erwartender Impfstoffe.

Sind die Anwendung und der Bestimmungszweck einer Impfung, mittels einer leichten künstlichen Erkrankung eine schlimmere abzuwenden, nun aber tatsächlich medizinisch korrekt?

Die Antwort ist eindeutig nein!

Als im Jahre 1714 durch den Arzt Timoni die neue Kunde nach London gelangte, daß man in der Türkei den Eiter von an Pocken Erkrankten auf Gesunde übertrug, um sie so vor einer ernsteren Pockenerkrankung (den Blattern) zu schützen, machte diese Nachricht viele Europäer sehr neugierig. Die adlige Lady Wortley Montague ließ daraufhin diese Impfungs-Methode im Jahre 1718 in Istanbul an ihrem Sohn vornehmen. In der Zeit danach setzte sie sich sehr für das neue Verfahren ein, das man »Inokulation« oder »Variolation« nannte, und dank ihres Ansehens und des damit verbundenen Einflusses konnte man viele Menschen in Europa dafür gewinnen, sich impfen zu lassen.

Mit schlimmen Folgen allerdings, wie sich später herausstellte: Viele »Inokulierte« erkrankten schwer, manche starben sogar. Darüber hinaus wurden Personen, die mit den Erkrankten Kontakt hatten, angesteckt, so daß in den nachfolgenden Jahren allein in London die Todesfälle durch Pocken um jährlich 25 000 Personen zunahmen.

In Weimar verursachte der berühmte deutsche Arzt Christoph Wilhelm Hufeland (1762–1836) auf dieselbe Weise eine Blatternepidemie, nachdem er 1781 die »Variolation« eingeführt hatte. Auch in Hamburg und Berlin kam es 1794 und 1795 zu großen Epidemien nach Einführung des neuen Verfahrens. Daraufhin wurde es in vielen deutschen Ländern verboten: In Hessen mußte ein Arzt beispielsweise 50 Reichstaler Strafe zahlen, wenn er Inokulationen ausführte.

Etwa zur gleichen Zeit kam dann der englische Arzt Edward Jenner (1749–1829) mit einer neuen Idee daher: Statt menschlichen Eiters verwendete er nun den der »Kuhpocken«. Teilweise entschloß sich Jenner sogar dazu, beide Substanzen einfach miteinander zu vermischen. Die Tatsache, daß seine ersten Experimente gründlich danebengingen, konnte ihn von seiner kuriosen »Mission« nicht abbringen. Es ist gewissermaßen eine Ironie des Schicksals, daß die Impfungen von Anfang an von tragischen Folgeschäden begleitet wurden.

Das erste Opfer war der zehn Monate alte Sohn von Edward Jenner, den er versuchsweise mit seiner »Wundermischung« impfte. Auf die gleiche Weise behandelte er seine Ehefrau, die im achten Monat schwanger war. Das führte zum Tod des ungeborenen Kindes, dessen Haut nach der Fehlgeburt mit pockenähnlichen Blasen bedeckt war. Trotz zahlreicher negativer Erfahrungen hat sich die fragwürdige Methode in unserer Gesellschaft etabliert und durchgesetzt. Das gelang vor allem deshalb, weil das Impfen seit 1874 in Deutschland zur gesetzlichen Pflicht wurde.

Aber verhindert eine Impfung tatsächlich eine Ansteckung? Auch bei dieser Frage lautet die Antwort nein!

Heute spielt die Weltgesundheitsorganisation (WHO) beim Thema Impfungen eine wesentliche Rolle: Man verfolgt dort, so heißt es jedenfalls, damit in erster Linie epidemiologische und soziale Ziele. Man möchte Krankheiten ausrotten und die Kosten im Gesundheitssektor senken, denn zur Zeit kostet die Impfung weniger als die Behandlung einer Krankheit. Hierzu sind jedoch Massenimpfungen notwendig, die durch öffentliche Impfempfehlungen und verstärkte Medien- und Öffentlichkeitsarbeit propagiert werden müssen.

In Deutschland werden Impfempfehlungen von der »STIKO« (Ständige Impfkommission) ausgesprochen. Dr. Martin Hirte schreibt dazu:

»Die STIKO besteht derzeit aus 16 Fachleuten: Kliniker und Wissenschaftler aus Mikrobiologie und Immunologie – meist Professoren medizinischer Fakultäten – und Vertreter des öffentlichen Gesundheitsdienstes und der niedergelassenen Ärzte [...], Impfkritiker wird man in der STIKO vergeblich suchen.

Mitglieder der STIKO haben im Gegenteil ein eher enges Verhältnis zur Pharmaindustrie. Dies belegen gemeinsame Auftritte mit Pharmavertretern in sogenannten ›Pressegesprächen‹ oder Sponsoring von Dienstreisen durch Pharmaunternehmen. Auch gemeinsame Projekte wie die ›Arbeitsgemeinschaft Masern‹ zwischen dem Robert-Koch-Institut, dem Grünen Kreuz und drei großen Impfstoffherstellern drücken die Intensität der Beziehungen aus [...]. Auf internationaler Ebene ist die WHO ein überzeugter Vertreter des Impfgedankens. Auch sie steht in sehr engem Kontakt mit der pharmazeutischen Industrie und läßt hochrangige Stellen sponsern oder sogar intern von Pharmamitarbeitern besetzen.«

Das Ziel der im Zitat genannten Organisationen hat also mit dem Ziel des einzelnen, sich vor Krankheiten zu schützen, nur teilweise etwas zu tun. Auch hier scheint die Verflechtung von (Pharma-)Industrieinteressen und der Politik ganz deutlich auf.

Man muß somit fragen, ob man sich dem übergeordneten Ziel der WHO und STIKO tatsächlich unterstellen will und unter Umständen sogar einen Impfschaden in Kauf nimmt oder sich statt dessen entschließt, sich lieber nicht impfen zu lassen.

Natürlich wird, um Massenimpfungen durchzusetzen, in der Öffentlichkeitsarbeit zunehmend der Faktor Angst ins Spiel gebracht. Früher durchaus harmlose Kinderkrankheiten, die, wenn sie überstanden waren, sogar noch eine natürliche Stärkung des Immunsystem bedeuteten, werden heutzutage teilweise als »gefährliche« Krankheiten hingestellt, damit auch impfmüde Eltern ihre Kinder impfen lassen. Besonders gut funktioniert diese Methode bei der alljährlich auftretenden Grippewelle, anläßlich deren von bestimmten Organisationen Schutzimpfungen empfohlen werden, obwohl deren Nutzen kein Mensch wirklich kennt. Es existiert nämlich überhaupt keine wissenschaftlich begleitete Studie, die tatsächlich beweist, daß die Grippeschutzimpfung uns wirklich vor einer Grippe schützt.

Das oftmals unbeachtet bleibende Problem bei sogenannten »Schutzimpfungen« ist bei den Ausnahmegenehmigungen zu suchen: Muß nämlich ein neu zusammengestellter Grippeimpfstoff auf den Markt, muß dieser in Deutschland noch nicht einmal mehr zugelassen werden! Eine Ungeheuerlichkeit!

Kein Geheimnis ist auch, und dafür sprechen zahlreiche Informationen seitens Ärzten und Heilpraktikern, daß nach einer Massenimpfung für den Grippeschutz innerhalb von sechs Wochen eine neue, durch Impfviren erzeugte Grippewelle durch das Land rollt.

Wie kann so etwas passieren?

Der Grippeimpfstoff wird weltweit jedes Jahr neu nach den Empfehlungen der WHO hergestellt. Den Erreger aber über ein halbes Jahr im Vorhinein genauestens ausfindig machen zu wollen, hat angesichts der über 300 bekannten Grippeviren eher etwas mit Hellseherei als mit Wissenschaft zu tun.

Es ist also viel wahrscheinlicher, daß man sich einen ganz anderen Grippevirus einfängt als den, gegen den geimpft wurde.

Womit die ganze Impfung umsonst gewesen wäre. Natürlich war die Impfung nicht ganz»umsonst«, denn die Pharmaindustrie hat dabei zwischen 9 und 11 Euro pro Impfpatient verdient. Medienangaben zufolge bedeutet das bei 14 Millionen Impfungen allein in Deutschland einen Umsatz von etwa 150 Millionen Euro. Wenn das nichts ist!

Noch etwas ist zu bedenken: Um bei einer solchen Massenaktion überhaupt einen ausreichenden Impfschutz zu gewährleisten, müßte man eigentlich (je nach Impfstoff) vier bis sechs Wochen später die Impfung unbedingt wiederholen! Auf diesen wichtigen Sachverhalt wird aber von Ärzten oder Gesundheitsbehörden in der Regel überhaupt nicht hingewiesen. Zudem können sich die meisten der bereits Geimpften gar nicht erneut impfen lassen, weil viele von ihnen zu diesem Zeitpunkt stark erkältet oder gar durch den ersten Impfvorgang längst an Grippe erkrankt sind.

Die öffentlich verbreiteten Informationen über die Grippeschutzimpfung sind sehr einseitig, und es wird uns von verantwortlichen Stellen suggeriert, daß eine kleine Impfung zuverlässig gegen Grippe schütze oder diese zumindest nicht ganz so schlimm verlaufe.

Sieht man sich nun noch die Grippe(impf)stoffe einmal genauer an, dann kann einem schon sehr mulmig werden, entdeckt man dort doch beispielsweise einen Stoff mit der Bezeichnung »Thiomersal«. Dieser Stoff ist eine Quecksilberverbindung und dient der Konservierung des Impfstoffes. Von Experten wurde schon vor Jahren gefordert, auf diese Substanz zu verzichten, da sie selbst in kleinsten Mengen (auch in winzigsten Spuren!) zu Schäden in der genetischen Struktur der Zellen führen kann und deswegen in Impfstoffen nichts zu suchen hat!

Zudem werden den Impfstoffen, um einen Impfschock oder ein Koma zu vermeiden, zusätzlich Antibiotika wie»Gentamycin«, »Neomycin« oder sogar »Hydrocortison« beigemischt. Des weiteren ist den meisten Grippeimpfstoffen Formaldehyd beigemengt, obwohl jeder weiß, daß dieser Stoff Krebs verursacht.

Was haben solche Impfungen noch mit Gesundheit zu tun? Die Mediziner Stefan Lanka und Karl Krafeld haben in Eigeninitiative den gemeinnützigen Verein *Wissenschaft, Medizin und Menschenrechte e. V.* in Stuttgart gegründet, der, ohne auf Profit oder finanzielle Vorteile orientiert zu sein, uninformierte Medizinkonsumenten über die Nebenwirkungen und Folgen der täglich verwendeten Arzneien informieren soll:

»Mit unseren Aktivitäten zielen wir nicht nur egoistisch auf unser Wohlbefinden und das unserer Familien ab, sondern auch auf das Wohl der Allgemeinheit. Uns ist es nicht gleichgültig, wenn in Kinder, wissenschaftlich und rechtlich vollkommen ohne Rechtfertigungsgrundlage, Gifte implantiert werden.

So wie wir, zum Wohle anderer, unsere Aktivitäten in dem engen Bereich ›ums Impfen‹ gesellschaftlich erbringen, sind wir darauf angewiesen, daß andere sich auf anderen Gebieten, auch zu unserem Wohle, betätigen.«

Was die Herren Lanka und Krafeld damit meinen, sind die von ihnen gestellten »Beweisfragen« an die Ärzteschaft und die Gesundheitsbehörden. Denn nach ihrer Ansicht wissen die Gesundheitsbehörden und Ärzte durchaus darüber Bescheid, daß die von ihnen empfohlenen Impfstoffe an jedermann verabreicht werden, ohne daß deren Nutzen wissenschaftlich-empirisch nachzuweisen ist. Lanka und Krafeld vertreten auch die Ansicht, daß die Ärzte und Behörden über die vom Gesetz verlangte, aber fehlende Rechtfertigungsgrundlage für Impfstoffe Bescheid wissen, und den Bürgern trotzdem weiterhin unsinnige Impfungen verabreichen.

Doch damit ist jetzt dank der Initiative des Vereins vermutlich Schluß: immerhin konnte man in den letzten zwei Jahren z. B. Mütter dafür sensibilisieren, die Ärzteschaft und die Gesundheitsbehörden direkt nach den »Beweisen« für die Rechtfertigungsgrundlage einer »Schutzimpfung« zu fragen. Die Erklärungsnot der Befragten war ganz offensichtlich, so daß der betroffene Patienten nunmehr eine Einwilligung geben muß, nachdem vom Impfenden eine Information und Aufklärung über

den Nutzen der Impfung zu erfolgen hat. In diesem Zusammenhang veröffentlichte das Bundesgesundheitsministerium am 17. Juni 2003 zu Schutzimpfungen nach § 2 Nr. 9 Infektionsschutzgesetz (IfSG) schließlich folgenden Wortlaut:
»Die Einwilligung ist Rechtfertigungsgrundlage für die durch die Behandlung tatbestandmäßig vorliegende Körperverletzung.«
Demzufolge ist eine Impfung also eine Körperverletzung, die nicht strafbar ist, wenn die Rechtfertigungsgrundlagen erfüllt sind.

Damit eine Impfung aber keine strafbare Körperverletzung ist, müssen selbstverständlich die vom Gesetz an eine Schutzimpfung gestellten Voraussetzungen, viraler Erregernachweis (§ 2 Nr. 1 IfGS) und bakterieller Verursachungsnachweis (§ 2 Nr. 3 IfGS) erfüllt sein.

Hierzu verweist das Bundesgesundheitsministerium auf die gefestigte Rechtsprechung des Bundesgerichtshofes (BGH):
»Ein Arzt, der vor Impfung nicht über die Risiken informiert oder die Risiken einer Impfung verharmlost, betreibt absichtliche und damit strafbare Körperverletzung aus dem niedrigen Beweggrund der Profitsucht.«
Es ist durchaus nachvollziehbar, daß diese Rechtsprechung weder den Ärzten noch den Gesundheitsbehörden gefällt. Aber wem gefällt schon eine vermeintlich harmlose (!) Impfung, die über so viele Nebenwirkungen verfügt, daß einem im Falle einer ernsthaften Komplikation nicht einmal mehr ein ganzer Ärztestab helfen kann?

Der Allgemeinmediziner Dr. August Zoebel meint dazu:
»Derzeit herrscht in der Medizin das ›Bakteriozentrische Weltbild‹, das heißt, der Erreger (Bakterium, Virus und Co.) steht im Zentrum der Infektion. Er gilt als der alleinige Verursacher der Erkrankung, und der Mensch ist in diesem Weltbild nur einer, der durch reine Willkür dieses Erregers von diesem zufällig heimgesucht, befallen und ohne irgendeinen inneren Zusammenhang sinnlos krank gemacht wird. Der Erreger ist im wesentlichen schuld an allem, ohne Erreger gäbe es die ganze Erregung (Ent-

zündung) nicht, ohne ihn hätten wir infektionsmäßig praktisch ein Paradies auf Erden.«

Der nachfolgende Überblick der Geschichte der »tödlichen Impfungen« beweist deutlich, warum wir diese Methode für eine angebliche Gesundheitsvorsorge bzw. Genesung nicht brauchen: **1828** kam es in der französischen Stadt Marseille zu einer Epidemie mit 40 000 Pockenfällen. 30 000 Betroffene waren vorher gegen Pocken geimpft worden.

1842 starben in Großbritannien 28 000 Menschen an Pocken. Alle Verstorbenen hatten zuvor eine frühe Form von Schutzimpfung gegen Pocken erhalten.

1865 stellte ein Bericht der französischen *Académie de Medicine* fest, daß in den zehn Départements, in denen am wenigsten geimpft worden war, 16 Tote zu beklagen waren – in den zehn Départements mit der höchsten Impfrate jedoch 106 Tote. Professor Tardieus erklärte schon damals völlig richtig: »Man impft seit langem mit schöner Regelmäßigkeit und Systematik, aber, wir scheuen uns nicht, es auszusprechen: Trotz all unserer Bemühungen nimmt die Seuche weiter ihren Lauf, wird noch stärker und spottet all unseren Impfmaßnahmen. Was hilft es uns, daß wir dauernd betonen, Impfungen seien ein zuverlässiges Gegenmittel? Die Menge der Todesfälle, deren jede Woche mehr werden, beweist das Gegenteil.«

1867 beschrieb ein neuer Bericht derselben Akademie, daß auf jeden Toten in den Départements mit der niedrigsten Impfrate 49 Tote in den Départements mit der höchsten Impfrate kamen.

1868 traten nach einem amtlichen Bericht die Pocken im 1. Französischen Füsilierregiment auf, nachdem geimpft worden war. Man mußte sogar Todesopfer beklagen. Im 2. Regiment in derselben Kaserne, das nicht geimpft war, traten keinerlei Pockenfälle auf.

1869 blieben in einer sechsköpfigen Familie in Deutschland nur die zwei nicht geimpften Mitglieder von den Pocken verschont. Die anderen an Pocken erkrankten vier Familienmitglieder waren zuvor geimpft worden.

1870 meldete der Generalstabsarzt der preußischen Armee, Dr. Oidtmann, in einem Amtsschreiben, daß zwischen 1868 und 1870 in der Ortschaft Dürren nur geimpfte Personen an Pocken erkrankt waren.

1871 waren im englischen Leicester bereits 95 Prozent der neugeborenen Babys geimpft worden, als eine Pockenepidemie ausbrach. Die hohe Zahl der Erkrankten und Toten zeigte die klare Nutzlosigkeit der Impfungen.

1873 stellte man im Rückblick auf die seit drei Jahren in Köln andauernde Pockenepidemie fest, daß sie schon einige Wochen vor dem epidialen Beginn unter den Geimpften grassierte, bis sich der erste Ungeimpfte ebenfalls ansteckte. Er war der 174. an Pocken erkrankte Kölner. In allen deutschen Familien erkrankten aber immer Geimpfte zuerst. Zudem wiesen sie die schwersten Symptome auf und starben am schnellsten.

1874 wurden von den Behörden in Leicester hygienische Maßnahmen getroffen und die Impfungen aufgegeben. Die Pocken verschwanden daraufhin genauso schnell, wie sie gekommen waren. Während die Zahl der Erkrankungen pro eine Million Einwohner nur noch bei 15 Personen lag, betrug sie bei Heer und Marine, die vollständig geimpft waren, immer noch 37 Personen.

1879 gab es in Leicester, das nun auf Pocken-Impfungen generell verzichtete, nicht einmal mehr einen Todesfall im Jahr.

1905, als die Philippinen von den USA besetzt wurden, lag die Pockensterblichkeitsrate bei zehn Prozent, worauf eine Impfkampagne gestartet wurde. Die Folge war, daß schon ein Jahr später die Sterblichkeitsrate 25 Prozent erreicht hatte.

1918 war die von den Vereinigten Staaten auf den Philippinen betriebene Impfkampagne bereits so intensiviert und systematisiert worden, daß man nunmehr 95 Prozent der philippinischen Bevölkerung impfen konnte. Das führte zur schrecklichsten Pockenepidemie, die das Land bis dahin erlebt hatte. Die Sterblichkeitsrate lag bei 54 Prozent.

1920 erkannte man anhand der höchsten Sterblichkeitsrate von 65,3 Prozent in der philippinischen Hauptstadt Manila, wo praktisch alle Einwohner geimpft waren, daß nur die Impfungen damit zutun hatten. Im Vergleich dazu herrschte auf der Insel Mindanao die geringste Sterblichkeitsrate von nur 11,4 Prozent, da deren Bewohner sich aus religiösen Gründen nicht hatten impfen lassen.

1941 – Die Diphtherie ist eine typische Infektionskrankheit, die meist nur bei geschwächten Menschen in Kriegs- beziehungsweise Notzeiten auftritt. In Deutschland kam es vor allem in und nach den beiden Weltkriegen zu einem rasanten Anstieg der Diphtheriefälle. Die Ausbreitung der Krankheit wurde vor allem durch schlechte Lebensbedingungen und Flüchtlingsströme begünstigt. 1925 kam es in Deutschland zu 40 000 und 1941 zu 200 000 Erkrankungen. Die Sterblichkeit lag dabei zwischen fünf und sieben Prozent. Dr. Buchwald vom Bundesministerium für Gesundheit erwähnt, daß nach der Einführung der Diphtherieimpfung im Jahre 1925 in Deutschland die Erkrankungszahlen bis zum Anfang des 2. Weltkrieges um 600 Prozent anstiegen. Buchwald erwähnt nicht, daß der Militärarzt Zöller mit dem Impfstoff »Anatoxin« mehr oder weniger an seinen Rekruten herumexperimentierte, indem er in Mainz 305 von ihnen versuchsweise impfte. Danach traten elf Fälle von Diphtherie auf, während in der Kontrollgruppe von 700 Ungeimpften nur ein Fall registriert wurde. Da der Handel mit »Anatoxin« gerade aufblühte, argumentierte die Ärzteschaft damit, daß die Erkrankten »unzureichend immunisiert sind, weil die Wirkungszeit der Impfungen zu kurz gewesen ist«. Deshalb seien sie statistisch zu den Ungeimpften hinzuzurechnen.

Nach dem 2. Weltkrieg wurde nicht mehr geimpft, woraufhin die Zahlen der Erkrankten steil nach unten ging. Diese Entwicklung wurde durch die Massenimpfaktionen zwischen 1970 und 1978 kurz unterbrochen. Auch in der Schweiz gingen die Diphtheriefälle bereits vor Einführung der neuen Impfmaßnahmen zurück.

1955 – Vor 1954 galt ein Patient als an »Poliomyelitis« (»Kinderlähmung«) erkrankt, wenn er 24 Stunden die erkennbaren

Symptome aufwies, doch schon ein Jahr nach den Impfungen mußten diese Symptome mindestens 60 Tage andauern, um als Polio bezeichnet zu werden. Damit sollte den Impfmaßnahmen eine wundersame Heilungsprognose bescheinigt werden, wobei vorsätzlich herumgetrickst wurde.

1965 gab es in Rio de Janeiro (Brasilien) vor den Impfungsmaßnahmen gegen »Poliomyelitis« ungefähr 80 Krankheitsfälle im Jahr. Es handelte sich um eine gutartige Krankheit, die mit Angina, Grippe, Katarrh oder ähnlichem koinzidierte und nur sehr selten zu Lähmungserscheinungen führte. Das änderte sich schließlich, nachdem man jahrelang Massenimpfungen nach »Salk« und »Sabin« durchgeführt hatte: die Zahl der Lähmungen betrug dann 700 und später über 1200 pro Jahr.

1972 – Im portugiesischen Madeira war Polio eine praktisch unbekannte Krankheit. Trotzdem impfte man auch hier seit 1964 vornehmlich Kinder, wonach es 1972 zu einer Epidemie kam. Dabei wurden 81 stationäre Fälle und 12 Todesopfer registriert. Doch anstatt zu überlegen, wie es plötzlich zu einer derartigen Epidemie hatte kommen können, freuten sich die Verantwortlichen darüber, daß die Impfstoffe Schlimmeres verhindern konnten. Im folgenden Jahr intensivierte man sogar noch die Impfmaßnahmen.

1975 wurde in Deutschland die Impfpflicht gegen Pocken aufgehoben. Die Erreger der Pocken sind Viren der Virusfamilie »Poxviridae«, die durch Tröpfchen-, Schmier- oder Staubinfektion übertragen werden können. Die Viren sind aber zum Beispiel im Vergleich mit Masernviren oder Windpocken viel weniger kontagiös (ansteckend). Eine Übertragung geschieht deshalb nur durch sehr engen Kontakt oder auf sehr kurze Distanz. Eine Übertragung in Bussen, Zügen, Flugzeugen, etc. wurde bisher nicht beobachtet. Häufiger als in der Öffentlichkeit kam es zu einer Übertragung in Krankenhäusern.

1978 verweigerten nach einer im Juli durchgeführten Repräsentativumfrage in Deutschland 45 Prozent grippeschutzgeimpfter Bürger die erneute Impfung mit der Begründung, daß sie nach der vorangegangenen Impfung trotzdem an Grippe erkrankt seien.

1980 erklärte die WHO die Welt für pockenfrei, nachdem der letzte Infektionsfall 1977 in Somalia aufgetreten war und sich seitdem nicht mehr wiederholt hatte. Der Generaldirektor des Exekutivkomitees der WHO zur Pockenbekämpfung sagte zum Abschluß:

»In der Geschichte hat sich gezeigt, daß sich die Pocken auch in vollkommen durchgeimpften Bevölkerungen ausbreiten können.«

Die Impfpflicht gegen Pocken wurde schließlich 1980 weltweit aufgehoben. Die traurige Erfolglosigkeit von Impfungen beschränkt sich leider nicht nur auf die Pocken, sondern läßt sich genauso bei Diphtherie, Keuchhusten, Masern und Polio beobachten.

1986 kam es nach einer Masernepidemie im US-Bundesstaat Wisconsin zu einer Untersuchung mit dem Ergebnis, daß 83,4 Prozent der Erkrankten zuvor ordnungsgemäß (!) geimpft worden waren.

1990 berichtete die medizinische Zeitschrift *Jama* in ihrer Juli-Ausgabe, daß die sich inzwischen über die ganze USA ausbreitende Masernepidemie immer wieder geimpfte Personen heimsuche, obwohl über 80 Prozent der Betroffenen mindestens einmal gegen Masern geimpft worden waren und damit immun sein müßten. Über zehn Prozent der Erkrankten seien sogar im ersten Lebensjahr noch ein zweites Mal gegen Masern geimpft worden.

2000 – Epidemien sind beim gegenwärtigen Lebensstandard in Deutschland nicht zu erwarten. Nach einer vom Bundesministerium für Gesundheit beauftragten Studie haben 78,6 Prozent der erwachsenen Bevölkerung im Westen aber dennoch keinen oder nur einen ungenügenden Schutz vor Diphtherie. Die Diphtherie tritt also nicht auf wegen eines angeblich hohen Impfschutzes, sondern aufgrund der sozialen und hygienischen Verhältnisse in Deutschland. Vergleicht man die sogenannten

DTP-Impfraten von Deutschland, Litauen und Indien, so waren im Jahre 2000 in Deutschland 97 Prozent, in Litauen 98 Prozent und Indien 94 Prozent der Kinder geimpft. Während in Deutschland kein Diphtheriefall gemeldet wurde, waren es in Litauen 264 und in Indien 3094.

Die vor einigen Jahren in der Presse laut propagierte »Gefahr aus dem Osten«, die davon ausging, daß vermehrt Diphtheriefälle wegen ungenügender Impfung eingeschleppt würden, sollte deshalb nicht zu hoch bewertet werden.

2001 erklärte die Bundesregierung Deutschland (am 8. November), daß sie für insgesamt 50 Millionen Euro etwa sechs Millionen Dosen des Pockenimpfstoffes gekauft und an einem geheimen Ort gelagert habe. Die Bundesregierung empfahl der Bevölkerung aber weiterhin, keine generellen Impfungen vorzunehmen. Das Impfserum solle nur für den Ernstfall nach möglichen Terroranschlägen zur Verfügung stehen. Das Gesundheitsministerium wollte allerdings keine Auskunft darüber geben, woher dieser Impfstoff stammt.

2002 wurde Anfang Oktober zwischen der Bundesregierung und dem Pharmaunternehmen *Bavarian Nordic* ein Liefervertrag abgeschlossen, der vorsah, bis zum Frühjahr 2003 eine Menge von 35 Millionen Dosen Pockenimpfstoff bereitzustellen. Diese sollten mit einer späteren Schlußlieferung von weiteren 31 Millionen Dosen einen Lagerbestand von 66 Millionen ergeben.

Im April ließ der stellvertretende Vorsitzenden der STIKO, Prof. Dr. Dittmann, indirekt durchblicken, daß Impfungen wohl doch ein gewisses Gefährdungspotential in sich bergen könnten:

»Das gegenwärtig zum Teil noch ungenügende Wissen erlaubt weder die Annahme noch den Ausschluß eines kausalen Zusammenhangs bestimmter Krankheitsereignisse mit bestimmten Impfungen.«

2003 – Was heute in Deutschland aktueller denn je ist, nämlich das Thema des plötzlichen Kindstodes, vermeldete die Nachrichtenagentur *dpa* bereits am 19. Februar 2001 aus den Vereinigten Staaten:

»Bei immer mehr Fällen des plötzlichen Kindstods handelt es sich in Wirklichkeit um ein Verbrechen. Zu diesem Ergebnis kommt die Amerikanische Akademie der Kinderärzte. In der Februarausgabe ihrer Zeitschrift *Pediatrics* rät das Institut daher, nach dem Tod eines Babys auch Experten für Kindesmißhandlung heranzuziehen. Sie sollten unter anderem die Reaktion der Eltern beobachten, Anwesende interviewen und den Ort des Geschehens genau unter die Lupe nehmen: ein bis fünf Prozent der Fälle, die als plötzlicher Kindstod diagnostiziert wurden, seien auf Kindesmißbrauch zurückzuführen, schätzen die Wissenschaftler. Die Forscher warnten aber zugleich eindringlich davor, nach dem plötzlichen Tod eines Kindes den meist unschuldigen Eltern zusätzliche Angstgefühle oder Schuldgefühle einzujagen. Versteckte Videoaufnahmen bei verdächtigen Familien in England hätten in 33 von 39 Fällen Eltern des Mordes an ihren Säuglingen überführt, hieß es. Die meisten Babys wurden demnach erstickt. Mehrmals hätten Eltern später zugegeben, ihre Kinder umgebracht zu haben, obwohl der Arzt ihnen eine unbekannte Todesursache bescheinigt habe. Eine Autopsie allein kann dem Bericht zufolge nicht immer Klarheit bringen. In manchen Fällen würden Eltern auch Kokain benutzen, um ihre Kinder zu vergiften. So ließ sich in einer Studie bei 40 Prozent der Kinder, die plötzlich zwei Tage nach der Geburt starben, Kokain im Körper nachweisen. Daher halten es die US-Mediziner für notwendig, die toten Babies auf mögliche Giftstoffe zu untersuchen.«

Warum ich diese Meldung präsentiere? Nun, um von der Gefährlichkeit und den Nebenwirkungen der Impfstoffe abzulenken, läßt man sich in der Tat einiges einfallen. Könnte es nicht sein, daß das Phänomen des plötzlichen Kindstodes mit Impfungen zusammenhängt? Natürlich werden das die Fachleute bestreiten. Vielleicht dauert es auch bei uns dann nicht mehr lang, bis man unschuldigen Eltern etwas in die Schuhe zu schieben versucht, das ganz andere zu verantworten haben.

DIE MÄCHTIGEN

Das geheimnisvolle, scheinbar freimaurerische Zeichen auf der Rückseite des Staatssiegels (»Great Seal«) der Vereinigten Staaten von Amerika, das ein allsehendes Auge über einer Pyramide zeigt, das sich seit dem Jahre 1935 auch auf der Rückseite der Ein-Dollar-Note befindet, avancierte im 20. Jahrhundert zum Symbol für Verschwörungen schlechthin. Der Grund dafür mag in dem Umstand zu suchen sein, daß die Verwendung der Symbole niemand so richtig versteht. Den Angaben der US-Bundesbehörde zufolge steht die Pyramide nur für Stärke und Ausdauer, woran sich der US-Senat orientieren soll. Die Pyramide wurde nach Ansicht der Behörde deshalb unfertig dargestellt, weil auch die USA »unfertig« waren und seit ihrem Bestehen immer perfekter geworden sind. Das Auge an der Spitze des Symbols repräsentiert die göttliche Führung, so wie es die Bibel vorgibt. Das bedeutet wiederum, daß sich die Regierung als stark, ausdauernd, immer besser werdend und gottgeführt darstellt.

Die lateinische Inschrift »annuit coeptis« auf der Dollar-Note heißt übersetzt »Ihm gefällt, was wir unternehmen«, »novus ordo seclorum« bedeutet »Eine neue Ordnung der Zeitalter«.

Bei Individuen, die derartigen Ideen nachhängen oder sie gar öffentlich äußern, spricht man in diesem Zusammenhang gern von Größenwahn. Viele Verschwörungstheoretiker erkennen deshalb in der Symbolik auf dem amerikanischen Staatssiegel die Idee einer neuen, alles überwachenden Weltordnung, deren Realisierung in die Endphase eingetreten ist. Angesichts heutiger politischer Vorgänge und bei Betrachtung gewisser Hintergründe kann man es den Verschwörungstheoretikern nicht einmal verdenken, daß sie Dinge vermuten, die Otto Normalverbraucher kaum in den Sinn kommen.

Gehen wir an dieser Stelle einmal der Frage nach, wie Benjamin Franklin, Thomas Jefferson und John Adams überhaupt zu diesem Siegel kamen. Dabei müssen wir weit in der Geschichte der Menschheit zurückgehen.

Viele Völkerstämme, selbst die frühesten, bildeten im Verlaufe ihrer Geschichte sowohl rein männliche als auch rein weibliche Geheimgesellschaften aus, die u. a. dazu beitragen sollten, kulturelle Werte aufrechtzuerhalten und zu bewahren.

Die Freimaurerei ist sicherlich die größte, wahrscheinlich die älteste und immer noch die umstrittenste aller rein männlichen Geheimgesellschaften, die in unserer Welt überlebt haben.

In ihrer gegenwärtigen Form datiert die Freimaurerei in das 17. Jahrhundert zurück und ist eine Synthese aus den vielfältigen Ideen oder Erkenntnissen, die durch den Erkenntnisgewinn und Fortschritt in Religion, Philosophie, Wissenschaft, Kultur, Gesellschaft und Politik des Westens hervorgebracht wurden. Bis heute gibt es keine zwei Gelehrten auf unserem Planeten, die in bezug auf die Freimaurerei dieselbe Meinung vertreten würden und sich darauf einigen könnten, wie alt diese Geheimbewegung wirklich ist, geschweige denn, wie »gut« oder »böse« sie sein mag.

In den Jahren vor dem Englischen Bürgerkrieg und »Cromwells Protektorat« verknüpfte sich die Freimaurerei bekanntlich eng mit dem Rosenkreuzertum, das ebenfalls eine Geheimgesellschaft darstellt. Die Entstehungsgeschichte der Rosenkreuzer oder des *Ordens vom Rosenkreuz* geht – je nachdem, welcher Theorie man zu folgen bereit ist – entweder auf das alte Ägypten oder auf das Jahr 1313 zurück. Vermutlich sind aber beide Geheimgesellschaften, die der Rosenkreuzer und der Freimaurerei also, ganz eng mit einem halblegendären Gründer der Dynastie »Merovech« verbunden, der angeblich aus der Vereinigung einer Frau mit einem Meerwesen entsprang. Daraus leiten sich die Merowinger ab, eine fränkische Dynastie, die vom fünften Jahrhundert bis 751 n. Chr. regierte. Die Merowinger sahen sich dem biblischen »Stamm Benjamin« (»Söhne der rechten Ordnung«) im alten Israel zugehörig, dessen Stammbaum nicht nur bis zu Jesus führt, sondern der möglicherweise auf einen Kontakt zu Außerirdischen aus dem Sirius-System, denen ebenfalls amphibische Eigenschaften nachgesagt werden, zurückgeht. Aus dem Buch Esther 2:5–7 erfahren wir, daß gerade dieser kleine Stamm die Ausrottung der Israeliten im Persischen Reich verhinderte. In alten Briefen, die man in Mari am Euphrat gefunden hat, wird bereits 1800 v. Chr. ein kriegerischer Nomadenstamm mit Namen »binû yammina« erwähnt, der die geistige Kriegsführung beherrschte.

Elisabeth van Buren behauptet ebenso wie Gérard de Séde, daß auch die Merowinger selbst außerirdischen Ursprungs waren und daß sie »die Guten« seien, die im Kosmos in einen immerwährenden Krieg mit den Mächten »des Bösen« verstrickt wären, wobei in diesem Zusammenhang unter anderem der Vatikan angesprochen wird.

Einige Autoren veröffentlichten zu diesem Thema elaborierte Ahnentafeln und Stammbäume, die die Merowinger mit vielen wichtigen Persönlichkeiten der modernen Welt in Verbindung bringen, darunter Prinz Bernhard von den Niederlanden, Gründer der Bilderberger, und Otto von Habsburg, Mitglied der Bilderberger und Malteserritter.

Die Malteserritter wiederum waren ursprünglich die Ritter des Hospitals des Heiligen Johannes von Jerusalem und danach für eine Weile die Ritter von Rhodos. Kaiser Karl V. gab ihnen im Jahre 1530 die Insel Malta, die sie aber 1798 an Napoleon Bonaparte verloren. Heute findet man sie in einem kleinen Gebäude im Vatikan – sie lassen nicht nur Ritter, sondern auch Damen zu und heißen mit vollem Namen *Souveräner Militärischer Orden von Malta.*

Der »Pont de l'Alma Tunnel« in Frankreich, in dem Prinzessin (Lady) Diana mit ihrem Geliebten Dodi el-Fayed am 31. August 1997 umkamen, ist so alt, daß er nach Ansicht des Online-Magazins *Conspiracy Nation* in die Zeit bis zu den Merowingern zurückreicht. Das Magazin stellte fest, daß in vorchristlicher Zeit der »Ponte de l'Alma« ein heidnischer Opferplatz war, wobei der

Name die Begriffe »Seele« (»alma«) und »Brücke« (»pontis«) enthält, womit dieser Platz schon immer als »Seelenbrücke« angesehen wurde. *Conspiracy Nation* behauptet weiter, daß alle europäischen Königshäuser von den Merowingern abstammen, wobei diese wiederum ihre Abstimmung von Jesus herleiten würden.

Auch der Tod Prinzessin Dianas resultiere nicht aus einem Unfall, sondern sei vermutlich ein kaltblütiger Mord gewesen, der ebenfalls mit den Königshäusern in Verbindung stehe. Die Ermittlungen der französischen Kriminalpolizei hatten seinerzeit jedoch nichts ergeben, was diesen Verdacht erhärtete. Die Hauptschuld an dieser Tragödie sollte Chauffeur Henri Paul getragen haben: Bluttests bewiesen angeblich, daß er zur Tatzeit stark alkoholisiert war. Doch die Eltern von Paul empörten sich seither über diese Verdachtsmomente:

»Das ist eine Lüge! Unser Sohn hat selbst bei Feierlichkeiten kaum Alkohol getrunken: die Blutproben müssen ganz offensichtlich ausgetauscht worden sein.«

Dodi's Vater Mohamed el-Fayed unterstützte diese These und gab Millionen von Dollars dafür aus, um in England die Wiederaufnahme der Ermittlungen bei diesem mysteriösen Unfall mit Todesfolge zu erreichen. Er ist überzeugt davon, daß Diana und sein geliebter Sohn »aus dem Weg geräumt« werden sollten. Die Vorstellung nämlich, Diana könnte Dodi el-Fayed heiraten und bereits von ihm schwanger sein, stellte in der königlichen Blutlinie der englischen Windsors einen nicht wieder reparierbaren »Defekt« dar. In diesem Fall hätten der zukünftige Monarch Englands, Prinz William, wie auch sein Bruder, möglicherweise muslimische Halbgeschwister bekommen, die keiner der königlichen Familienangehörigen haben wollte.

Kein Geheimnis ist inzwischen auch, daß Diana vom englischen Geheimdienst überwacht wurde. Aufgrund der nicht verstummenden Gerüchte wurde im September 2003 die »Akte Diana« wieder hervorgeholt. Seither wird sie von der englischen Justiz nochmals geprüft. Sechs Jahre nach dem Tod der Prinzessin kristallisiert sich nun immer stärker heraus, daß eventuell der Prinzgemahl der britischen Queen, der 82jährige Prinz Philip (Herzog von Edinburgh), eine Schlüsselfigur in der »Akte Diana« zu sein scheint.

Der russische Geheimdienst KGB hatte jahrelang seinen Meisterspion Yergeny Ivanov auf die Königsfamilie angesetzt. So gab es kein Geheimnis der Royals innerhalb der Mauern des Buckingham-Palastes, das er nicht erfuhr: Ein Vertrauter der Queen, Nothel Botham, meinte deshalb:

»Seitdem der KGB aufgelöst wurde, beschäftigt sich eine der fünf neuen Geheimdienstorganisationen mit den Aktivitäten der Royals. Der Inhalt ist katastrophal [...]«

Worauf Bothams Bemerkung abzielt, ist die KGB-Akte »Prinz Philip, 31. August 1997«, die mit dem Todestag von Diana angelegt wurde. Zusätzlichen Zündstoff bot schließlich der Besuch des russischen Präsidenten Wladimir Putin kurz zuvor in London. Wie sich herausstellte, machte der Kreml-Chef nicht wegen diplomatischer Pflichten dem Königreich seine Aufwartung, sondern folgte einer überraschenden Einladung von Prinz Philip. Was hatte der Besuch zu bedeuten?

Am 20. Oktober 2003 veröffentlichte der *Daily Mirror* einen von Prinzessin Diana handschriftlich verfaßten kuriosen Brief, in dem sie angeblich folgendes schrieb:

»Sie planen einen Unfall mit dem Auto durch Bremsversagen und trachten nach meinem Leben.«

Der Brief ist auf rot umrandeten Papier geschrieben worden, und trägt das gekrönte Initial »D«. Paul Burell hatte diesen Brief Dianas vor deren Tod bekommen und bis kurz vor der Veröffentlichung im *Daily Mirror* verschlossen gehalten, obwohl er schon zuvor über seinen Inhalt informiert gewesen war. Diana hatte ihn dem damaligen Buttler Burell in einer Phase von Angstzuständen anvertraut.

Unter anderem schrieb Diana in diesem Brief:

»Ich werde Kopfverletzungen erleiden, um für Charles den Weg zur Heirat freizumachen.«

Diana schrieb auch nieder, wer ihrer Meinung nach den Unfall plante. Doch Burell schwärzte die Stelle und hält bis heute die Verantwortlichen weiterhin geheim, möglicherweise auch um sich selbst zu schützen.

In *Conspiracy Nation* wird indes aufgeführt, daß Prinzessin Diana, als geborene Spencer, von den Stuarts abstamme, die England vier Könige gaben (James I., Charles I., Charles II., James II.) und die einen Teil Merowinger-Blut in sich tragen. Dieser Argumentation folgend, seien die Windsors in Wirklichkeit »Hochstapler« und gingen auf König Wilhelm III. von Oranien zurück, was auch tatsächlich stimmt.

Was soll man von all dem halten?

In Europa tobte einst 30 Jahre lang ein religiöser Krieg zwischen Protestanten (*Bündnis Ligue*) und Katholiken (*Geistige Union*), der die ganze Welt beeinflußte. Während dieser Dreißigjährige Krieg selbst den amerikanischen Kontinent beeinflußte und ein katholischer Sieg den dortigen Protestantismus zu vernichten drohte, erschienen Britannien im allgemeinen und die Stuart-Monarchie im besonderen zunehmend als sichere Zufluchtsstätte. Friedrich, Kurfürst von der Pfalz, und seine Frau Elisabeth, die Tochter Jakobs I., wurden aus ihrer Heidelberger Residenz vertrieben und fanden Unterschlupf im Haag. Hier gründeten sie einen neuen rosenkreuzerischen Exilhof, zu dem deutsche Flüchtlinge strömten, um nach England weitergeleitet zu werden, wo der Vater – und dann der Bruder – ihrer Beschützerin ungefährdet zu herrschen schienen.

Doch dann brach ein Bürgerkrieg in England aus, das Parlament wandte sich gegen die Monarchie, ein König wurde hingerichtet, und Cromwells grimmiges Protektorat entstand. Der Konflikt in England war zwar nicht so entsetzlich wie der Dreißigjährige Krieg auf dem Kontinent, doch er war traumatisch genug. Zwar blieb England von der Bedrohung einer neuerlichen katholischen Hegemonie verschont, aber es wurde einer anderen Art religiöser Kontrolle unterworfen, die unzweifelhaft noch intoleranter, kompromißloser und strikter war. In Werken wie *Das verlorene Paradies* konnte John Milton sich zwar verhüllten Neuplatonismus leisten, doch die Freimaurerei – die hinter den neuen gesellschaftlichen Verhältnissen stehende Kraft – mit ihren heterodoxen religiösen, philosophischen und wissenschaftlichen Interessen hielt sich während des Protektorats wohlweislich erst einmal im Hintergrund. Das »Unsichtbare Kollegium« blieb im Dunkeln.

Was geschah dann weiterhin mit dieser unsichtbaren Macht? Am 8. Dezember 1730 druckte jener Benjamin Franklin, der für den »Great Seal« der USA mitverantwortlich war, in seiner Zeitung *Pennsylvania Gazette* die erste dokumentierte Nachricht über Freimaurer in Nordamerika. Franklins Artikel, eine allgemeine Darstellung der Freimaurer, begann mit der Erklärung, daß es »mehrere, in dieser Provinz errichtete Logen von Freimaurern gibt«.

Die erste offiziell autorisierte Loge in Amerika war die *St. John's Loge* von Boston, die im Jahre 1733 gegründet wurde und ihren Stiftsbrief von der Großloge von England erhielt. Im selben Jahr sammelte die Großloge bereits Geld für die Freimaurer in General James Oglethorpes Kolonie Georgia, obwohl zu diesem Zeitpunkt hier schon manches auf das Vorhandensein einer eigenen autorisierten oder nichtautorisierten Loge hindeutete. Unterdessen war 1733 in Massachusetts eine Provinzial-Großloge unter Großmeister Henry Price eingerichtet worden. Stellvertretender Großmeister war Andrew Blecher, der Sohn des 1704 in England in eine Loge aufgenommenen Jonathan Blecher. Zwischen 1733 und 1737 autorisierte die Großloge von England weitere Provinzial-Großlogen in New York, New Hampshire, South Carolina, Georgia und Virginia.

Franklin selbst wurde im Februar 1731 Freimaurer und im Jahre 1734 Provinzial-Großmeister von Pennsylvania. Im selben Jahr sorgte er für den Abdruck des ersten freimaurerischen Buches in Amerika, einer Ausgabe von James Andersons *Constitutions*. Mittlerweile war auch die erste verzeichnete amerikanische Loge in Philadelphia gegründet worden. Ihre frühesten

erhaltenen Dokumente, die als ihr zweites Protokollbuch ge-
kennzeichnet sind, stammen von 1731, so daß das erste Buch,
falls es eines gegeben hat, zumindest das Vorjahr umfassen muß.
Während sich die Freimaurerei in den Kolonien ausbreitete,
kam es zu einer weiteren Entwicklung, die viel weitreichende
Folgen für die amerikanische Geschichte haben sollte. Seit 1732
hatte sich die Freimaurerei auch in der britischen Armee in
Gestalt von Regimentslogen ausgebreitet. Die Logen waren mo-
bil; sie beförderten ihre Ordenstracht und anderes Zubehör in
Truhen, welche auch die Regimentsfahne, das Silberzeug und
sonstige rein militärische Utensilien enthielten. Häufig saß der
befehlshabende Oberst der Loge als erster Meister vor, um im
Verlaufe der weiteren Entwicklung von anderen Offizieren abgelöst zu werden.

Die Regimentlogen sollten tiefgehende Wirkungen auf die
Armee als Ganzes ausüben. Sie boten einen Kommunikations-
kanal für die Behebung von Mißständen. Und genau wie zivile
Logen Männer von unterschiedlicher Herkunft und aus unterschiedlichen Gesellschaftsschichten zusammenbrachten, so vereinten die Feldlogen Offiziere und Soldaten, Subalternoffiziere
und Kommandeure. Dadurch entstand eine Atmosphäre, in der
dynamische junge Soldaten, wie zum Beispiel James Wolfe,
ungeachtet ihrer sozialen Stellung Karriere machen konnten.

Die erste Loge der britischen Armee entstand im Jahre 1732
im Infanterieregiment. Gegen 1734 gab es fünf derartige
Regimentslogen, um 1755 bereits 29. Unter den Regimentern,
die eigene Feldlogen besaßen, waren diejenigen, die man später
als *Royal Northumberland Fusiliers*, *Royal Scots Fusiliers*,
Gloucestershire Regiment, *Dorset Regiment*, *Border Regiment*
und *Duke of Wellington's* kannte. Von besonderer Bedeutung ist
die Tatsache, daß diese Logen nicht von der Großloge von England autorisiert waren. Vielmehr hatten sie den Stiftsbrief von der
Irischen Großloge empfangen, welche die für die sogenannte
»jakobitische Freimaurerei« typischen Hochgrade anbot. Außerdem waren diese Logen vor 1745 autorisiert worden, also bevor

man begann, die Hochgrade von ihrer jakobitischen Orientierung zu befreien.

Gleichzeitig hatte die Freimaurerei sich natürlich auch in den oberen Rängen der militärischen Führung und Verwaltung etabliert, und ihr gehörten einige der prominentesten Persönlichkeiten jener Zeit an. Zum Beispiel war der Herzog von Cumberland, der jüngere Sohn Georgs II., Freimaurer, ebenso wie anscheinend auch General Sir John Ligonier, der wichtigste britische Militärbefehlshaber der 1740er. Während des Jakobitenaufstandes von 1745 kommandierte Ligonier die britische Armee in den Midlands. Ein Jahr später wurde er auf den Kontinent versetzt, wo er während des Österreichischen Erbfolgekrieges (1740–1748) eine Schlüsselrolle spielte. Ligoniers Beziehung zu den Freimaurern ist noch nicht endgültig geklärt, doch er erscheint bereits 1732 – zusammen mit so prominenten Freimaurern wie Thomas Desaguliers, dem Earl of Abercorn und dem Earl of Dalkeith. Sie alle waren frühere Großmeister der Großloge.

Zu Ligoniers Untergebenen gehörte sein Adjutant Lord Jeffrey Amherst, der zu einem der bedeutendsten britischen Befehlshaber seiner Zeit zählte. Amhersts Gönner, der ihm das Offizierspatent bezahlte, war Herzog Lionel Sackville von Dorset, der nicht nur Freimaurer (Großloge Irlands), sondern auch »Ritter des Hosenbandordens« war. Einer seiner Söhne wiederum, Lord Charles Sackville von Middlesex, gründete bereits 1733 eine Freimaurerloge in Florenz (Italien). Zusammen mit Francis Dashwood schuf er 1751 zudem die *Dilettanti Society*, der viele Freimaurer angehörten. Alles in allem existierte eine organisierte Geheimgesellschaft, die all ihre Interessen aus dem »unsichtbaren« Hintergrund lenken und beeinflussen konnte.

Viele Historiker haben sich in jüngerer Vergangenheit die Schlüsselfrage hinsichtlich des Amerikanischen Unanhängigkeitskrieges gestellt, deren Beantwortung von großer Bedeutung ist: Wie und weshalb es Großbritannien nicht gelingen wollte, diesen Krieg zu gewinnen? Es gibt Anhaltspunkte, die darauf hindeuten, daß dieser Konflikt weniger von den amerikanischen Kolonisten »gewonnen« als von Großbritannien »verloren« wurde, so, als habe es eine Kraft gegeben, die entscheidende Dinge beeinflußte. Ganz unabhängig von den Anstrengungen der Kolonisten, den Krieg für sich zu entscheiden, lag es in den Händen der Briten, sich in dem Konflikt durchzusetzen oder durch eine unsichtbar gesteuerte Passivität zu unterliegen. Unter den 74 Generalen der Kontinentalarmee waren, wenn man den Dokumenten trauen darf, 33 Freimaurer. George Washington, ein prominenter Freimaurer unter Präsident Peyton Randolphs Großmeisterschaft von Virginia, wurde zum Oberbefehlshaber und später zum Präsidenten der USA ernannt. Wenigstens ein Historiker meint, daß Washington diese Ernennung seinen freimaurerischen Beziehungen zu verdanken hatte, weil zuvor erfahrenere Militärs für das Oberkommando der Kontinentalarmee statt Washington zur Verfügung standen.

Wie hat sich diese Geheimgesellschaft weiterentwickelt?

Im Jahre 1930 stellte James W. Gerard, ein ehemaliger amerikanischer Botschafter in Deutschland, eine Liste der 64 »Shoguns« auf, die seiner Ansicht nach die USA »beherrschten«. Diese Liste wurde von John D. Rockefeller (1874–1960), einem jüdischen Freimaurer, angeführt, gefolgt von seinen Bundesgenossen, den Bankiers Andrew W. Mellon aus Pittsburgh sowie John P. Morgan aus New York – das sind gleichzeitig die drei Namen, die immer wieder auftauchen, wenn es um die Personen geht, die den amerikanischen Präsidenten Woodrow Wilson in den Ersten Weltkrieg getrieben haben.

Professor Carl Oglesby von der Universität Boston beschrieb bereits 1977 in seinem Buch *The Yankee and Cowboy War – Conspiracies from Dallas to Watergate and Beyond*, wie eine herrschende Elite von »Mächtigen« (Old-England- und New-York-Familien) sich in zwei Lager teilte (»Yankee« und »Cowboy«) und nur noch dann zusammenarbeitete, wenn die USA von inneren oder äußeren »Feinden« bedroht wurden, wodurch die Profite dieser »Mächtigen« gefährdet werden konnten.

Einer dieser Mächtigen, der den Grundstein für eine industri-
elle Machtstellung dieser Leute legte, war der legendäre William
D. Rockefeller, der einen entscheidenden Anteil am »Rockefeller-
Imperium« hatte. Schon Mitte der 1860er Jahre war er von den
Methoden der Schweineverarbeitungsfabriken sehr beeindruckt,
die alle Teile des Tieres nutzten, verarbeiteten und verkauften.
Der »Alte Bill« Rockefeller, der reisende Papa von John Dawison
Rockefeller I. (1837–1939), war ein Schausteller und Verkäufer
von Patentmedizin: er schwatzte den Bauern reines »Rohöl« als
Heilmittel gegen Krebs auf. Sein Wundermittel nannte der Alte
»Nujol«, was nichts anderes als »neues Öl« bedeutet, und ver-
kaufte es Krebskranken sowie jenen, denen er Angst einjagen
konnte, daß sie demnächst Krebs bekommen würden.

J. D. Rockefeller I. übernahm dieses Produkt von seinem Vater
und gründete die *Standard Oil Company*. Über einen nunmehr
professionellen Vertrieb wurde Nujol Apothekern angeboten, die
pro Flasche etwa 21 Cents an die Rockefellers zahlen mußten,
obwohl diese lediglich ein Fünftel Cent kostete. Anstatt Nujol
weiter als Heilmittel gegen Krebs zu deklarieren, pries die
Standard Oil Company nun seine Wirkung gegen Verstopfung
an.

Doch schon bald nachdem das neue Nujol auf den Markt kam,
stellten unabhängige Ärzte seine Schädlichkeit fest: Es entzog
dem Körper fettlösliche Vitamine und verursachte so ernstzunehmende Mangelerscheinungen. Die nachfolgenden Absatzeinbußen
dämmte die *Standard Oil Company* einfach ein, indem sie Nujol
Karotin zusetzte und behauptete, die Mängel seien damit beho-
ben, auch wenn die Ärzte nach wie vor anderer Meinung waren.

Übrigens wird Nujol noch heute von der *Stanco Inc.* vertrieben, die eine der vielen Tochtergesellschaften der *Standard Oil
Company* ist.

Rockefeller I. konzentrierte sich mit seinem Unternehmen
schließlich auf die Erdölförderung und gründete zudem die auch
im Bergbau tätige *Colorado Fuel and Iron Company*. Schon
1890 raffinierte die Familie 90 Prozent der Rohölförderung der

Vereinigten Staaten; wobei ihr Vermögen seit dieser Zeit kontinuierlich wuchs. Trotz seines Erfolgs wurde John D. Rockefeller I. noch im Jahre 1905 vom US-Senator Robert La Follette »der größte Verbrecher unseres Zeitalters genannt«, und die Presse billigte ihm den Titel »bestgehaßter Mann der Welt« zu. Der amerikanische Journalist Ida Tarbell schrieb gar in *McClurés Magazin* jede Woche in »Geschichte der *Standard Oil Company*« einmal über Rockefeller I.:

»Er hat den Handel von einem friedlichen Unternehmen zum Krieg gemacht und durchsetzt ihn mit grausamen und korrupten Praktiken; er verwandelte den Wettbewerb von einem ehrlichen Bemühen in einen halsabschneiderischen Kampf.«

Das Familienvermögen der Rockefellers betrug schon 1916 über 500 Millionen Dollar, was damals eine astronomische Summe darstellte. Diese Geldsumme ist erstaunlich, weil zwei Jahre zuvor das Ansehen der Rockefellers seinen absoluten Tiefpunkt in der Öffentlichkeit erreicht hatte. Doch Ansehen und Reichtum scheinen nicht unbedingt eine Einheit bilden zu müssen …

Die Gewerkschaft *United Mine Workers* hatte für die Bergleute der *Colorado Fuel and Iron Company* damals bessere Lebensbedingungen und höhere Löhne eingefordert. Die Bergleute rekrutierten sich meist aus neuen Einwanderern. Sie mußten teuer in Hütten wohnten, die ihnen die Gesellschaft vermietet hatte. Zudem wurde der Lohn in Bons ausgezahlt, die nur in den überteuerten Läden der *Colorado Fuel and Iron Company* eingelöst werden konnten. Selbst die Kirchen, die die Bergleute besuchten, waren mit von der Gesellschaft ausgewählten Geistlichen besetzt, die immer das predigten, was das Rockefeller-Unternehmen von ihnen verlangte. Auch die Unterrichtung der Kinder wurde kontrolliert, so daß zum Beispiel Bücher von Charles Robert Darwin, der die Evolutionstheorie schuf und dessen Werke die Rockefellers für »subversiv« hielten, in den Bibliotheken dieser Schulen nichts zu suchen hatten. Damit die einmal durch die Rockefellers festgelegten Regelungen und Bestimmungen beibehalten wurden, beschäftigte man sogar eine unternehmenseigene Polizei, die alles kontrollierte. John D. Rockefeller II. (1874–1960) beziehungsweise Junior, der Verantwortliche der Gesellschaft, und der Baptistenpfarrer Frederick T. Gates, Direktor der 1904 begründeten Rockefeller-Stiftung, weigerten sich, mit den Bergleuten zu verhandeln. Rockefeller II. und Gates ließen statt dessen die Bergleute aus den gesellschaftseigenen Unterkünften vertreiben und überredeten den Gouverneur und Freimaurer Ammons, die Nationalgarde anrücken zu lassen. Die Folge war ein offener Krieg, in dem die Streikenden sowie ihre Frauen und Kinder erbarmungslos niedergemetzelt wurden. Die *New York Times* berichtete am 21. und 22. April 1914 vom sogenannten »Ludlow-Massaker« folgendes:

»45 Tote, darunter 32 Frauen und Kinder, ein große Anzahl Vermißte und noch viel mehr Verwundete forderte nach bisherigen Meldungen die vierzehnstündige Schlacht, die auf dem Gelände der *Colorado Fuel and Iron*, einer Rockefeller-Holding, tobte …«

Übrigens lud noch eine andere bekannte Persönlichkeit Schuld auf sich: Der Freimaurer und gleichzeitige US-Präsident Woodrow Wilson unterstützte die unmenschlichen Maßnahmen Rockefellers, indem er die US-Armee anrücken ließ, die den Streik niederknüppelte.

Das Ansehen der Familie Rockefeller war nach diesem Ereignis völlig dahin. Rockefeller Junior kam es dann irgendwie in den Sinn, daß man, wolle man im beginnenden Zeitalter der weltweiten Verbreitung von Nachrichten die wirkliche Macht anstreben, den Hebel bei der öffentlichen Meinung ansetzen müsse. Er entschloß sich daraufhin, Ivy Lee, den begabtesten Presseagenten der USA in dieser Zeit, zu beauftragen, die Familien-Dynastie und sein Image wieder aufzupolieren.

Lee erfuhr bald von dem 100-Millionen-Dollar-Vermögen der Rockefeller Stiftung. Mit diesem Geld hatte bisher niemand etwas anzufangen gewußt. In Zusammenhang mit seiner heiklen Aufgabe schlug Lee daher vor, große Summen (ab einer Million) bekannten Colleges, Kirchen, Krankenhäusern und wohltätigen

Organisationen zu schenken. Unter anderem entstanden so die Yale-Universität in Chicago oder das Rockefeller-Museum in Jerusalem (Israel), die immer noch nach der Melodie des Rockefeller-Imperiums und ihrer Geheimgesellschaft tanzen. Diese Aktionen sorgten weltweit für eine gute Presse, so daß die Greueltaten der Rockefellers aus vergangenen Tagen von der Mehrheit der Öffentlichkeit sehr bald vergessen waren. Zur Legende wurde auch die Idee Ivy Lees, Rockefeller auf der Straße blanke Zehn-Cent-Stücke an Kinder verteilen zu lassen. Seine Leibwächter mußten so stets Säcke mit den Münzen hinter Rockefeller hertragen.

Im Jahre 1930 gehörte den Rockefellers ein substantieller Anteil an Aktivposten der 40 000 eingetragenen Firmen in den USA. Schließlich wurden in den folgenden Jahren nicht nur Presseagenten, sondern ganze Zeitungshäuser mit Rockefeller-Geld gekauft, finanziert oder gegründet. So zum Beispiel *Times*, *Newsweek*, *Life* und viele andere mehr, auch außerhalb Amerikas.

Mit der Gründung seines »Bildungsfonds« in den Vereinigten Staaten wie auch im Ausland, den Rockefeller verschwenderisch mit Kapital ausstattete, gewann er die Kontrolle nicht nur über Regierungen und Politiker, sondern über die Intellektuellen und Wissenschaftler, allen voran die Vertreter der »Großmacht Medizin«, einer Organisation also, in der die modernen Ärzte als »Priester die Religion formen«. Überhaupt sollte man an dieser Stelle einmal festhalten, daß alle Ärzte einer Art »Geheimbund« angehören, wenn sie den hippokratischen Eid ablegen und Rituale aus den Anfangstagen der antiken Ärzteschaft praktizieren.

Die wirklich bedeutsamen Profite der Rockefellers wurden erst mit der Gründung des amerikanischen Arzneimittelkartells im Jahre 1939 erzielt: Die Gewinnkurve aus diesem Geschäft stieg schnell steil an und wird heute von einem bald makaber zu nennenden Jahresumsatz von über zehn Milliarden Dollar getragen. Seit dieser Zeit wurden alle Pulitzer- und Nobelpreise oder ähnliche Auszeichnungen, die mit Geld dotiert und mit Ansehen verbunden waren, stets nur an Befürworter und Unterstützer des Rockefeller-Systems verliehen. Gegner der Rockefeller-Methoden hatten zu keiner Zeit eine ernsthafte Chance.

Die Rockefellers besitzen heute große Anteile an *Exxon*, am *Rockefeller Center*, an der *Standard Oil of California*, *Microsoft*, *IBM* und der *Chase Manhattan Bank*, und das zusätzlich zu ihrem Firmenwert von mehr als drei Milliarden Dollar und Aktienpaketen, die aus Firmenbeteiligungen an etwa 50 anderen Firmen stammen. Die Rockefellers haben außerdem die Aktienmehrheit an der *City National Bank* und besitzen Anteile an 50 000 angeschlossenen Banken in mehr als 100 Ländern.

Die Rockefellers sind darüber hinaus auch noch an den vier größten amerikanischen Versicherungsgesellschaften beteiligt. Und sie haben genug Aktien, um 37 der 100 größten Industriefirmen und neun der 20 größten Transportfirmen zu kontrollieren oder zumindest zu beeinflussen. Hinzu kommen viele kleinere Firmen. 1993 gehörten der Familie Rockefeller 122 der größten und gewinnträchtigsten Firmen und Konzerne der Welt (in Deutschland z. B. die *Hoechst AG*, *Schering*, *Deutsche Bank* etc.), die sie als Spitzenaktionäre führten.

David Rockefeller wird von Howard Hughes sogar verdächtigt, selbst die US-Gerichte allesamt in den Besitz seiner »Familie« gebracht zu haben. Tatsächlich gründete David Rockefeller 1973 die *Trilaterale Kommission*. Sie hat das erklärte Ziel, ein »Beratungsgremium auf hoher Ebene für globale Zusammenarbeit« zu werden. Die Kommission hat etwa 100 Mitglieder, allesamt reich, mächtig und einflußreich. Zu ihren prominentesten Mitgliedern zählen die US-Präsidenten Jimmy Carter, George Bush Sr., George Bush jr. und Bill Clinton.

Der irische Pazifist und Nobelpreisträger Sean MacBride sagte, die *Trilaterale Kommission* sei »von bestimmten, großen US-Banken gegründet worden und dient allein den finanziellen Interessen dieser Banken«.

In diesem Zusammenhang ist es vielleicht auch interessant zu erwähnen, daß 60 Prozent der US-Präsidenten nicht nur gemein-

samen Organisationen angehören, sondern auch mit den Rockefellers verwandt waren bzw. sind. Nelson Aldrich (1908–1979)
war beispielsweise der Enkel von John D. Rockefeller I.
und regierte als Republikaner in der Zeit von 1959 bis 1973 als
Gouverneur des Staates New York und von 1974 bis 1977 als
Vizepräsident der USA unter Präsident Richard Nixon. Ein anderes Familienmitglied regierte als Demokrat Arkansas als Gouverneur.

Eines der Hauptthemen des bereits erwähnten Buches von
Professor Oglesby mit dem Titel *The Yankee and Cowboy War –
Conspiracies from Dallas to Watergate and Beyond* betrifft die
Entwicklung von merkwürdigen Beziehungen zwischen dem
amerikanischen Geheimdienst CIA und drei geheimnisvollen
Kräften bzw. Gruppierungen:

1) Die *Round-Table-Group*, von Cecil Rhodes eingerichtet,
um die anglo-amerikanische Außenpolitik in eine Richtung zu
lenken, die Liberalen gefiele und für Bankiers gewinnträchtig
sei;

2) Die Mafia, die ihre Beziehung zum amerikanischen Nachrichtendienst begann und seither eine Symbiose mit ihm entwik-
kelte;

3) Der Neonazi-Untergrund, einst vom deutschen General
Reinhard Gehlen geführt, dem nicht nur der Übergang von Hitlers Geheimdienstchef zum CIA-Aktivposten in Rekordzeit gelang, sondern der auch eine ganze Reihe anderer Nazis mit in die
USA brachte.

Nur diesen verwobenen Strukturen ist es zu verdanken, daß
man die Macht nach Belieben aus dem unsichtbaren Untergrund
steuern konnte. So auch am 22. November 1963, als ein amerikanischer Bürger namens Abraham Zapruder etwas filmen wollte,
was er selbst für ein kleineres historisches Ereignis hielt – die
Fahrt eines amerikanischen Präsidenten durch Dallas.

Statt dessen nahm er jedoch den umstrittensten Mordfall in der
Geschichte Amerikas auf. Der »Zapruder-Film« zeigte genau,
wie John F. Kennedys Kopf beim ersten Schuß zurückzuckte.

Eigentlich hätte er das nicht tun dürfen. Wenn nämlich ein Projektil oder Geschoß ein Objekt trifft, bewegt sich dieses Objekt nach den Gesetzen der Physik in dieselbe Richtung wie das Projektil. Da Kennedys Kopf zurückzuckte, muß die Kugel von vorn gekommen sein, aus dem Bereich des »Grashügels« und nicht aus dem Industriegebäude, wo sich der mutmaßliche Attentäter Oswald nach Meinung der später eingesetzten *Warren*-(Untersuchungs-)*Kommission* aufgehalten hatte. Befürworter des Berichts der *Warren-Kommission* erwiderten darauf, daß dieses Newtonsche Gesetz nur auf unbelebte Objekte zuträfe und daß bei Tieren oder Menschen innere neurologische Spasmen ein Zucken des Körpers in jede beliebige Richtung zur Folge haben könnten. Der amerikanische Regierungsbeamte Fletcher Prouty war einer der ersten, die sich öffentlich von der Version der *Warren-Kommission* zum John-F.-Kennedy-Attentat distanzierten. Wie auch immer: die Experten auf beiden Seiten scheinen gleichermaßen gelehrt und gebildet, und so geht die Debatte zwischen Physikern und Neurologen weiter.

David Lifton, Autor des Buches *Best Evidence*, überließ die Experten ihrer fachmännisch geführten Debatte und wies auf zwei aufschlußreiche, aber sinistre Fakten hin, die den »Zapruder-Film« betreffen:

»*Time-Life* zahlte Mr. Zapruder 150 000 Dollar für den Film (ein Preis, der laut Lifton heute etwa 1 000 000 Dollar entspricht), zeigte den Film aber niemals – weder im Fernsehen noch in Kinos, nirgendwo.

Die *Warren-Kommission* erwähnt mit keinem Wort den entscheidenden Moment im Film [das Zurückzucken, das eine mehr als 35 Jahre andauernde Kontroverse entfachte], was darauf hinweist, daß sie entweder in großer Eile oder schlampig ermittelt hat oder daß sie ganz bewußt von den Implikationen, die sich daraus ergaben, nichts wissen wollte. Was immer der Grund war, man darf deshalb weder der Kommission noch ihrem Befund trauen!«

Sekunden nach dem John-F.-Kennedy-Attentat fand der stellvertretende Sheriff von Dallas, Buddy Walthers, ein 45er Geschoß im Gras an der Dealy Plaza. Walthers gab es einem Mann, der sich als FBI-Agent bezeichnete, und von da an wurde es nie wieder gesehen. Walthers sprach oft von dieser 45er Kugel und ihrem seltsamen Verschwinden und betonte, daß es niemals von einem 7,65er »Mannlicher-Carcano«-Gewehr, das Oswald benutzt hatte, stammen könne. Walthers kam – wie so viele andere Zeugen des Attentats – im Jahre 1969 bei einer Schießerei ums Leben.

Erst die Ermordung von Robert F. Kennedy am 5. Juni 1968 löste bei den meisten Amerikanern einen Sinneswandel aus, da sie bisher den offiziellen Darstellungen geglaubt hatten, wonach John F. Kennedy von einem verrückten Einzeltäter erschossen worden sei.

Robert F. Kennedy wurde aus einer Entfernung von nur wenigen Zentimetern erschossen; der Untersuchungsleiter Dr. Thomas Noguchi fand Schmauchspuren rund um die Einschüsse, was nur bei Schüssen aus allernächster Nähe möglich ist. Der angebliche Todesschütze Sirhan Sirhan kam nie näher als 60 Zentimeter an den Senator heran. Das Wichtigste dabei ist jedoch, daß sich Sirhan zu dem Zeitpunkt des Attentats vor Robert F. Kennedy befand – dem aber wurde in den Rücken geschossen!

Viele Konspirologen vermuten daher, daß die Schüsse, die Robert F. Kennedy von hinten töteten, von einem CIA-Agenten mit Namen Eugene Cesar abgegeben wurden. Zwar behauptete Cesar, daß er zum Zeitpunkt des Attentates gar keine Waffe besessen hätte, weil er sie vorher verkauft haben wollte, man fand aber später eine Quittung, die bewies, daß dies erst nach der Tat geschah. Zudem befand sich Sirhan Sirhan zum Zeitpunkt des Attentats in einem Hypnosezustand, der vermutlich mit dem »MK-Ultra«-Programm der CIA im Zusammenhang stand, bei dem es um Bewußtseinskontrolle ging. Beispielsweise versuchte die CIA Attentäter so zu beeinflussen, daß sie sich nach einer möglichen Tat an die in diesem Zusammenhang stattgefundene Beeinflussung nicht mehr erinnern konnten.

Am 23. Juni 1972 äußerte der damalige US-Präsident Richard Nixon gegenüber Bob Haldemann einige Bemerkungen, die in bezug auf das John-F.-Kennedy-Attentat nochmals für Zündstoff sorgten und auf den sogenannten Watergate-Tonbändern festgehalten waren:

»Wenn du reinkommst [...] (unverständlich) [...] sagen die Leute, schau, das Problem ist doch, daß das die ganze, die ganze Schweinebucht-Angelegenheit wieder aufrollt, und der Präsident findet, daß ah, ohne ins Detail gehen zu wollen – lüg nicht, belüg sie nicht so weit, zu sagen, daß es eine Komödie von Irrtümern, ohne ins Detail zu gehen [...] der Präsident glaubt, daß das wahrscheinlich die ganze Schweinebucht-Angelegenheit wieder aufrollt.«

Später legte der Konspirologe A. J. Webermann Beweise dafür vor, daß Nixon die Codephrase »die Schweinebucht-Angelegenheit« verwendete, wenn er das John- F.-Kennedy-Attentat meinte. Der Politskandal-Forscher Paul Kangas erklärte, daß Webermanns Annahme absolut richtig sei, wie ihm von einem Watergate-Mitverschwörer, Paul Ehrlichmann, bestätigt worden sei

Es ist alles andere als klar, inwieweit eine vollständige Untersuchung des Watergate-Einbruchs den Fall der Ermordung John F. Kennedys hätte wieder aufrollen können. Die Angelegenheit bleibt damit rätselhaft.

In jedem Fall war der CIA-Agent E. Howard Hunt in die Watergate-Affäre verwickelt, und viele Forscher glauben, daß er auch am Anschlag auf John F. Kennedy beteiligt war. Um den 30. November 1973 fing Hunt an, das Weiße Haus um Geld zu »bitten«. Er behauptete, Informationen zu besitzen, die das Weiße Haus »in die Luft jagen« und den amerikanischen Präsidenten aus dem Amt hebeln würden. Unabhängige Forscher glauben, daß Hunt eine der drei mysteriösen Gestalten war, die auf dem Grashügel direkt nach dem Kennedy-Attentat festgenommen und dann schnell wieder laufen gelassen worden waren. Präsident Nixon war jedenfalls damit einverstanden, Hunt für sein Schweigen eine Million Dollar zu zahlen.

Es wurden so viele Bücher über die Annahme, John F. Kennedy sei das Opfer einer Verschwörung geworden, geschrieben, daß jeder Versuch, sie alle besprechen zu wollen, ein eigenes Buch füllen würde. Recht interessant sind allerdings Hinweise zur Mafia, wie sie der britische Journalist Anthony Summers vorgelegt hat. Diesen Hinweisen zufolge gab der Mafiaboß Carlos Marcello aus New Orleans angeblich gegenüber anderen Mafiabossen damit an, daß er den Anschlag organisiert hatte. Zwei der Männer, vor denen er das gesagt haben soll, Johnny Roselli, ein Boß aus Las Vegas, und Sam Giancano aus Chicago, starben buchstäblich sofort, nachdem sie vom Untersuchungskomitee vorgeladen worden waren: Roselli verschwand, wurde aber bald tot in einem Faß treibend im Golf von Mexiko gefunden, und Giancano wurde in den Mund geschossen – die traditionelle Mafiastrafe für Verräter.

Nach dem Attentat sandte Marcello durch seinen Anwalt eine Nachricht an Jimmy Hoffa, der eine Zielscheibe des Zorns der Kennedy-Brüder war: »Sag ihm, er schuldet mir was.« Hoffa verschwand spurlos, und man hörte nie wieder etwas von ihm. Sowohl Lee Harvey Oswald (der offizielle Attentäter) wie auch David Ferrie waren Teilzeitangestellte von Marcello, und Jack Ruby (der später Oswald erschoß) gehörte ebenfalls zur »Familie«. Ferrie, ein schriller Homosexueller aus New Orleans, talentierter Amateurwissenschaftler und ein alles in allem betrachtet ziemlich mysteriöser Mann, unterhielt auch seltsame Beziehungen zur CIA. Der Staatsanwalt von New Orleans, Jim Garrison, entdeckte Beziehungen zwischen David Ferrie, Clay Shaw sowie Oswald und hatte vor, Ferrie zu verhaften, der aber kurz davor, vermutlich durch einen Karateschlag ins Genick, ums Leben kam. Auch der Partner von Ferrie, Eladio del Valle, der ebenfalls von Staatsanwalt Garrison verdächtigt wurde, starb am selben Tag wie Ferrie in Miami: Er wurde erschossen, und außerdem hatte jemand seinen Kopf vorsorglich mit einer Machete gespalten.

Das Untersuchungskomitee befand lediglich, daß es eine Verschwörung gegeben hatte, aber der führende Anwalt, Professor Howard Blakey, sagte der Presse gegenüber nur:»Die Gangster waren es.«

Mehrere Verschwörungsforscher haben Listen mit den Namen der Leute verfaßt, die mehr oder weniger mit der Ermordung von John F. Kennedy in Zusammenhang gebracht wurden und später unter fragwürdigen Umständen ums Leben kamen. Das *Assassination Investigation Bureau of Cambridge* verfügt derzeit über eine Zusammenstellung von über 100 Todesfällen, bei denen davon ausgegangen wird, daß die Todesursache jeweils keine natürliche war.

Die Mafia ist wahrscheinlich die größte kriminelle Organisation der Welt und hat seit dem Zweiten Weltkrieg eine inoffizielle Beziehung zu den amerikanischen Geheimdiensten. Damals hatte der verurteilte Zuhälter Charles Luciano (»Lucky«) die sizilianische Mafia dazu gebracht, die amerikanische Invasion zu unterstützen, wofür man seine Gefängnisstrafe verkürzte.

Seit dieser Zeit haben die Gangster und die Spione bei verschiedenen Projekten zusammengearbeitet, und jede Seite scheint davon überzeugt zu sein, daß sie die andere Seite nur ausnutzt.

Niemand kennt die Ursprünge der Mafia. Angeblich gab es einmal eine Organisation mit diesem Namen, die gegen die arabische Invasion auf Sizilien kämpfte; andere glauben, sie entsprang einer Widerstandsbewegung gegen die französische Eroberung Süditaliens, die angeblich den Slogan hatte:»Morta alla francia italia anelia« (»Tod den Franzosen, ruft Italien«). Als Guisepe Garibaldi (1807–1882) in Neapel die junge italienische Freiheitsbewegung anführte, nannte man seine bäuerlichen Anhänger *Squardi della Maffia*, das muß aber nichts mit der Mafia zu tun haben, die wir heute kennen. Zweifellos steht die Mafia unter den Verbrecherorganisationen bezüglich Erfolg und Langlebigkeit an erster Stelle, auch wegen ihrer mystisch anmutenden, fast freimaurerischen brüderlichen Bindung und ihrer gruseligen Einweihungszeremonie, bei der dem Kandidaten in die Hand geschnitten wird, der sein Blut als Beweis seiner ernsten

Absichten opfert. Danach wird ein Heiligenbild in seiner Hand gebrannt, und er rezitiert:

»Ich will Freunde beschützen. Ich schwöre, dieses Geheimnis niemals zu verraten und mit Liebe und ›Omerta‹ zu gehorchen. So wie dieser Heilige brennt, soll meine Seele brennen. Ich trete lebend der Organisation bei und verlasse sie tot.«

Der symbolische Tod ist ein Teil der Initiationsriten der meisten mystischen Orden. »Omerta« bedeutet »Schweigepflicht« oder »Schweigen« und »Gehorsam« und klingt nach Kloster. Fast alle Mafiamitglieder sind fromme Katholiken, die anderen tun zumindest so.

Die Mafia war in fast alle nur denkbaren Verbrechen verwickelt, darunter Mord, Alkoholschmuggel während der Prohibition und – heutzutage – Drogenschmuggel, Glücksspiel, Terrorismus, Mordaufträge von Regierungsstellen. In letzter Zeit hat sie sich auch respektierlichere Geschäftsbereiche gesucht und hat ihre Finger bei Banken, Hotels, Restaurants und Filmproduktionen im Spiel.

Auch die *Propaganda Due* war eine geheime Gruppe innerhalb einer Geheimgesellschaft, die wahrscheinlich in den 1970er Jahren von Lucio Gelli (1919–1987) als Teil der CIA-Operation *Gladio* gegründet wurde. Gelli begann seine Karriere bereits im 2. Weltkrieg: Es gelang ihm, sowohl für die Gestapo als auch für den kommunistischen Untergrund als Agent zu arbeiten, wobei er beide von seiner Loyalität überzeugen konnte – keine Kleinigkeit im Umgang mit Gruppen, bei denen Mißtrauen zum täglichen Brot gehörte. Gelli entkam nach dem Krieg einer Verurteilung als Kriegsverbrecher, weil sich die Untergrundkämpfer für ihn einsetzten.

Später wiederholte er diese Leistung, als er in das *Gladio*-Projekt der CIA verwickelt wurde, und ließ sich auf die Gehaltsliste des KGB setzen.

Gladio war eines jener Projekte, wie sie sich nur James Jesus Angelton ausdenken konnte, der von 1954 bis 1974 in leitender Funktion im Bereich Gegenspionage für die CIA arbeitete.

In den letzten Tagen des 2. Weltkrieges formte Angelton, damals Offizier beim OSS, einem Vorläufer der CIA, eine Gruppe aus italienischen Faschisten, die seine Angst vor der KPI, der damals größten kommunistischen Partei Europas, teilten. Um die Kommunisten daran zu hindern, die Macht im Parlament an sich zu reißen, machten sich Angelton und sein Freund daran, die Ergebnisse der italienischen Wahlen zu verändern. Erst als Angelton Chef der Gegenspionage bei der CIA geworden war, erhielt dieses Projekt den offiziellen Namen *Gladio* und genug Geldmittel, um die italienische Politik bis in die 1980er Jahre, vielleicht sogar bis heute zu beeinflussen.

Gladio schmiedete Geheimallianzen zwischen der Mafia und bestimmten Vatikanbeamten; rekrutierte frühere Faschisten für Terroranschläge, die man dann der Linken in die Schuhe schob; zahlte Millionen an politische Parteien, Journalisten und andere, um die Wahlen nach rechts und weg von der Linken zu kippen, und überwachte wahrscheinlich die Entführung und die Ermordung von Premierminister Aldo Moro, der Kommunisten in seinem Kabinett zugelassen hatte.

Lucio Gelli wurde mit *Propaganda Due* bald einer der mächtigsten Männer Italiens, denn die Regeln der Organisation verlangten von jedem neuen Mitglied eine »Beichte« während der Initiation, und das verschaffte ihm bergeweise Erpressungsmaterial.

Als die *Propaganda Due* zusammenbrach und Gelli aus Italien floh (ein anderes P2-Mitglied im militärischen Nachrichtendienst hatte ihn vor seiner bevorstehenden Verhaftung gewarnt), fand man in seinem Haus Unterlagen, die bewiesen, daß der Organisation 43 Parlamentsmitglieder angehörten, dazu rund 900 Regierungsbeamte, alle führenden Offiziere der Streitkräfte, der Nachrichtendienste sowie Führungskräfte der Industrie und der Banken.

Gelli tauchte eine Weile in Südamerika unter, kehrte dann aber mit einem gefälschten Paß nach Europa zurück und versuchte, Geld von einem Schweizer Nummernkonto abzuheben. Dabei wurde er erkannt und verhaftet. Er sollte nach Italien ausgeliefert werden; die Schweizer aber, die die angeblich unbestechlichste Polizei der Welt haben, konnten ihn nicht länger als 72 Stunden festhalten. Dann verschwand er aus seiner Zelle – ein Wunder, das noch nicht erklärt werden konnte – und kehrte nach Südamerika zurück.

Interessanterweise bildeten sich die späteren *Malteserritter* aus dem Projekt *Gladio*. Gelli, der selbst einer von ihnen war, rekrutierte diese Gruppierung ausschließlich aus Mitgliedern des 3. Grades der *Grand Orient Lodge of Egyptian Freemasonry* und begründete damit eine international verbundene Elite. Er wurde später von allen Anklagepunkten freigesprochen, und die Regierung versuchte nie, ihn wegen der vielen anderen Verbrechen vor Gericht zu stellen. Offiziell hieß es, der Grund sei seine schlechte Gesundheit, aber Skeptiker glauben eher, daß Gelli immer noch über Berge von Erpressungsmaterial verfügte. Vanni Nistico, der Pressechef der Sozialistischen Partei Italiens, behauptete, daß Lucio Gelli ihm einmal ein paar Fotos gezeigt habe, auf denen Papst Johannes Paul II. nackt am Rand eines Swimmingpools zu sehen war. Gellis Kommentar dazu:

»Wenn man solche Fotos vom Papst machen kann, stellen Sie sich vor, wie leicht es denn sein muß, ihn zu erschießen.«

Als Celli seine ultrageheime P2-Loge bei den Freimaurern formte, übergab er zwei anderen Malteserrittern wichtige Aufgaben, nämlich Roberto Calvi und Michele Sidona.

Der letztere, der auch »der Hai« genannt wurde, begann seine Karriere als Mafia-Anwalt, wurde in die *Propaganda Due* eingeweiht und arbeitete bald mit Erzbischof Paul Marcinkus (»der Gorilla«) in großangelegten Drogengeld-Waschaktionen zusammen. Sidona zog später in die USA und gründete dort die *Franklin National Bank* in New York. Er war Gast bei Richard Nixons zweiter Amtseinsetzungsfeier und erwarb sich durch seine schlauen Investitionen des Vatikangeldes den Ruf eines »finanziellen Zauberers«.

Dann brach aber eines Tages plötzlich alles zusammen: Die

Franklin National Bank mußte Konkurs anmelden; Sidona wurde in 65 Fällen des Aktienbetruges für schuldig befunden und nach einem langen Rechtsstreit nach Italien ausgeliefert. Dort eingetroffen, wurde er wegen Mordes an einem Bankprüfer in Rom verurteilt. Sidona starb auf höchst mysteriöse Weise in seiner Zelle, während er auf seinen Prozeß wartete.

Die *Banco Ambrosiano*, eine Mailänder Bank, war ebenfalls ein wichtiger Teil der *Propaganda Due*. Ihr Präsident war Roberto Calvi, der 1982 wegen Geldwäsche, Unterschlagung und Beteiligung an vielen politischen und finanziellen Verbrechen gemeinsam mit Marcinkus, dem Präsidenten der Vatikanbank, angeklagt wurde. Calvi tauchte unter, aber am 18. Juni 1982 fand man ihn unter einer Brücke in London hängend, die Taschen mit Ziegelsteinen gefüllt. Kein Selbstmord also, sondern eine rituelle Hinrichtung nach alter freimaurerischer Tradition.

Am selben Tag stürzte Calvis Sekretärin, Graziella Corrodzer, zu Tode, als sie aus einem Fenster der Bank in Mailand fiel. In beiden Fällen sprach man sowohl von Selbstmord als auch von Mord – aufgeklärt wurde das aber nie!

Cara Calvi, die Witwe von Roberto Calvi, nahm als Zeugin an der zweiten Untersuchung in London teil, die die Aufklärung der Hintergründe des Todes ihres Gatten zum Gegenstand hatte. Sie wandte sich dabei vehement gegen das Verdikt der ersten Anhörung, der Tod des Bankiers sei Selbstmord gewesen. Sie sagte, man habe ihn umgebracht, weil er als Kronzeuge die Namen derer nennen wollte, die einen höheren Rang in der *Propaganda Due* hatten als er selbst. Auf die Frage, ob Calvi plante, Personen aus dem Vatikan zu benennen, erwiderte sie »ja!« und fügte hinzu, es handle sich um Personen »von ganz oben«.

DANKSAGUNG

Der Autor möchte folgenden Personen, Institutionen und öffentlichen Einrichtungen, die zu diesem Buch Anregungen, Informationen oder Unterstützungen beigesteuert haben, seine Dankbarkeit ausdrücken: Professor Albin Eser, Professor Peter Duesberg, Professor Hans-Jörg-Kuhn, Professor Hans-Rudolf Lüscher, Dr. Robert Gallo, Dr. Bernhard Hiller (home.t-online.de/home/Bernhard.Hiller), Dr. Jakob Segal, Dr. Rüdiger Balder, Dr. Peter Smr•, Dr. Robert Zimmermann, Dr. Stefan Lanka, Dr. Karsten Weber, Karl-Wilhelm Schneider, Joan Shenton, Klaus Blees, *Süddeutsche Zeitung*, *Die Zeit*, *Der Spiegel*, Axel-Springer-Verlag, Ullstein-Verlag, Pressearchiv Berlin, Max-Planck-Gesellschaft, Universität Freiburg, Universität Tübingen, Universität Göttingen, Freie Universität Berlin, AOK Berlin.

Die Erwähnung der Personen, Institutionen und öffentlichen Einrichtungen besagt nicht, daß sie von den in diesem Buch präsentierten Ansichten und Interpretationen wissen oder sie akzeptieren, es denn, es wird ausdrücklich darauf hingewiesen.

Einen ganz besonderen Dank möchte ich an dieser Stelle meiner Frau Heike für ihre Geduld und ihr Verständnis in bezug auf dieses Buchprojekt ausdrücken.

Zum Schluß möchte ich mich bei Ihnen, meinen Leserinnen und Lesern, bedanken. Ihr Interesse an meinen Büchern motiviert mich, mit dem Schreiben weiterzumachen, auch wenn sich viele Personen und Institutionen durch meine Veröffentlichungen des öfteren »auf den Schlips getreten« fühlen. Viele einsame Stunden in Archiven, Bibliotheken und in fremden Ländern konnte ich nur bewältigen, weil viele von Ihnen mit Ihrer Post (die ich leider nicht immer beantworten kann) und den darin enthaltenen Hinweisen oder Danksagungen motivierend auf mich wirkten.

Herzlichen Dank!

Ihr Erdogan Ercivan

LITERATURVERZEICHNIS

Albrecht, H.; Bartens, W.: *Streit um die richtige Mischung*, in *Die Zeit*, 29/2001, Hamburg

Albrecht, H.; Grill, B.: *Nur nicht die Nerven verlieren*, in *Die Zeit* 32/2001, Hamburg

Angres, V.; Hutter, C. P.; Ribbe, L.: *Futter fürs Volk – Was die Lebensmittelindustrie uns auftischt*, München 2001

ARD-Fernsehen, *Report* vom 11. August 2003, Mainz

Babbage, C. W.: *Betrachtungen über den Niedergang der Wissenschaft in England*, London 1830

Bachmann, C.: *Die Krebs Mafia – Intrigen und Millionengeschäfte mit einer Krankheit*, Frankfurt am Main 1985

Baigent, M.; Leigh, R.: *Der Tempel und die Loge – Das geheime Erbe der Templer in der Freimaurerei*, Bergisch Gladbach 1990

Beck-Bornhold, H. P.; Dubben, H. H.: *Der Hund, der Eier legt – Erkennen von Fehlinformationen durch Querdenken*, Reinbeck 1999

Berne, E.: *Spiele der Erwachsenen*, Reinbeck 1967

Blum, A.: *Der Mythos objektiver Forschung*, in *Die Zeit*, 25/1998, Hamburg

Blüchel, K. G.: *Heilen verboten, töten erlaubt – Die organisierte Kriminalität im Gesundheitswesen*, München 2003

Bultmann, A.; Schmithals, F.: *Käufliche Wissenschaft*, München 1994

Carson, R.: *Der stumme Frühling*, München 1987

Collier, P.; Horowitz, D.: *Die Rockefellers – eine amerikanische Dynastie*, New York 1976

Conot, R.: *Thomas A. Edison – A Streak of Luck*, New York 1992

Day, P.: *Krebs – Stahl, Strahl, Chemo & Co: Vom langen Ende eines Schauermärchens*, Tonbridge-Kent 2001

Di Trocchio, F.: *Der große Schwindel – Betrug und Fälschung in der Wissenschaft*, Frankfurt am Main 1995

Di Trocchio, F.: *Newtons Koffer – Geniale Außenseiter, die die Wissenschaft blamierten*, Frankfurt am Main 1998

Duesberg, P. H.: *Inventing the AIDS-Virus*, Regnery 1996

Elsner, W.: *Betrug & Schwindel – Die witzigsten und aufsehenerregendsten Schwindel, Betrügereien und Fälschungen*, Rastatt 1998

Ercivan, E.: *Verbotene Ägyptologie – Rätselhafte Wissenschaft und Hochtechnologie der Pharaonen*, Rottenburg 2001

Ercivan, E.: *Fälscher und Gelehrte – Auf der Suche nach dem Ursprung der Menschheit*, Rottenburg 2002

Gräfin Dönhoff, M.: *Zivilisiert den Kapitalismus – Grenzen der Freiheit*, Stuttgart 1997

Gurwin, L.: *The Calvi Affair*, London 1984

Holmes, D.: *The Illuminati Conspiracy*, Arizona 1988

Kalka, J. et al.: *Der laufende Schwachsinn*, Berlin 2001

Kant, I.: *Kritik der reinen Vernunft*, Hamburg 1956

Koestler, A.: *Das Gespenst in der Maschine*, Wien 1975

Komo, E.: *Die verordnete Intoxikation – Zur strafrechtlichen Kontrolle von Psychopharmakaschäden*, Stuttgart 1978

Kuhn, T.S.: *Die Struktur wissenschaftlicher Revolutionen*, Frankfurt am Main 1990

Lanka, S.: *HIV – Realität oder Artefakt?* in *raum&zeit*, Nr. 77 und 78, 1995

Markl, H.: *Wissenschaft im Widerstreit – Zwischen Erkenntnisstreben und Verwertungspraxis*, Weinheim 1990

Mathe, C.: *Scientific Medicine Stymied – Médicines Nouvelles*, Paris 1989

Meckelburg, E.: *Das geheime Leben der Tiere – Ihre unglaublichen Leistungen, Intelligenz und magischen Kräfte*, München 2003

Milton, R.: *Verbotene Wissenschaften*, Frankfurt am Main 1996

Mudray, A.: *Galileo Galilei*, Bd. I–II, Berlin 1987

Nixon, P.G.F.: *Cardiovascular Health Promotion and Rehabilitation:* in *BHMA-Reaktion auf den Informationsbericht der Regierung*, Washington1991

Oglesby, C.: *The Yankee and Cowboy War*, New York 1977

Popper, K.: *Die offene Gesellschaft und ihre Feinde*, München 1980

Postman, N.: *Die zweite Aufklärung*, Berlin 1999

Pynchon, T.: *Die Versteigerung*, Reinbeck 1975

Rauner, M.: *Aus der Kurve geflogen*, in *Die Zeit*, 25/2002, Hamburg

Reich, W.: *Ausgewählte Schriften*, Köln 1976

Ruesch, H.: *Die Pharma Story – Der große Schwindel*, München 2002

Schnabel, U.; Bartens, W.: *Müde Schnüffler im Labor*, in *Die Zeit*, 21/2003, Hamburg

Segal, L.; Klug, C.: *AIDS ist besiegbar – Die künstliche Herstellung, die Frühtherapie und deren Boykott*, Berlin 1995

Sheldrake, R.: *Das schöpferische Universum*, München 1985

Sichelschmidt, G.: *Deutschland verblödet – Wem nutzt der dumme Deutsche?*, Kiel 1997

Sichorsky, P.: *Krankheit auf Rezept*, Köln 1984

Steinbuch, K.: *Maßlos informiert – Die Enteignung unseres Denkens*, München 1979

Steinbuch, K.: *Unsere manipulierte Demokratie*, Herford 1985

Sudhoff, K.: *Geschichte der Medizin*, Berlin 1922

Süddeutsche Zeitung: *Ins falsche Licht gerückt*, vom 10. Juni 1995

Velikovsky, I.: *Welten im Zusammenstoß*, Frankfurt am Main 1978

Velikovsky, I.: *Erde im Aufruhr*, Frankfurt am Main 1980

von Braun, W.: *Space Frontier*, London 1971

Watson, J. D.: *Die Doppel-Helix*, Reinbeck 1969

Wertheimer, J.; Zima, P. V.: *Strategien der Verdummung – Infantilisierung in der Fun-Gesellschaft*, München 2001

West, J.A.: *Die Heiligtümer des alten Ägypten*, Frankfurt am Main 2000

Wickramasekera, I. E.: *Clinical Behavioral Medicine*, New York 1988

Wilson, R.A.: *Das Lexikon der Verschwörungstheorien*, München 2002

Witt, A.: *Unterdrückte Entdeckungen und Erfindungen*, Berlin 1993

Yallop, D.: *Im Namen Gottes*, München 1988

REGISTER

F

E

G

H

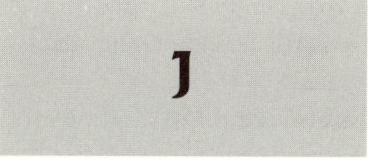

L

M

P

O

S

T

U

Uhlenhut, Paul 55
Umatilla 143, 144
UNEP 122
Unfallchirurgie 28
United Mine Workers 210
Universität Bern 113
Universität Chicago 74
Universität Edinburgh 31
Universität Freiburg
    27, 55, 60–62, 153, 225
Universität Gießen 27, 48
Universität Hohenheim
    83, 88, 90, 92
Universität Iowa 19
Universität Jena 52
Universität Kalifornien
    97, 120
Universität Konstanz 78, 81
Universität Lübeck 41
Universität München 68, 142
Universität Oslo 120
Universität Pennsylvania 50
Universität Princeton 10
Universität Stanford 79
Universität Tübingen
    47, 53, 110, 225
Universität Ulm 41
Universität Göttingen 107
Untersuchungskommission
    28, 40, 44, 60, 95

Untersuchungsverfahren
    87, 89
Urethan 171
US Office of Climate Change
    121

V

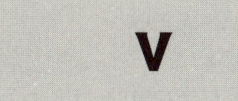

Vakzine 10, 110
van Buren, Elisabeth 201
Variolation 185, 186
Vatikan 165, 201, 223
Venome 114
Verband der forschenden
    Arzneimittelhersteller 182
Vereinte Nationen 121
Verpflegung 37
Verschwörungstheoretiker 199
Verwaltungsgericht 48
Verwaltungsgerichtshof 48
Virchow, Rudolf 16
Virus
    57, 58, 95, 97–100, 104,
    105, 107, 191
Vitamin 35–38
Vitamin B17 35, 36
Volta, Alexandro 130
von Helmholtz, Hermann 16
von Miller, Oskar 132
Vorläuferzellen 42
Vorverurteilung 91

Z

Der Privatbankier Ferdinand Lips enthüllt in diesem Buch, warum der Goldmarkt seit über 40 Jahren von einer internationalen Macht- und Finanzelite manipuliert wird und warum ein freier Goldmarkt nicht existiert.

Gold ist nicht irgendeine Ware. Gold ist das Barometer, das man beseitigen will. Gold ist Geld! Gold ist sogar mehr als Geld. Zusammen mit seinen ihm zugeschriebenen mystischen Eigenschaften hat es für die Menschheit eine entscheidende Bedeutung. Was Eingeweihte schon lange wissen, enthüllt der Privatbankier hier schonungslos:

- Warum der globale Zusammenbruch der Weltwirtschaft unmittelbar bevorsteht.
- Warum Gold nicht »pleite gehen« kann, im Gegensatz zu Papiergeld, und somit in Krisenzeiten die beste Währung ist.
- Was Lenin, Hitler, Mussolini, Mao Tse Tung und Franklin Delano Roosevelt gemeinsam haben. Sie verboten den Privatbesitz von Gold! Warum wohl?
- Wer die Schweiz erpreßte, ihren Goldschatz zu verkaufen, und wer den Goldmarkt manipuliert.
- Warum Sie heute zu Ihrem eigenen Schutz Gold kaufen sollten.

»Gold repräsentiert immer noch die höchste Zahlungsform der Welt ... Papiergeld wird, im Extremfall, von niemandem entgegengenommen, Gold dagegen wird immer angenommen!«
                                     Alan Greenspan
        Präsident der US-Notenbank *Federal Reserve*

gebunden
382 Seiten
ISBN 3-930219-54-9
19,90 EUR

KOPP VERLAG
Pfeiferstraße 52
D - 72108 Rottenburg
Telefon (0 74 72) 98 06-0
Telefax (0 74 72) 98 06-11
Info@kopp-verlag.de
http://www.kopp-verlag.de

Skull & Bones – die machtvollste Geheimgesellschaft, die unsere Welt jemals bedroht hat

Es sind genau 15 junge Männer, die Jahr für Jahr für den elitärsten Geheimbund der Welt, Skull & Bones, auserwählt werden. Seit über 170 Jahren treffen sich seine Mitglieder im Verborgenen. Der geheimnisvolle Orden wird von den Blutlinien der prominentesten Familien-Dynastien der USA beherrscht.

Neben Bush finden sich hier so illustre Namen wie Rockefeller, Taft und Harriman. Aus den Reihen ihrer Eingeweihten gehen Präsidenten, Senatoren, Richter, Finanz-Tycoone und Medienzaren hervor. Sie sind die Titanen der Finanzwelt und der Industrie. Ihren Sitz haben die Skull & Bones in einem seltsam anmutenden Gebäude auf dem Gelände der Elite-Universität Yale, das sie »die Gruft« nennen. Hier werden nicht nur magische Rituale für die Neophyten-Einweihung durchgeführt und wichtige Artefakte des Ordens aufbewahrt. In dieser »Gruft« entwerfen die »Bonesmen«, die ihre Organisation »die Bruderschaft des Todes« nennen, ihre weitreichenden Pläne für eine Untergrundverschwörung zur Übernahme der Weltmacht. In ihrem Bestreben, eine neue Weltordnung zu etablieren, die die ultimative Macht in die Hände ihrer Familien legt, hat Skull & Bones bis zum heutigen Tag nahezu jeden gesellschaftlich wichtigen Bereich erfolgreich unterwandert – sei es Forschung, Politik, Finanzen, Industrie, Militär oder die Medien. Tatsächlich lenkt Skull & Bones – für viele unerkannt – die Geschicke der USA und damit der Welt.

gebunden
256 Seiten
zahlreiche Abbildungen
ISBN 3-930219-70-0
19,90 EUR

KOPP VERLAG
Pfeiferstraße 52
D - 72108 Rottenburg
Telefon (0 74 72) 98 06-0
Telefax (0 74 72) 98 06-11
Info@kopp-verlag.de
http://www.kopp-verlag.de